全国高职高专“十三五”规划教材

计算机应用基础

主　编　谭　慧　杨志茹

副主编　袁　润　刘星海　邓国群　袁赠欢　刘洪亮

中国水利水电出版社
www.waterpub.com.cn
·北京·

内 容 提 要

本书根据高职高专教育教学特点，结合课程教学改革和应用实践编写而成。全书由7个项目构成，内容包括：计算机知识漫游、计算机组装、计算机网络、文字处理软件Word 2010、数据处理软件Excel 2010、演示文稿制作软件PowerPoint 2010、图表制作软件Visio 2010。

本书的编写从任务入手，将任务涉及的相关知识技能恰当地与任务的实现相融合，引导学生掌握计算机基础知识和应用技能的同时，完成基本学习任务。本书将教学案例与工作内容无缝对接，提高学生的学习兴趣和实际应用技能。

本书可作为高职高专院校计算机应用基础课程教材，也可作为全国计算机等级考试的参考用书。

图书在版编目（CIP）数据

计算机应用基础 / 谭慧，杨志茹主编. -- 北京 : 中国水利水电出版社，2019.9

全国高职高专“十三五”规划教材

ISBN 978-7-5170-8013-8

Ⅰ. ①计… Ⅱ. ①谭… ②杨… Ⅲ. ①电子计算机—高等职业教育—教材 Ⅳ. ①TP3

中国版本图书馆CIP数据核字(2019)第199084号

策划编辑：周益丹　责任编辑：石永峰　加工编辑：高　辉　封面设计：李　佳

书　名	全国高职高专“十三五”规划教材 计算机应用基础 JISUANJI YINGYONG JICHU
作　者	主　编　谭　慧　杨志茹 副主编　袁　润　刘星海　邓国群　袁赠欢　刘洪亮
出版发行	中国水利水电出版社 （北京市海淀区玉渊潭南路1号D座　100038） 网址：www.waterpub.com.cn E-mail：mchannel@263.net（万水） sales@waterpub.com.cn 电话：（010）68367658（营销中心）、82562819（万水）
经　售	全国各地新华书店和相关出版物销售网点
排　版	北京万水电子信息有限公司
印　刷	三河市鑫金马印装有限公司
规　格	184mm×260mm　16开本　15印张　384千字
版　次	2019年9月第1版　2019年9月第1次印刷
印　数	0001—3000册
定　价	42.00元

前　　言

随着信息技术产业的迅猛发展和办公自动化程度的不断提高，熟练操作计算机和使用办公软件已经是各行各业人士的必备技能。但是，由于学生计算机知识的起点不同、工作岗位的需求不同，对计算机应用的目标要求也不同，所以对计算机基础课程的教学改革仍在不断探索中。

本书从培养学生信息素养入手，从办公软件应用出发，以 Windows 7 操作系统和 Office 2010 办公软件为平台编写。本书以全国计算机等级考试二级 MS Office 高级应用、学生信息素养所需、终身学习所需考虑知识点的选取和任务的划分，将计算机基础知识、操作系统和常用 Office 办公软件操作内容整合为 7 个独立的教学项目：计算机知识漫游、计算机组装、计算机网络、文字处理软件 Word 2010、数据处理软件 Excel 2010、演示文稿制作软件 PowerPoint 2010、图表制作软件 Visio 2010。每个项目按照所包含的知识点由易到难的程度设置了不同的任务，引导学生进行实战演练，最终提升学生的计算机应用能力和职业化的办公能力。

本书主要教授给学生实用、够用、会用的计算机基础操作知识，能服务于学生今后的职业发展生涯和专业课程学习。主要具有以下特点：

（1）实用。学习任务的设计突出职业场景和实际应用，在给出任务描述和任务分析后提供任务的具体实现步骤，提炼出完成任务涉及的主要知识点，最后配有相应的习题作巩固练习。

（2）够用。精心提炼知识点，学生学完后就能够掌握计算机的基本操作，完全能满足日常工作所需，并能够参加全国计算机二级考试。

（3）好用。教学内容设计充分体现了知识的模块化、层次化，按照先基础后方向，先易后难的顺序组织教学内容，符合初学者认知规律。同时教学资源立体化，本书涉及的素材、样例效果等教学资源均可通过手机扫码查看，操作步骤有完整的操作视频。学生学习起来十分方便，一学就会。

通过本书的学习，可以对计算机发展历程与应用领域、计算机组成原理等计算机基础知识有较为全面的认识，能够熟练掌握 Microsoft Office 办公软件的各项操作，并能在实际生活和工作中进行综合应用，提高计算机应用能力和解决问题的能力。

注：本书图中所有“帐户”均应为“账户”。

本书由谭慧、杨志茹任主编，由袁润、刘星海、邓国群、袁赠欢、刘洪亮任副主编。具体分工如下：谭慧负责编写第 2、4、6、7 章；杨志茹、袁润负责编写第 1、3 章；刘星海、邓国群负责编写第 5 章；袁赠欢和刘洪亮参与了微课资源的开发。

由于编者水平有限，书中难免存在不足之处，恳请专家和读者批评指正。另外，在编写本书的过程中参考了一些书籍，在此对这些书籍的作者表示感谢。

编　者

2019 年 8 月

目　　录

项目一　计算机知识漫游

1. 了解计算机的产生背景、用途及其对人类的影响
2. 了解计算机的发展变化及每代计算机的特点
3. 了解计算机的应用及其发展趋势

任务 1　计算机发展简史

计算工具的发展有着悠久的历史，经历了从简单到复杂、从低级到高级的演变过程。早在我国春秋时期就有竹筹计数的“筹算法”，唐宋时期开始使用算盘，南宋已有算盘歌诀的记载。随着生产力的发展，计算日趋复杂，开始出现较先进的计算工具。在欧洲，1642 年研制出世界上第一台机械计算机，1654 年出现了计算尺，1878 年制成手摇计算机，后来又出现了电动机械计算机和电子模拟计算机。随着科学技术的发展和社会进步，计算量越来越大，对计算速度和精度的要求越来越高，原有的计算工具已经不能满足社会发展的实际需要。

1946 年 2 月，世界上第一台电子数字计算机在美国宾夕法尼亚大学诞生，取名为 ENIAC（Electronic Numerical Integrator And Calculator），它是一台电子数字积分计算机，用于美国陆军部的弹道研究室。这台计算机共用了 18000 多个电子管、1500 多个继电器，重量超过 30t，占地面积 170m^2，耗电 150kW/h，计算速度为每秒 5000 次加法运算。用现在的眼光看，这是一台耗资巨大、功能不完善而且笨重的庞然大物。然而，它的出现却是科学技术发展史上的一个伟大的创造，它使社会从此进入了电子计算机时代。

一、计算机发展阶段

世界上第一台电子数字计算机

人们按照计算机中主要功能部件所采用的电子器件（主要是逻辑元件）的不同，一般将计算机的发展分成四个阶段，习惯上称四代（两代计算机之间在时间上重叠），每一阶段在技术上都是一次新的突破，在性能上都是一次质的飞跃。

第一代：电子管计算机时代（1946 年至 20 世纪 50 年代末），采用电子管作为基本器件，软件方面确定了程序设计的概念，出现了高级语言的雏形。特点是体积大、耗能高、速度慢（一般为每秒数千至数万次）、容量小、价格昂贵，主要用于军事和科学计算。这为计算机技术的发展奠定了基础。其研究成果扩展到民用，形成了计算机产业，由此揭开了一个新的时代——计算机时代。

第二代：晶体管计算机时代（20 世纪 50 年代中期至 20 世纪 60 年代末），采用晶体管为基本器件，软件方面出现了一系列的高级程序设计语言，如 FORTRAN、COBOL 等，并提出了操作系统的概念。计算机设计出现了系列化的思想，特点是体积缩小、耗能降低、寿命延长、运算速度提高（一般每秒数十万次，高者达几十万次）、可靠性提高、价格不断下降。应用范围也进一步扩大，从军事与尖端科技领域延伸到其他科学研究领域。

第三代：中小规模集成电路计算机时代（20 世纪 60 年代中期至 20 世纪 70 年代初），采用中小规模集成电路作为基本器件，软件方面出现了操作系统以及结构化、模块化程序设计方法。软/硬件都向通用化、系列化、标准化方向发展。计算机体积更小、寿命更长、耗能及价格进一步下降，而速度和可靠性进一步提高，应用范围进一步扩大。IBM360 系列是最早采用集成电路的通用计算机，也是影响最大的第三代计算机，其主要特点是通用化、系列化、标准化。

第四代：大规模和超大规模集成电路计算机时代（20 世纪 70 年代至今），采用 VLSID（超大规模集成电路）和 ULSID（极大规模集成电路）组成的中央处理器高度集成化电路是这一代计算机的主要特征。1971 年 Intel 公司制成了第一批微处理器 4004。这一芯片集成了 2250 个晶体管组成的电路，其功能相当于 ENIAC，这样个人计算机（Personal Computer，PC）应运而生并得到迅猛发展。伴随着计算机性能的不断提高（耗能少、可靠性高、环境适应性强、软件丰富），其体积则大大缩小，价格不断下降，使得计算机普及到寻常百姓家庭。据称，1996 年美国国内计算机销量第一次超过电视机。自 1995 年开始，计算机网络也潮水般地涌进普通家庭，微处理器的功能越来越强大。

总之，计算机奇迹般的发展超乎人们的预想，微型计算机以排山倒海之势形成了当今科技发展的潮流。这些年来，多媒体与网络也都如火如荼地发展着。

二、计算机在中国

我国从 1956 年开始研制计算机，并于 1958 年研制成功第一台电子计算机 103 机。1959 年夏，研制成功运行速度为每秒 1 万次的 104 机，它是我国研制成功的第一台大型通用电子数字计算机。103 机和 104 机的研制成功填补了我国在计算机技术领域的空白，为促进我国计算机技术的发展做出了贡献。1964 年研制成功晶体管计算机，1971 年研制集成电路为主要器件的 DJS 系列计算机。在微型计算机方面，研制开发了长城系列、紫金系列、联想系列等微型计算机，并取得了迅猛发展。

银河系列巨型计算机

1983 年底，我国第一台被命名为“银河”的亿次巨型机诞生，1992 年，10 亿次巨型机银河-II 研制成功。1997 年 6 月，每秒 130 亿次浮点运算，全系统内存容量为 9.15GB 的银河-III 并行巨型计算机在北京通过国家鉴定。

1995 年 5 月，曙光 1000 研制完成，这是我国独立研制的第一套大规模并行计算机系统，打破了外国在大规模并行计算机技术方面的封锁和垄断。1998 年，曙光 2000-I 诞生，它的峰值运算速度为每秒 200 亿次浮点运算。1999 年 9 月，曙光 2000-II 超级服务器问世，它是国家“863 计划”的重大成果，其峰值运算速度达到每秒 1117 亿次，内存高达 50GB。

1999 年 9 月，“神威”并行计算机研制成功并投入运行，其峰值速度可高达每秒 3840 亿次浮点运算，位居世界已投入商业运行的高性能计算机的前列。

2001 年，中科院计算所研制成功我国第一款通用 CPU——“龙芯”芯片。

2002 年，曙光公司推出完全自主知识产权的“龙腾”服务器，采用了“龙芯-1”CPU、曙光公司和中科院计算所联合研发的服务器专用主板及曙光 Linux 操作系统，它是国内第一台完全实现自主知识产权的产品，在国防、安全等部门发挥了重大作用。其中，曙光 3000 成功推出，标志着我国高性能计算机技术和产品走向成熟。

2014 年 11 月，国际 TOP500 组织公布了最新全球超级计算机 500 强排行榜榜单，中国国防科学技术大学研制的“天河二号”以比第二名美国的“泰坦”快近一倍的速度再度轻松登上榜首。并且，在一年时间内“天河二号”都是全球最快的超级计算机，如图 1-1 所示。

图 1-1　天河二号

2016 年 6 月，在法兰克福世界超算大会上，国际 TOP500 组织发布的榜单显示，“神威・太湖之光”超级计算机系统登顶榜单之首，不仅速度比第二名“天河二号”快出近两倍，其效率也提高 3 倍；11 月 14 日，在美国盐湖城公布的新一期 TOP500 榜单中，“神威・太湖之光”以较大的运算速度优势轻松蝉联冠军；11 月 18 日，我国科研人员依托“神威・太湖之光”超级计算机的应用成果首次荣获“戈登・贝尔”奖，实现了我国高性能计算应用成果在该奖项上零的突破。

2017 年 5 月，中华人民共和国科学技术部高技术中心在无锡组织了对“神威・太湖之光”计算机系统课题的现场验收。专家组经过认真考察和审核，一致同意其通过技术验收。6 月 19 日，全球超级计算机 500 强榜单公布，“神威・太湖之光”以每秒 9.3 亿亿次的浮点运算速度第三次夺冠，如图 1-2 所示。

图 1-2　神威・太湖之光

综观中国计算机的研制历程，从 103 机、109 乙机、150 机、银河-I、曙光 1000、曙光 2000、天河一号、天河二号到神威・太湖之光，走过了一段不平凡的历程。科研人员艰苦卓绝的奋斗，使中国的研制水平从与国外整整一代的差距直至国际前沿水平。中国自主研发的计算机为国防和科研事业做出了重要贡献，并且推动了计算机产业的发展。与此同时，中国计算机事业的发展呈现出多元化的发展趋势，与国外发达国家基本同步形成了一系列新的学科，这些学科也获得了快速的发展；很多领域在技术研发或产业化上，达到甚至超越了同期国外水平。

三、计算机特点

（1）高速、精确的运算能力。2017 年 6 月 19 日，我国“神威・太湖之光”以每秒 9.3 亿亿次的浮点运算速度第三次荣登全球超级计算机 500 强榜单之首。

（2）准确的逻辑判断能力。计算机能够进行逻辑处理，在信息查询等方面，已能够根据要求进行匹配检索。

（3）强大的存储能力。计算机能够长期保存大量数字、文字、图像、视频、声音等信息。例如，能够“记住”一个大型图书馆的所有资料。

（4）自动功能。计算机能够自动执行预先编写好的一组指令（称为程序）。工作过程完全自动化，无需人工干预，而且可以反复进行。

（5）网络与通信功能。计算机技术发展到今天，不仅可将一个个城市的计算机连成一个网络，而且能将一个个国家的计算机连在一个计算机网上。目前广泛应用的“国际互联网”（Internet）连接了全世界 200 多个国家和地区的数亿台各种计算机。

任务 2 计算机应用

现代社会，计算机已广泛应用到军事、科研、经济、文化等各个领域，成为人们不可缺少的好帮手。在许多行业，由计算机控制的机器人代替人类进行劳动，大大减轻了人类的劳动强度，提高了生产效率。

一、计算机应用领域

1. 数值计算

数值计算主要指计算机用于完成和解决科学研究和工程技术中的数学计算问题。计算机具有计算速度快、精度高的特点，在数值计算等领域里刚好是计算机施展才能的地方，尤其是一些十分庞大而复杂的科学计算，靠其他计算工具有时简直是无法解决的。如天气预报，不但复杂而且时间性要求很强，不提前发布就失去了预报天气的意义，而用解气象方程式的方法预测气象变化准确度高，但计算量相当大，所以只有借助于计算机，才能更及时、更准确地完成这样的工作。

2. 数据及事务处理

所谓数据及事务处理，泛指非科技方面的数据管理和计算处理。其主要特点是，要处理的原始数据量大，而算术运算较简单，并有大量的逻辑运算和判断，结果常要求以表格或图形等形式存储或者输出。例如，银行日常账务管理、股票交易管理、图书资料的检索等，面对巨量的信息，如果不用计算机处理，仍然采用传统的人工方法是难以胜任的。事实上，计算机在非数值计算方面的应用已经远远超过了在数值计算方面的应用。

3. 自动控制

由于计算机不但计算速度快而且具有逻辑判断能力，所以可广泛应用于自动控制中。例如，对生产和实验设备及其过程进行控制，可以大大提高自动化水平，减轻劳动强度，节省生产和实验周期，提高劳动效率，提高产品质量和产量。

4. 计算机辅助设计、辅助制造和辅助教育

计算机辅助设计（Computer Aided Design，CAD）和计算机辅助制造（Computer Aided Manufacturing，CAM），是指设计人员利用计算机来协助进行最优化设计和制造人员进行生产设备的管理、控制和操作。目前，在电子、机械、造船、造车、航空、建筑、化工、电器等方面都有计算机的应用，这样可以提高设计质量，缩短设计和生产周期，提高自动化水平。计算机辅助教学（Computer Aided Instruction，CAI），是指利用计算机的功能程序把教学内容变成软件，使学生可以在计算机上学习，让教学内容更加多样化、形象化，以取得更好的教学效果。例如，我们现在的微知库、幕课学习等。

5. 通信与网络

随着信息化社会的发展，通信业也迅速发展，计算机在通信领域的作用越来越大，特别是计算机网络的迅速发展。目前，遍布全球的互联网已把大多数国家联系在一起，加之现在适应不同程度、不同专业的教学辅助软件不断涌现，使得通过计算机网络在家里学习的新型教学方式在各个地方变成现实。

6. 人工智能

人工智能是研究解释和模拟人类智能、智能行为及其规律的一门学科。其主要任务是建立智能信息处理理论，进而设计可以展现某些近似于人类智能行为的计算系统。人工智能学科包括知识工程、机器学习、模式识别、自然语言处理、智能机器人和神经计算等多方面的研究。另外，随着智能机器人的研制成功，可以代替人完成不宜由人来进行的工作。在21世纪，人工智能的研究目标是使计算机更好地模拟人的思维活动，未来的计算机将可以完成更复杂的控制任务。

7. 智能终端

（1）智能卡。智能卡（Smart Card）：内嵌有微芯片的塑料卡（通常是一张信用卡的大小）的通称，也称为智能一卡通，如图 1-3 所示。它是以IC卡技术为核心，以计算机和通信技术为手段，将智能建筑内部的各项设施连接成为一个有机的整体。用户通过一张IC卡便可完成通常的钥匙、资金结算、考勤和某些控制操作，而不必像以往携带多把沉重的钥匙开门，去各个对应部门交费等繁杂的操作。整个系统可根据需要对各部门进行监控管理和决策，各局部系统和终端可自动将收集到的信息整理归纳，供系统查询、汇总、统计、管理和决策。通过IC卡可互相沟通，既满足各个职能管理的独立性，又保证整体管理的一致性。从不同使用场合可以分为：校园智能一卡通，小区智能一卡通，办公大楼智能一卡通，企业智能一卡通，酒店智能一卡通，智能大厦智能一卡通等。根据卡片类型可以分为：IC卡（使用最为广泛），ID卡（逐步淘汰中），CPU卡（发展趋势）。

图 1-3　智能一卡通

（2）智能终端。智能终端设备是指那些具有多媒体功能的智能设备，这些设备支持音频、

视频、数据等方面的功能，比如可视电话，会议终端，内置多媒体功能的 PC、PDA 等。

1）智能家居终端。家庭智能化就是将家居生活中所涉及的信息传输、信息处理和设备控制集成起来，形成一个自动的或半自动的现代家居环境空间。智能家居是在互联网影响之下物联化的体现，如图 1-4 所示。智能家居通过物联网技术将家中的各种设备（如音视频设备、照明系统、窗帘控制、空调控制、安防系统、数字影院系统、影音服务器、影柜系统、网络家电等）连接到一起，提供家电控制、照明控制、电话远程控制、室内外遥控、防盗报警、环境监测、暖通控制、红外转发以及可编程定时控制等多种功能和手段。

图 1-4　智能家居

2）数字会议桌面智能终端。随着当今科技的飞速发展，加之政府和部队对智能化会议室建设要求逐渐提高，老式的会议形式已无法适应现代化会议系统的要求，现代化的会议系统要求“网络化、数字化、智能化、集成化”。数字会议桌面智能终端系统就是在以“四化”为核心的基础上不断创新会议形式及相关技术，集成了 IT 技术、数字化技术、网络化技术、微电子技术、计算机的交互性、通信的分布性、通信技术等多项技术，实现了人与人、人与机、机与机之间相互联络，营造交互式的会议环境。数字会议桌面智能终端如图 1-5 所示。

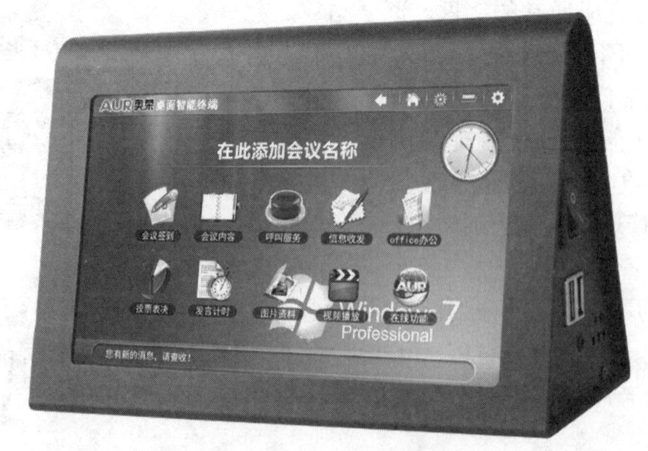

谷歌眼镜，一款戴在眼睛上的手机

图 1-5　数字会议桌面智能终端

二、计算机科学研究

最初的计算机，只是为了满足军事上大数据量计算的需要。而如今的计算机可听、说、看，远远超出了“计算的机器”这样狭义的概念。

1. 网格计算

网格计算是专门针对复杂科学计算的新型计算模式。这种计算模式是利用互联网把分散在不同地理位置的计算机组织成一个“虚拟的超级计算机”，其中每个参与计算的计算机就是一个“结点”，成千上万个“结点”组成一张“网格”，所以称其为“网格计算”。网格计算有两个优势：①处理能力超强；②能充分利用网上的闲置处理能力。将全世界的计算机联合起来协同工作，被视为21世纪的新型网络基础架构。

2. 中间件技术

中间件是介于应用软件与操作系统之间的系统软件。在中间件诞生之前，企业多采用传统的客户机/服务器的模式。通常是一台计算机作为客户机，运行应用程序，另外一台计算机作为服务器，运行服务器软件，以提供各种不同的服务。这种模式的缺点是系统拓展性差。随着Internet的发展，一种基于Web数据库的中间件技术开始得到广泛应用，如图1-6所示。在这种模式中，浏览器若要访问数据库，则请求将被发给Web服务器，再被转移给中间件，最后送到数据库系统，得到结果后通过中间件、Web服务器返回给浏览器。

图1-6　一种基于Web数据库的中间件

目前，中间件技术已经发展成为企业应用的主流技术，并形成各种不同类别，如交易中间件、消息中间件、专有系统中间件、面向对象中间件、数据存取中间件、远程调用中间件等。

3. 云计算

云计算是分布式计算、网格计算、并行计算网络存储及虚拟化计算机和网络技术发展融合的产物。

云计算的核心思想是对大量用网络连接计算资源进行统一管理和调度，构成一个计算资源池向用户提供按需服务。提供资源的网络被称为“云”。

云计算的构成包括硬件、软件和服务。用户可用极低成本的终端设备，并支付相应的服务费用给云计算服务商，通过网络就可以方便地获取所需要的计算、存储等资源。

三、未来计算机的发展趋势

（一）电子计算机的发展方向

1. 巨型化

巨型化是指为了适应尖端科学技术的需要，发展高速度、大存储容量和功能强大的超级计算机。随着人们对计算机的依赖性越来越强，特别是在军事和科研教育方面对计算机的存储空间和运行速度等要求会越来越高。此外，计算机的功能更加多元化。

2. 多媒体化

传统的计算机处理的信息主要是字符和数字。事实上，人们更习惯的是图片、文字、声音、影像等多种形式的多媒体信息。多媒体技术可以集图形、图像、音频、视频、文字为一体，使信息处理的对象和内容更加接近真实世界。

3. 网络化

互联网将世界各地的计算机连接在一起，从此进入了互联网时代。计算机网络化彻底改变了人类世界，人们可以通过互联网进行沟通、交流（QQ、微博等），教育资源共享（文献查阅、远程教育等），信息查阅共享（百度、谷歌等）。特别是无线网络的出现，极大地提高了人们使用网络的便捷性，未来计算机将会进一步向网络化方面发展。

4. 人工智能化

计算机人工智能化是未来发展的必然趋势。现代计算机具有强大的功能和运行速度，但与人脑相比，其智能化和逻辑能力仍有待提高。人类不断在探索如何让计算机能够更好地反映人类思维，使计算机能够具有人类的逻辑思维判断能力，可以通过思考与人类沟通交流；如何抛弃以往的依靠通过编码程序来运行计算机的方法，直接对计算机发出指令。

5. 微型化

随着微型处理器的出现，计算机中开始使用微型处理器，使计算机体积缩小了，成本降低了。另一方面，软件行业的飞速发展提高了计算机内部操作系统的便捷度，计算机外部设备也趋于完善。计算机理论和技术上的不断完善促使微型计算机很快渗透到全社会的各个行业和部门中，并成为人们生活和学习的必需品。这些年来，计算机的体积不断地缩小，台式电脑、笔记本电脑、掌上电脑、平板电脑体积逐步微型化，为人们提供便捷的服务。因此，未来计算机仍会不断趋于微型化，体积将越来越小。

（二）未来新一代计算机

计算机中最重要的核心部件是芯片，芯片制造技术的不断进步是推动计算机技术发展的最根本的动力。目前的芯片主要采用光蚀刻技术制造，即让光线透过刻有线路图的掩膜照射在硅片表面以进行线路蚀刻。当前主要是用紫外光进行光刻操作，研究人员正在研究下一代光刻技术（Next Generation Lithography，NGL），包括极紫外（EUV）光刻、离子束投影光刻技术（Lon Projection Lithograhphy，IPL），角度限制投影电子束光刻技术（SCALPEL）以及 X 射线光刻技术。

然而，以硅为基础的芯片制造技术的发展不是无限的。下一代计算机无论是体系结构、工作原理，还是器件及制造技术，都应该进行颠覆性变革了。目前有可能的技术至少有 4 种：纳米技术、光技术、生物技术和量子技术。利用这些技术研究新一代计算机就成为世界各国研究的焦点。

1. 模糊计算机

1956 年，英国人查德创立了模糊信息理论。模糊计算机是建立在模糊数学基础上的计算机。模糊计算机除具有一般计算机的功能外，还具有学习、思考、判断和对话的能力，可以立即辨识外界物体的形状和特征，甚至可帮助人从事复杂的脑力劳动。

日本科学家把模糊计算机应用在地铁管理上：日本东京以北 320 千米的仙台市的地铁轨道，在模糊计算机控制下，自 1986 年以来，列车一直安全、平稳地行驶着。车上的乘客可以不必攀扶拉手吊带，因为在列车行进中，模糊逻辑“司机”判断行车情况的错误，几乎比人类司机要少 70%。1990 年，日本松下公司把模糊计算机装在洗衣机里，能根据衣服的肮脏程度、衣服的质料调节洗衣程序。我国有些品牌的洗衣机也装上了模糊逻辑片。人们又把模糊计算机装在吸尘器里，可以根据灰尘量以及地毯的厚实程度调整吸尘器功率。模糊计算机还能用于地震灾情判断、疾病医疗诊断、发酵工程控制、海空导航巡视等方面。

2. 生物计算机

生物计算机也称仿生计算机，主要原材料是生物工程技术产生的蛋白质分子，并以此作为生物芯片来代替半导体硅片，利用有机化合物存储数据。信息以波的形式传播，当波沿着蛋白质分子链传播时，会引起蛋白质分子链中单键、双键结构顺序的变化。

1983 年美国提出了生物计算机的概念。此后，各个发达国家都开始研制生物计算机。生物学家将仿生学运用到生物计算机领域，产生了生物化学分子构架生物计算机的观点。生物计算机目前仍然处于蓬勃兴起阶段，国内外正在积极地研制新型生物芯片。尽管生物计算机尚未取得重大颠覆性的进展，甚至部分学者提出生物计算机目前出现的一系列缺点，例如遗传物质的生物计算机受外界环境因素的干扰、计算结果无法检测、生物化学反应无法保证成功率等，此外，以蛋白质分子为主的芯片上很难运行文本编辑器。但这些并不影响生物计算机这个存在巨大诱惑的领域的快速发展，随着人类技术的不断进步，这些问题终究会被解决，生物计算机商业化繁荣将会到来。

3. 光子计算机

光子计算机是一种由光信号进行数字运算、逻辑操作、信息存储和处理的新型计算机。它由激光器、光学反射镜、透镜、滤波器等光学元件和设备构成，靠激光束进入反射镜和透镜组成的阵列进行信息处理，以光子代替电子，光运算代替电运算。光的并行、高速，天然地决定了光子计算机的并行处理能力很强，具有超高运算速度。光子计算机还具有与人脑相似的容错性，系统中某一元件损坏或出错时，并不影响最终的计算结果。光子在光介质中传输所造成的信息畸变和失真极小，光传输、转换时能量消耗和散发热量极低，对环境条件的要求比电子计算机低得多。随着现代光学与计算机技术、微电子技术相结合，1990 年初，美国贝尔实验室制成世界上第一台光子计算机。目前，许多国家都投入巨资进行光子计算机的研究。在不久的将来，光子计算机将成为人类普遍的工具。

4. 超导计算机

超导计算机是利用超导技术生产的计算机及其部件，其开关速度达到几微微秒，运算速度比现在的电子计算机快，电能消耗量少。超导计算机运算速度比现在的电子计算机快 100 倍，而电能消耗仅是电子计算机的千分之一，如果目前一台大中型计算机，每小时耗电 10 千瓦，那么，同样一台的超导计算机只需一节干电池就可以工作了。我国已经开发出世界上运算速度最快的计算机，来自中日欧的竞争促使美国努力开发下一代超导超级计算机，其运算能力可达百亿亿次级。

5. 量子计算机

量子计算机，是一种全新的基于量子理论的计算机，遵循量子力学规律进行高速数学和逻辑运算、存储及处理量子信息的物理装置。量子计算机的概念源于对可逆计算机的研究。量子计算机应用的是量子比特，可以同时处在多个状态，而不像传统计算机那样只能处于 0 或 1 的二进制状态。

2017 年 5 月 3 日，中国科学技术大学潘建伟教授宣布：研究团队 2016 年在光学体系首次实现十光子纠缠操纵的基础上，利用高品质量子点单光子源构建了世界首台超越早期经典计算机的单光子量子计算机。2017 年 12 月，德国康斯坦茨大学与美国普林斯顿大学及马里兰大学的物理学家合作，开发出了一种基于硅双量子位系统的稳定的量子门。2018 年 12 月 6 日，首款量子计算机控制系统 OriginQ Quantum AIO 在中国合肥诞生，该系统由本源量子开发。2019 年 1 月 10 日，IBM 宣布推出世界上第一台商用的集成量子计算系统：IBM Q System One。

任务 3 大数据和人工智能

随着计算机的快速发展，互联网如同空气、水、电一样无处不在地渗透到人们的生活中，大数据和人工智能作为人类活动的产物，来自人们改造客观世界的过程中，是生产与生活在网络空间的投影。

一、大数据的概念和案例

大数据（Big Data），指无法在一定时间范围内用常规软件工具进行捕捉、管理和处理的数据集合，是需要新处理模式才能具有更强的决策力、洞察发现力和流程优化能力的海量、高增长率和多样化的信息资产。

现在的社会是一个高速发展的社会，科技发达，信息流通，人们之间的交流越来越密切，生活也越来越方便，大数据就是这个高科技时代的产物。阿里巴巴创办人马云在演讲中就曾提到，未来的时代将不是 IT 时代，而是 DT 时代，DT 就是 Data Technology 数据科技。

大数据的价值体现在以下几个方面：

（1）对大量消费者提供产品或服务的企业可以利用大数据进行精准营销。

（2）做小而美模式的中小微企业可以利用大数据做服务转型。

（3）面临互联网压力之下必须转型的传统企业需要与时俱进充分利用大数据的价值。

1. 医疗行业中的应用

Seton Healthcare 是采用 IBM 最新沃森技术进行医疗保健内容分析预测的首个客户。该技术允许企业找到大量病人相关的临床医疗信息，通过大数据处理，更好地分析病人的信息。

在加拿大多伦多的一家医院，针对早产婴儿，每秒钟有超过 3000 次的数据读取。通过这些数据分析，医院能够提前知道哪些早产儿出现问题并且有针对性地采取措施，避免早产婴儿夭折。

2. 汽车制造业中的应用

当问起汽车的制造过程，大多数人脑子里随即浮现的是各种生产装配流水线和制造机器。然而在福特，在产品的研发设计阶段，大数据就已经对汽车的部件和功能产生了重要影响。

比如，福特产品开发团队曾经对 SUV 是否应该采取掀背式（即手动打开车后行李箱车门）或电动式进行分析。如果选择后者，门会自动打开、便捷智能，但这种方式会造成车门开启有限的困扰。此前采用定期调查的方式并没有发现这个问题，但后来根据对社交媒体的关注和分析，发现很多人都在谈论这个问题。

3. 影音媒体中的应用

十多年前，音乐元数据公司 Gracenote 收到来自苹果公司的神秘忠告，建议其购买更多的服务器。Gracenote 照做了，而后苹果推出 iTunes 和 iPod，Gracenote 从而成为了元数据的帝国。

在车内听的歌曲很可能反映你的真实喜好，Gracenote 就拥有此种技术。它采用智能手机和平板电脑内置的麦克风识别用户电视或音响中播放的歌曲，并可检测掌声或嘘声等反应，甚至还能检测用户是否调高了音量。这样，Gracenote 可以研究用户真正喜欢的歌曲，以及听歌的时间和地点。

二、人工智能的概念和案例

人工智能（Artificial Intelligence），英文缩写为 AI。它是研究、开发用于模拟、延伸和扩展人的智能的理论、方法、技术及应用系统的一门新的技术科学。

人工智能是计算机科学的一个分支，它企图了解智能的实质，并生产出一种新的能以人类智能相似的方式作出反应的智能机器，该领域的研究包括机器人、语言识别、图像识别、自然语言处理和专家系统等。

智能机器人改变生活

1. 虚拟个人助理

Siri，Google Now 和 Cortana 都是各种渠道（iOS，Android 和 Windows Mobile）上的智能数字个人助理。能够帮助我们发送短信，拨打电话，记录备忘，甚至还可以陪用户聊天。Siri 作为一款智能数字个人助理，它通过机器学习技术来更好理解我们的自然语言问题和请求。

总归，当你用你的声响提出要求时，它们会协助你找到有用的信息；你能够说“最近的我国饭馆在哪里？”“今日我的日程安排是什么？”“提醒我八点打电话给杰里”，帮手会经过查找信息，转播手机中的信息或发送指令给其他应用程序。

人工智能在这些应用程序中十分重要，由于它们搜集有关恳求的信息并运用该信息更好地辨认您的语言并为您供给适合您偏好的结果。

2. 购买预测

如果京东、天猫和亚马逊这样的大型零售商能够提前预见到客户的需求，那么收入一定有大幅度的增加。亚马逊目前正在研究这样一个预期运输项目：在你下单之前就将商品运到送货车上，这样当你下单的时候甚至可以在几分钟内收到商品。

毫无疑问这项技术需要人工智能来参与，需要对每一位用户的地址、购买偏好、愿望清单等数据进行深层次的分析之后才能够得出可靠性较高的结果。

但是，这种人工智能应用颇具争议性，毕竟使用预测分析存在隐私违规的嫌疑，许多人对此颇感忧虑。

3. 医疗机器人

机器人技术在医疗领域的应用并不少见，比如智能假肢、外骨骼和辅助设备等技术修复人类受损身体，医疗保健机器人辅助医护人员的工作等。目前实践中的医疗机器人主要有两种：

一是，能够读取人体神经信号的可穿戴型机器人，也称为“智能外骨骼”。

二是，能够承担手术或医疗保健功能的机器人，以 IBM 开发的达·芬奇手术系统为典型代表。

4. 智能药物研发

智能药物研发是指将人工智能中的深度学习技术应用于药物研究，通过大数据分析等技术手段快速、准确地挖掘和筛选出合适的化合物或生物，达到缩短新药研发周期、降低新药研发成本、提高新药研发成功率的目的。

人工智能通过计算机模拟，可以对药物活性、安全性和副作用进行预测。借助深度学习，人工智能已在心血管药、抗肿瘤药和常见传染病治疗药等多领域取得了新突破。在抗击埃博拉病毒中，智能药物研发也发挥了重要的作用。

【学以致用】请你发挥想象，计算机的快速发展，会使未来的世界变成什么样子？

习 题

一、选择题

1．第一台电子计算机 ENIAC 诞生于（ ）年。

A．1946 B．1958 C．1964 D．1978

2．第四代计算机所采用的主要逻辑元件是（ ）。

A．电子管 B．晶体管

C．中小规模集成电路 D．大规模和超大规模集成电路

3．英文缩写 CAD 的中文意思是（ ）。

A．计算机辅助设计 B．计算机辅助制造

C．计算机辅助教学 D．计算机辅助管理

4．（ ）是计算机应用中最早的领域。

A．数值计算 B．自动控制 C．数据处理 D．CAD/CAI

5．下面不属于辅存储器的是（ ）。

A．硬盘 B．软盘 C．光盘 D．内存条

6．打印机属于（ ）。

A．输入设备 B．输出设备 C．存储设备 D．显示设备

7．下列哪款软件不属于应用软件（ ）。

A．Office B．Flash C．Photoshop D．Visual FoxPro

8．计算机中的数据，包括文字、数字、声音、图形图像、视频及动画等，在计算机中都是用（ ）形式表示和存储的。

A．二进制 B．十进制 C．八进制 D．十六进制

9．（ ）是计算机病毒的基本特征。计算机病毒会进行自我繁殖、自我复制，并通过各种渠道，如移动 U 盘、网络等传染计算机。

A．破坏性 B．传染性 C．隐蔽性 D．潜伏性

10．计算机能够直接识别和执行的语言是（ ）。

A．汇编语言 B．自然语言 C．机器语言 D．高级语言

项目二　计算机组装

1. 掌握计算机的结构和组成的基本知识
2. 熟悉和规范自己的键盘操作
3. 掌握 Windows 7 操作系统界面各部分的基本知识
4. 熟练掌握文件和文件夹的命名、归类及各种操作
5. 熟练掌握控制面板常用功能的使用

任务 1　认识你的计算机

任务描述

小明是一个刚进校的大学生，第一次接触计算机是上初中时，当时一个小伙伴要去玩游戏，小明出于好奇也去了。自此以后，小明就跟计算机结缘了，只要一有时间就去玩计算机游戏，在当时的学校也算是一个“名人”了。但进大学后小明发现了一个问题，那就是自己在跟别人讨论计算机除游戏以外的一些话题时，自己所说的东西别人往往听不懂，最后才发现是自己说得不规范，不是专门的计算机术语。

任务分析

规范是交流的基础，两个使用不同规范的人对话是不可能实现的。计算机中的基本知识就是为了解决这个问题，它会规范大家的语言、标准和行为，从而使大家能够更好地交流。

任务实现

一、计算机基础知识

计算机是能够按照指令对各种数据和信息进行自动加工、处理的电子设备。电子计算机按其规模或系统功能划分，可以分为巨型机、大型机、中型机、小型机和微型机等。

人们日常工作中使用的计算机属于微型计算机，简称微机、PC（Personal Computer，个人计算机）或电脑。计算机按照生产厂商划分，可以分为品牌机和兼容机（又称组装机）。从结构形式上划分，可以分为台式计算机、一体机、便携式计算机和平板电脑等，其中便携式计算机又称为笔记本电脑。

（一）计算机的逻辑部分

计算机由控制器、运算器、存储器、输入设备和输出设备五大部分组成。运算器和控制器合称为中央处理器（CPU），它负责对数据的运算，并对其他部分进行统一的控制。CPU 也叫微处理器，由一片或少数几片集成芯片组成。存储器负责保存 CPU 运算的结果或需要存储在计算机中的数据，以二进制的形式来进行保存。计算机通过接口与输入/输出设备进行通信。输入/输出设备是实现人机交互的通道，即使用者将需要处理的数据通过输入设备交给计算机，计算机再将处理后的结果告诉或通知使用者。

（二）计算机系统的组成

如图 2-1 所示，计算机系统由硬件系统和软件系统两大部分组成，它们构成了一个完整的计算机系统。我们使用计算机实际上就是通过操作软件驱动硬件来工作的。计算机硬件和计算机软件既相互依存，又互为补充。计算机软件是指在计算机硬件设备上运行的各种程序及其相关资料的总称。

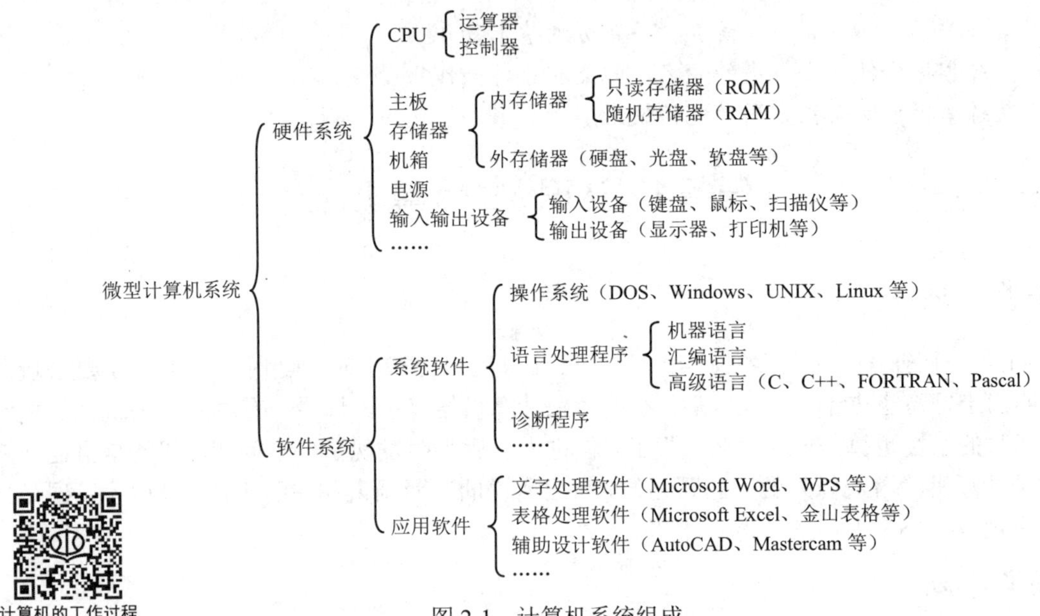

图 2-1 计算机系统组成

二、键盘与指法

（一）键盘

常见的键盘有 101、104 等若干种，为了便于记忆，按照功能的不同，我们把 101 键盘划分成主键盘区、功能键区、控制键区、数字键区和状态指示区 5 个区域，如图 2-2 所示。

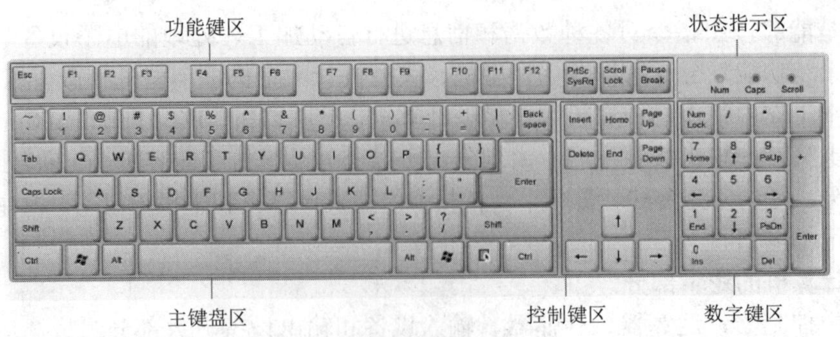

图 2-2 键盘分区

1. 主键盘区

主键盘区是键盘的主要使用区，包括字符键和控制键两大类。字符键包括英文字母键、数字键、标点符号键 3 类，按下它们可以输入键面上的字符；控制键主要用于辅助执行某些特定操作。下面将介绍一些常用控制键的作用。

- 制表键 Tab：编辑文档时，按一下该键将使光标向右移动一个制表位（默认为 8 个英文字符的宽度）。
- 大写锁定键 Caps Lock：用于控制大小写字母的输入。默认情况下，敲字母键将输入小写英文字母；按一下 Caps Lock 键，键盘右上角的 Caps Lock 指示灯变亮，此时敲字母键将输入大写英文字母；再次按一下该键可返回小写字母输入状态。
- 换挡键 Shift：主要用于与其他字符键组合，输入键面上有两种字符的上挡字符。例如，要输入“！”号，应在按住 Shift 键的同时敲键。
- 组合控制键 Ctrl 和 Alt：这两个键只能配合其他键一起使用才有意义。
- 空格键：编辑文档时，敲一下该键输入一个空格，同时光标右移一个字符。
- Win 键：标有 Windows 图标的键，任何时候按下该键都将弹出“开始”菜单。
- 快捷键：相当于右击鼠标，因此，按下该键将弹出快捷菜单。
- 回车键 Enter：主要用于结束当前的输入行或命令行，或接受某种操作结果。
- 退格键 BackSpace：编辑文档时，按一下该键光标向左退一格，并删除原来位置上的对象。

2. 功能键区

功能键区位于键盘的最上方，主要用于完成一些特殊的任务和工作。

- F1～F12 键：这 12 个功能键在不同的程序中有各自不同的作用。例如，在大多数程序中，按一下 F1 键都可打开帮助窗口。
- Esc 键：该键为取消键，用于放弃当前的操作或退出当前程序。

3. 控制键区

控制键区的按键主要在编辑文档时使用。例如，按一下“←”键将光标左移一个字符；按一下“↓”键将光标下移一行；按一下 Delete 键删除当前光标右侧的一个对象，通常为字符。

4. 数字键区

它位于键盘的右下角，也叫小键盘区，主要用于快速输入数字。该键盘区的 Num Lock 键用于控制数字键上下挡的切换。当 Num Lock 指示灯亮时，表示可输入数字；按一下 Num Lock 键，指示灯灭，此时只能使用下挡键；再次按一下该键，可返回数字输入状态。

5. 状态指示区

它位于键盘的右上角，一共有三个指示灯，依次是 Num Lock 指示灯、Caps Lock 指示灯和 Scroll Lock 指示灯。前两个指示灯在上面已介绍，最后一个指示灯也就是 Scroll Lock 灯对很多用户来说比较陌生。开启和关闭该指示灯的方法是 Scroll Lock 键，它是在 F12 键右边的第二个键。如果 Scroll Lock 指示灯点亮就是开启了滚动键锁定的意思，按下此键后在 Excel 等软件中按上、下键滚动时，会锁定光标而滚动页面；如果放开此键，则按上、下键时会滚动光标而不滚动页面。

（二）指法

如图 2-3 所示，打字时双手的十个手指都有明确的分工，只有按照正确的手指分工打字，才能实现盲打和提高打字速度。

图 2-3 手指分工

在打字时，正确的击键方法非常重要。击键之前，十个手指放在基准键（F、J）上；击键时，要击键的手指迅速敲击目标键，瞬间发力并立即反弹，不要一直按在目标键上；击键完毕后，手指要立即放回基准键上，准备下一次击键。

三、Windows 7 基本介绍

Windows 7 操作系统通常简称 Win 7。Windows 操作系统由美国微软公司开发，分为多个版本，当前使用较为广泛的有 Windows XP，Windows 7 和 Windows 10 等。

（一）Windows 7 的启动与关闭

1. *启动* Windows 7

操作步骤如下：

- 打开显示器的电源开关，开关一般在显示器前面板下部或底部，个别在显示器后背面。
- 打开主机的电源开关，主机电源开关一般来说较为显目，很容易查找。
- 计算机对基本硬件设备进行检查（称为自检），现在的品牌机一般只显示产品的 Logo 标志，详细的硬件信息是看不到的，如果需要看详细信息（包括主板型号、CPU 型号、内存容量和规格、硬盘大小规格等），一般来说自检前按键盘上的 Tab 键或 Esc 键就可退出 Logo 模式。
- 自检完成后，系统进入正常加载，稍等片刻，我们便会看到 Windows 7 的用户桌面。
- 用户桌面主要由桌面图标、任务栏、桌面区几个部分组成，如图 2-4 所示。作为一个视窗化的操作系统，Windows 7 的所有操作都从桌面开始，在桌面进行。

2. *关闭* Windows 7

Windows 7 是一个庞大的操作系统，启动时会装载许多文件，因此，必须使用正确的方法来关闭它，否则有可能导致系统损坏。

操作步骤如下：

- 关闭当前所有打开的应用程序。如果有文档没有保存，需要先将其保存。
- 将鼠标指针移至屏幕左下角的“开始”按钮上并单击，弹出“开始”菜单，然后将鼠标指针移至“关机”按钮上并单击，如图 2-5 所示。
- 单击以后会在屏幕上显示“正在关机”，稍等一会，等显示器屏幕黑屏后，按下显示器的电源开关，关闭显示器。
- 如果长时间不使用计算机，需要切断计算机主机和显示器的电源。

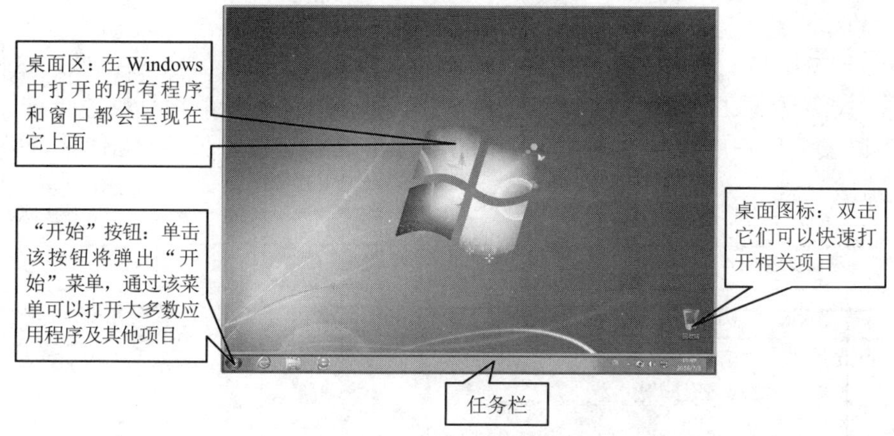

图 2-4 Windows 7 用户桌面

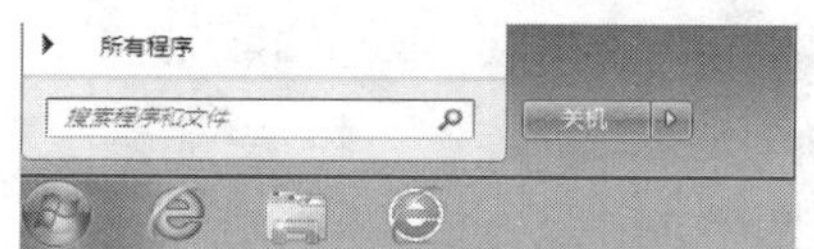

图 2-5 “关机”按钮

（二）Windows 7 窗口的基本元素组成

Windows 是一个视窗化的操作系统，使用 Windows 系统，其实就是操作各种窗口、菜单和对话框等视窗元素。下面就来认识一下 Windows 7 的这些视窗元素。

1. “开始”菜单

利用“开始”菜单可以打开计算机中大多数的应用程序和系统管理窗口。单击任务栏左侧的“开始”按钮，即可打开“开始”菜单，它主要由“常用程序”列表、“固定程序”列表、“所有程序”按钮、“关机”按钮、“搜索程序和文件”编辑框等 5 个部分组成，如图 2-6 所示。

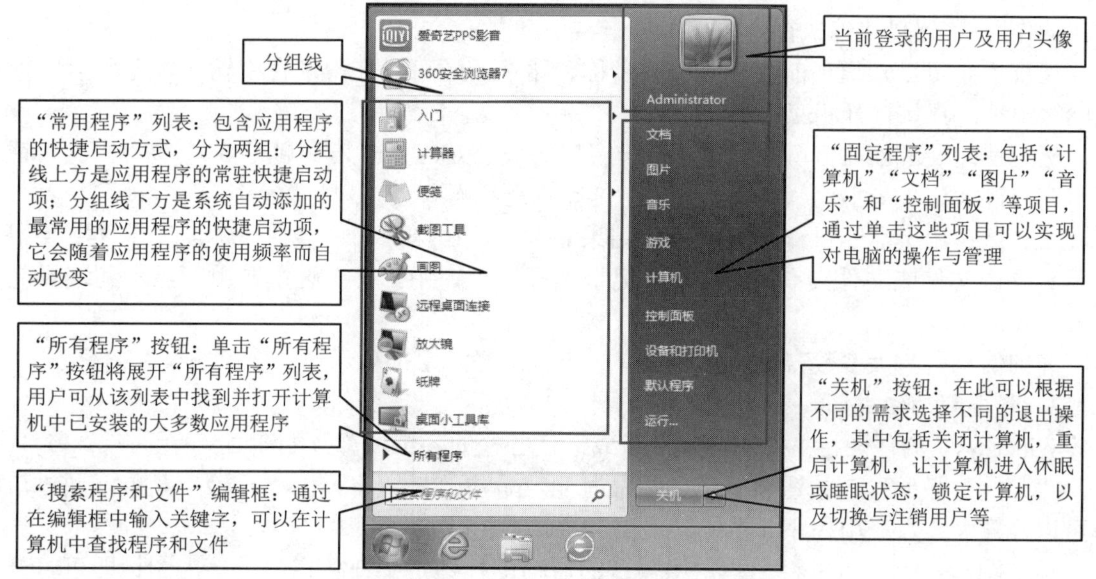

图 2-6 “开始”菜单

2. 窗口的组成

在 Windows 7 中启动程序或打开文件夹时，会在屏幕上划定一个矩形区域，这便是窗口。操作应用程序大多是通过窗口中的菜单、工具按钮、工作区或打开的对话框等来进行的，如图 2-7 所示。不同的应用程序功能不同，其窗口的组成元素也有些区别。下面简单了解一下窗口的一些典型组成元素。

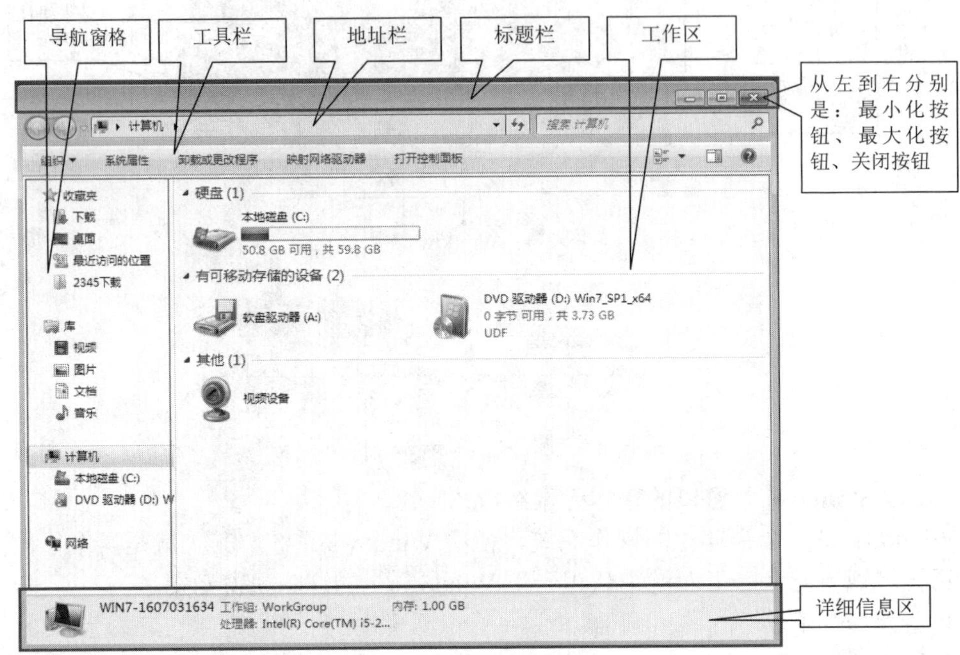

图 2-7　窗口的组成

导航窗格：可以在导航窗格中快速到达文件的存储位置。

工具栏：提供了一组按钮，单击这些按钮（将鼠标指针移至某按钮上方，会自动显示该按钮的作用），可以快速执行一些常用操作。

地址栏：可以知道当前打开文件夹名称、路径，还可以在地址栏中输入本地硬盘的地址或网络地址，直接打开相应内容。

标题栏：展示当前窗口的标题，位于窗口的最上方，单击其右侧的 3 个窗口控制按钮可以将窗口最大化、最小化、关闭。此外，拖动标题栏可移动窗口位置。

工作区：用于显示操作对象及操作结果。例如，在资源管理器窗口中，工作区主要用来显示和操作文件或文件夹；在写字板、记事本程序窗口中，工作区主要用来显示和编辑文档内容。

详细信息区：大多数窗口的底部还有一个状态栏，用来显示当前窗口的有关信息。

3. 任务栏的组成

Windows 7 的任务栏主要由 5 部分组成，任务栏的各组成部分如图 2-8 所示。

"开始"按钮：该按钮位于任务栏最左侧，单击该按钮将弹出"开始"菜单，通过该菜单可以打开大多数应用程序和系统管理窗口。

锁定图标：我们可以将一些常用项目的启动图标锁定到任务栏中，单击图标即可打开相应的项目。默认情况下，只有 Internet Explorer（用于浏览网页）、资源管理器（用于管理文件）

和 Windows Media Player（用于多媒体文件）的图标被锁定。

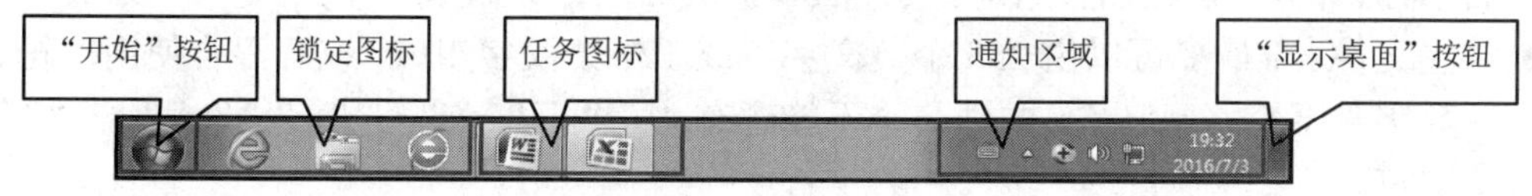

图 2-8　任务栏的组成

任务图标：用户每执行一项任务，系统都会在任务栏中间的区域放置一个与该任务相关的图标。通过单击不同图标，可在各种任务之间切换。另外，将鼠标指针放置在任务图标上，会显示相应任务的预览图。

通知区域：显示当前键盘状态、网络状态、当前时间、声音调节、一些在后台运行的应用程序等图标。单击、双击或右击通知区域中图标可分别执行不同的操作。

“显示桌面”按钮：该按钮位于任务栏最右侧，单击该按钮，可快速显示桌面。

任务 2　管理好你的计算机

任务描述

小明升入大学后，叔叔为了鼓励他好好学习，给他配置了一台高端知名品牌计算机，计算机刚入手时，不管是玩大型游戏还是使用大型软件都很流畅。但仅仅半个月后，小明发现计算机出问题了，开机时间由以前的 25 秒变成了现在的 1 分 30 秒，而且 C 盘空间也不足 100MB 了，C 盘根目录下充斥着大量的未知文件和文件夹，自己的一些学习资料也找不到了。由于计算机是在老家买的，售后没有协调好，小明现在对着这台计算机是一筹莫展，你能够帮助小明吗？

任务分析

从上面的描述来看，小明的计算机应该存在着以下几个问题：

（1）由于玩游戏等原因，小明的计算机可能存在着大量的垃圾文件，将 C 盘占满了。

（2）由于文件和资料在命名和归类时的不规范，无法对文件和资料进行定位查找。

（3）由于现在的计算机在正版系统预装时是不对硬盘进行分区等操作的，所以所有的文件和资料都是放在 C 盘的。

任务实现

一、文件和文件夹

（一）认识文件和文件夹

计算机中的所有数据（图片、视频、音频、文档、表格）都以文件的形式保存，而文件夹用来分类存储文件，因此，在 Windows 7 中最重要的操作就是管理文件和文件夹。

1. 认识文件

文件是数据在计算机中的组织形式。计算机中的任何程序和数据都是以文件的形式保存在计算机的外存储器（如硬盘、光盘和 U 盘等）中的。Windows 7 中的任何文件都是用图标和文件名来标识的，其中文件名由主文件名和扩展名两部分组成，中间由“.”分隔。

- 主文件名：最多可以由 255 个英文字符或 127 个汉字组成，或者混合使用字符、汉字、数字甚至空格。但是，文件名中不能含有“\”“/”“：”“<”“>”“？”“*”“"”和“|”字符。
- 扩展名：通常为 3 个英文字符。扩展名决定了文件的类型，也决定了可以使用什么程序来打开文件。常说的文件格式指的就是文件的扩展名。

默认情况下，为避免用户修改文件扩展名导致文件打不开，在资源管理器中查看文件时，系统不会显示文件的扩展名。要显示文件的扩展名，可单击“资源管理器”窗口中的“工具”→“文件夹选项”菜单，在打开的对话框中进行相应的设置，如图 2-9 所示。

2. 认识文件夹

文件夹是存放文件的场所。在 Windows 7 中，文件夹由一个黄色的小夹子图标和名称组成，如图 2-10 所示。为了方便管理文件，用户可以创建不同的文件夹，将文件分门别类地存放在文件夹内。在文件夹中除了包含文件之外还可以包含其他文件夹。

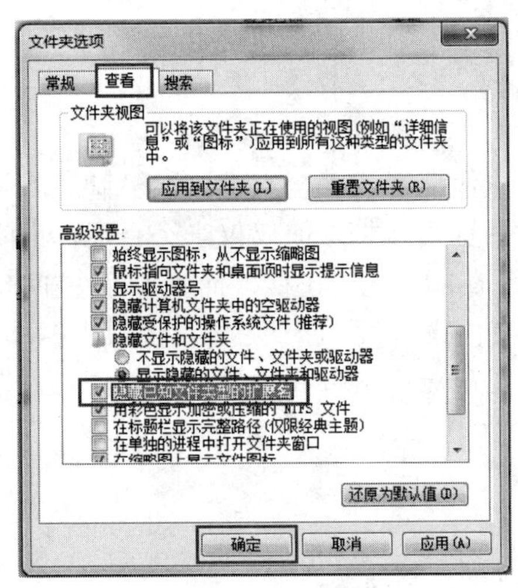

图 2-9 文件夹选项

图 2-10 文件夹图标

Windows 7 中的文件夹分为系统文件夹和用户文件夹两种类型。系统文件夹是安装好操作系统或应用程序后系统自己创建的文件夹，如图 2-10 所示，它们通常位于 C 盘中，不能随意删除和更改名称；用户文件夹是用户自己根据需要创建的文件夹，可以根据自己的需求随意更改和删除。

3. 认识资源管理器

在 Windows 7 中，资源管理器是管理计算机中文件、文件夹等资源的最重要工具。右击“开始”菜单或任务栏上的锁定文件夹，在弹出的快捷菜单中选择并打开资源管理器，如图 2-11 所示。

（二）使用资源管理器查看文件或文件夹

1. 打开文件和文件夹

（1）右击“开始”菜单，在弹出的快捷菜单中选择并打开资源管理器，如图 2-11 所示。

（2）单击左侧导航窗格中的库和 Administrator 将下层目录进行折叠。

（3）找到计算机中的文件所在磁盘（以D盘为例），单击打开。

（4）在打开的右侧窗口中找到所需的文件和文件夹，双击打开，如果是文件则会启动相应的程序来运行该文件，如果是文件夹则会打开该文件夹。

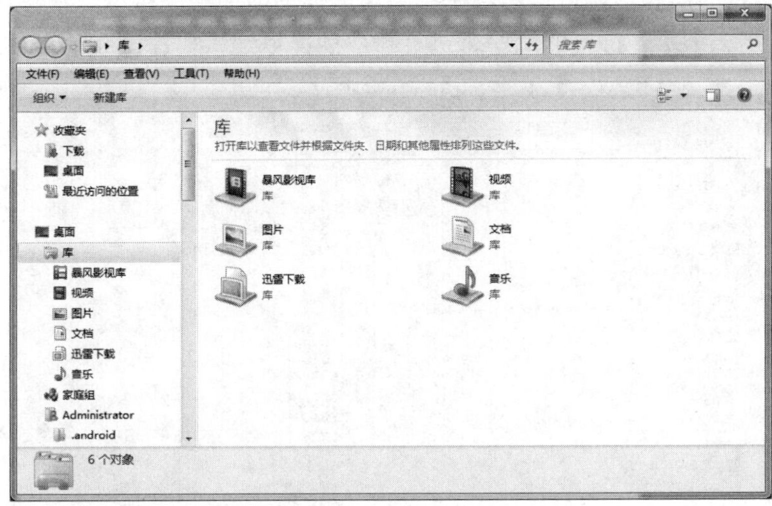

图2-11　资源管理器

2. 修改图标的显示方式

Windows 7是一个图形化的操作系统，其中驱动器、文件和文件夹等对象都是以图标的方式显示的。为了方便查看文件夹中的内容，可以对图标的显示方式进行调整。为此，可单击工具栏中的“更改您的视图”按钮右侧的“更多选项”三角按钮，在展开的列表中单击一种显示方式，也可拖动左侧滑块来选择相应的显示方式，如图2-12所示。

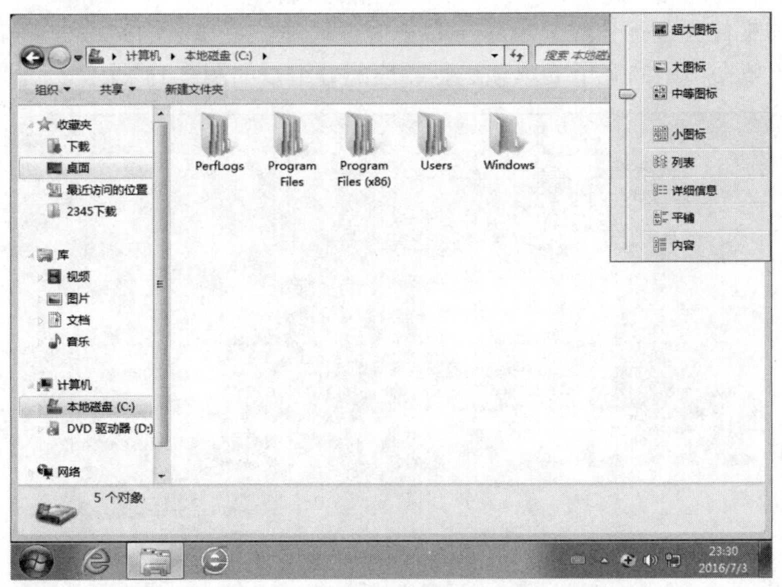

图2-12　图标显示方式视图

3. 修改图标的排列方式

为了方便查看和使用文件，我们还可以对当前图标的排列方式进行修改。

（1）右击资源管理器工作区的空白处。

（2）在弹出的快捷菜单中找到排序方式，显示其子菜单。

（3）在弹出的子菜单中选择相应的排序方式（以名称为例）。

（4）在名称排序后我们还可以继续子菜单中的递增或递减来进行二次排序。在以递增排序时，是按照数字、字母、拼音的顺序来进行排序的；以递减排序则相反；如图 2-13 所示。

图 2-13　图标排列方式视图

至于更多选项则使用的较少，大家可以自行测试使用。

4. 分组显示文件和文件夹

要对文件和文件夹进行分组显示，可右击资源管理器工作区的空白处，在弹出的快捷菜单中选择“分组依据”中的某子菜单项进行相应的分组，如图 2-14 所示。

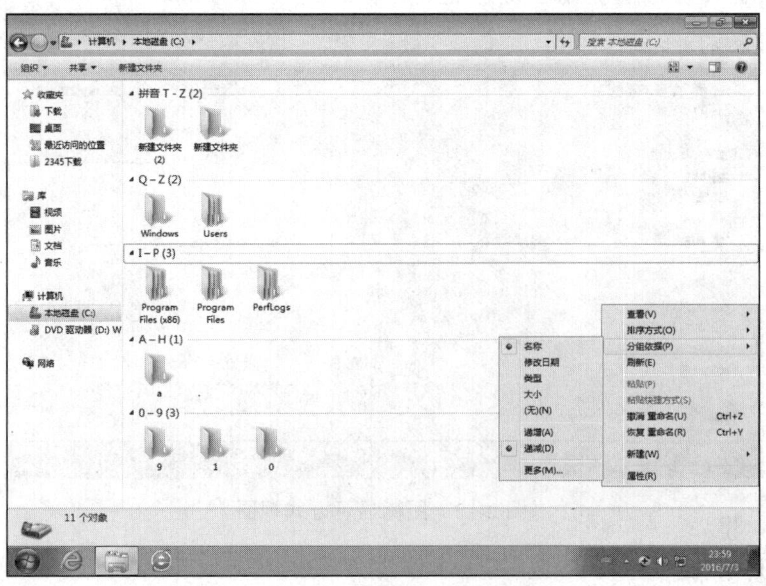

图 2-14　图标分组显示视图

在使用完后如果需要取消分组显示，则可直接在子菜单中选中“无（N）”即可。

（三）文件和文件夹的基本操作

在使用计算机的过程中，经常需要对文件或文件夹进行各种管理操作，如新建、选择、重命名、删除、剪切或复制文件和文件夹等。

1. 文件和文件夹的创建

在文件和文件夹的管理中，文件和文件夹的名称的使用其实是很讲究的。人们往往在文件和文件夹较少时不注意其名称的使用，在资源和数据越来越多时，才会发现命名的不规范会带来很多的问题，诸如文件名想不起来、文件存放位置不记得、创建时间记不起来等。所以，我们在初期就应该按时间或者按用途来命名我们的文件和文件夹。

文件夹创建的具体操作步骤如下：

（1）打开资源管理器，找到文件存放的磁盘，建议大家不要将个人文件存放在 C 盘或桌面。

（2）在工具栏中单击“新建文件夹”按钮，此时将新建一个文件夹，且文件夹的名称处于可编辑状态，输入一个新名称，不建议使用默认名称，按 Enter 键确认，如图 2-15 所示。

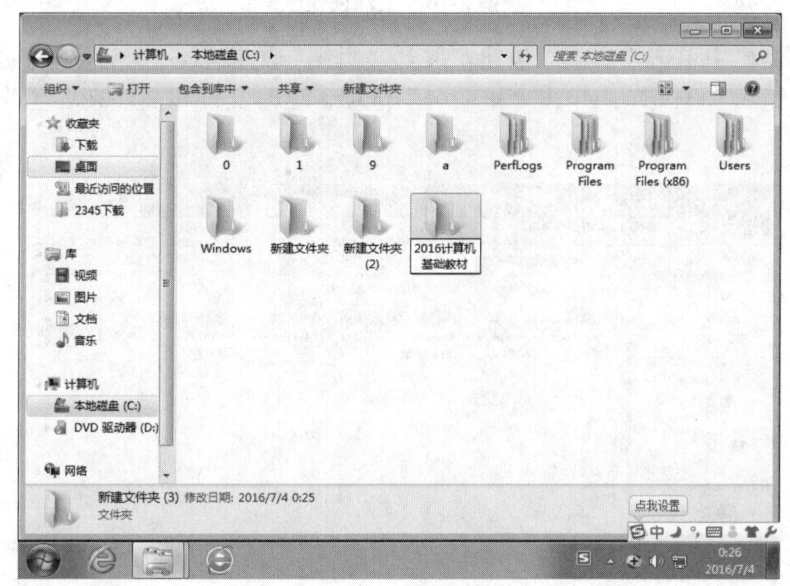

图 2-15　文件夹创建

文件的创建一般来说是通过使用某个软件，在软件中创建以后再保存创建的。但有时为了更加方便工作，也可以通过以下步骤创建：

（1）打开资源管理器，找到文件存放的磁盘，建议大家不要将个人文件存放在 C 盘或桌面。

（2）在右侧工作区右击，在弹出的快捷菜单中找到“新建”选项。

（3）打开新建的子菜单，根据需求选择相应类型的文件进行创建。如图 2-16 所示，我们新建了一个文本文档。

2. 文件和文件夹的重命名

文件和文件夹的重命名步骤一样，具体如下：

（1）选中（单击，使文件和文件夹变色）需要改名的文件和文件夹。

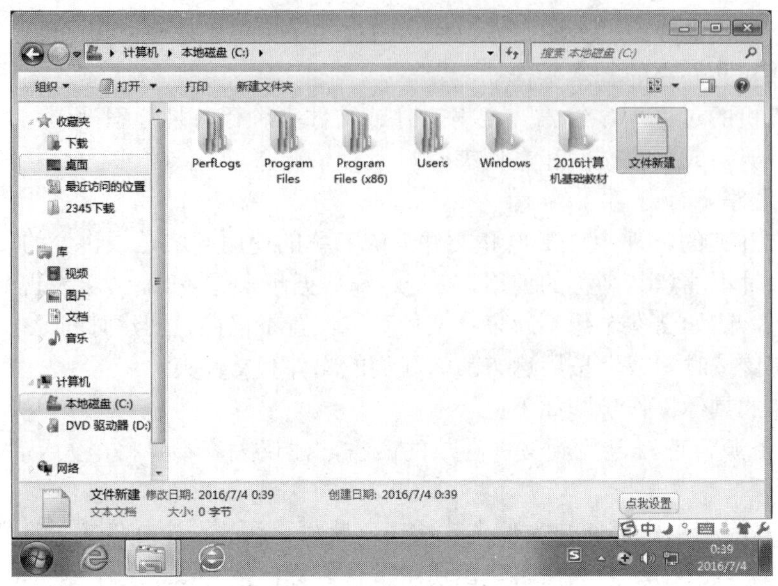

图 2-16 文件创建

（2）在工具栏中单击“组织”按钮，展开“组织”子菜单。

（3）在“组织”子菜单中单击“重命名”选项，这时文件和文件夹名区域变成可编辑状态，如图 2-17 所示。

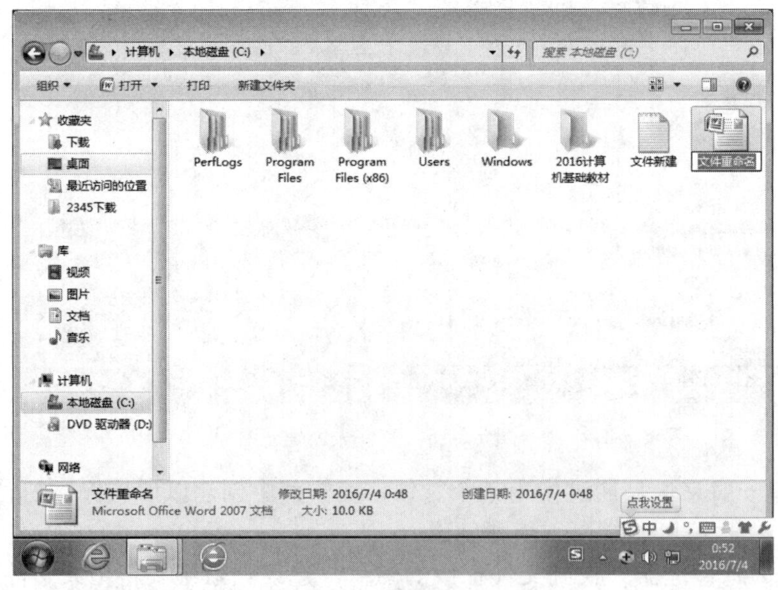

图 2-17 文件重命名

（4）修改文件和文件夹的名称，按 Enter 键确认。

3. 文件和文件夹的剪切、复制与粘贴

文件和文件夹的剪切和复制是两个完全不同的概念，剪切是将文件和文件夹从一个地方剪切到了另一个地方，位置发生了改变；而复制则是在保留原有文件和文件夹的基础上，在新位置重新生成一个与原文件一样的文件和文件夹。具体操作步骤如下：

（1）选中（单击，使文件和文件夹变色）需要复制/剪切的文件和文件夹。

（2）在工具栏中单击“组织”按钮，展开“组织”子菜单。

（3）在“组织”子菜单中单击“复制/剪切”选项，这时原文件和文件夹没有变化，但“组织”子菜单中的“粘贴”选项变成激活状态，如果这时将鼠标不再选中文件，我们可以看到“粘贴”选项依然是激活状态，说明我们随时可以进行粘贴。

（4）从资源管理器进入到目标位置，单击“粘贴”选项，这时我们可以发现，如果是复制操作的则原位置的文件和文件夹依然存在，而做了剪切操作的则原文件和文件夹在原位置不再存在，如图 2-18 所示。

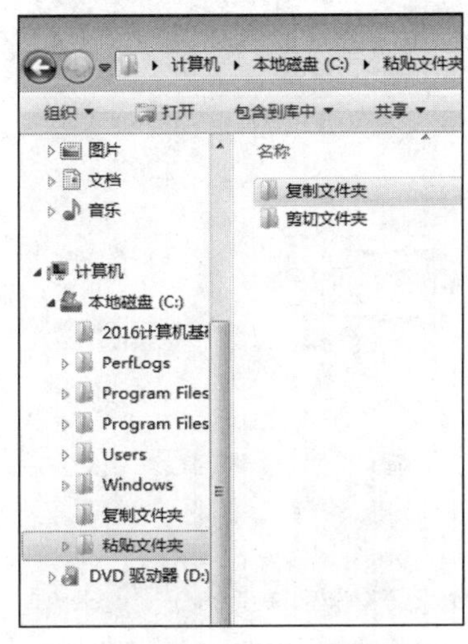

图 2-18　文件复制、剪切与粘贴

4. 文件和文件夹的删除

对于不再需要的文件和文件夹，可以将其删除以腾出磁盘空间，具体操作步骤如下：

（1）选中（单击，使文件和文件夹变色）需要删除的文件和文件夹。

（2）在工具栏中单击“组织”按钮，展开“组织”子菜单。

（3）在“组织”子菜单中单击“删除”选项，这时将弹出确认窗口，如图 2-19 所示。

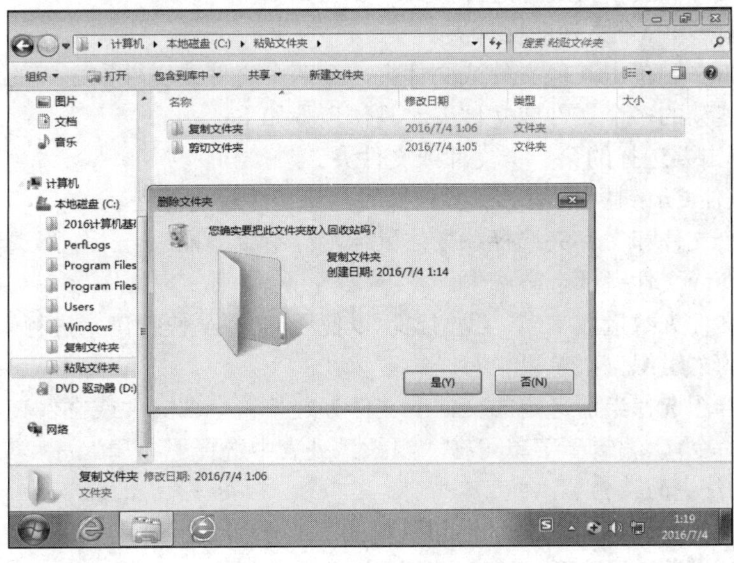

图 2-19　文件删除确认窗口

（4）确认没有问题后单击“是”按钮，确认窗口关闭，文件被删除。

这时，被删除的文件其实并没有被彻底删除，在上面的操作后我们的文件只是被存放到了回收站，如果不清空回收站的话，文件将一直存在，并占用我们的空间。若希望从回收站中恢复被误删除的文件或文件夹，可双击桌面上的“回收站”图标，打开“回收站”窗口，右击误删除的文件或文件夹，在弹出的快捷菜单中选择“还原”选项，将该文件或文件夹恢复到原来的位置，如图 2-20 所示。

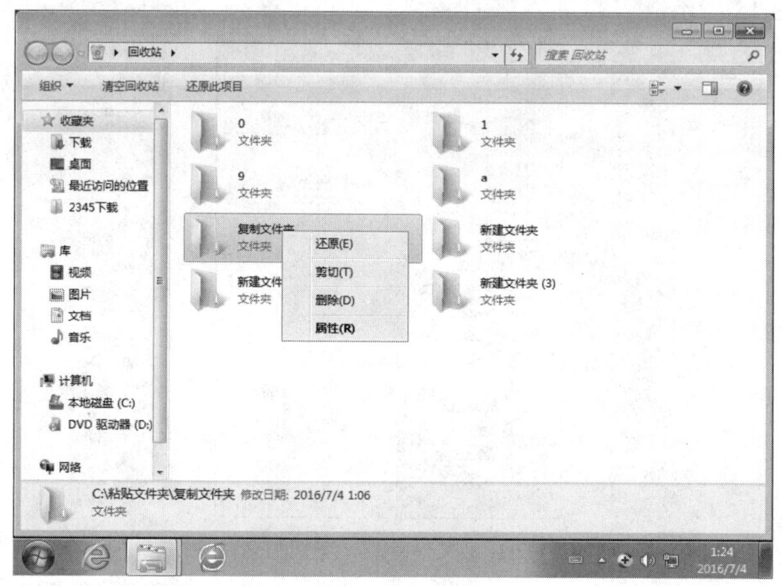

图 2-20 回收站中文件还原

5. 文件和文件夹的选择

对于单个文件和文件夹，相信大家都已经会选择了。但如果是多个文件和文件夹呢？并且是非连续性的文件和文件夹呢？大家是否已经会选择了呢？好的，我们现在就来学习如何选择。

多个连续的文件和文件夹进行选择，具体步骤如下：

（1）单击选中第一个文件或文件夹。

（2）按住 Shift 键单击其他文件或文件夹，则两个文件或文件夹之间的对象均被选中。

同时选择不连续的多个文件或文件夹，具体步骤如下：

（1）首先单击要选择的第一个文件或文件夹。

（2）然后按住 Ctrl 键，依次单击要选择的其他文件或文件夹。

鼠标框选多个文件和文件夹选择：按住鼠标左键不放，拖出一个矩形选框，释放鼠标后，选框内的所有文件或文件夹都会被选中。

如果文件或文件夹数量非常多，我们也可以使用 Ctrl+A 快捷键来进行全选操作，当然这个操作在工具栏的“组织”菜单里也有。

反向选择：若想选择当前选定的文件或文件夹之外的全部文件或文件夹，可执行“编辑”→“反向选择”命令（“编辑”菜单可在“组织”列表中选择“布局”→“菜单项”中显示）。

6. 文件和文件夹的搜索

在计算机的使用过程中，由于文件和资料的不断增加，有时我们可能需要查找某个或某类的文件。Windows 7 为我们提供了强大的搜索能力。

（1）打开资源管理器，在窗口右上角的搜索编辑框中输入要查找的文件或文件夹名称（如果记不清文件或文件夹全名，可只输入部分名称）。如果当前位置是在我的电脑上时，则在全盘搜索；如果是在某个文件上时，则在该文件夹内进行搜索。

（2）此时系统自动开始搜索，等待一段时间即可显示搜索的结果，如图 2-21 所示。

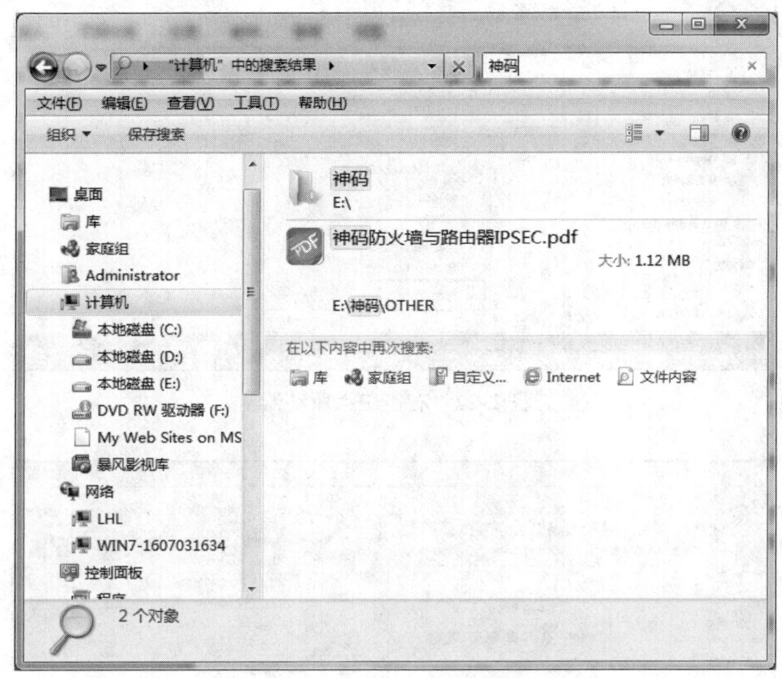

图 2-21　文件或文件夹搜索

提示：对于搜到的文件或文件夹，用户可对其进行复制、移动或打开等操作。

设置合适的搜索范围很重要，由于现在的硬盘容量都很大，若把所有硬盘搜索一遍将会耗费很长的时间。若能确定文件存放的大致文件夹，可首先在步骤（1）中直接打开该文件夹窗口，然后再进行搜索。另外，在输入文件名时还可使用通配符。

二、项目属性与信息查看

如果希望查看磁盘驱动器、文件夹或文件等对象的简单信息，只需将图标的显示方式设置为“详细信息”，或选中要查看信息的对象，在窗口底部的“详细信息”面板中进行查看。如果希望了解对象的更多属性，可利用以下方法查看。

（一）磁盘驱动器常归属性查看

磁盘驱动器是计算机中最常用的外存储设备，通过查看磁盘驱动器的具体信息，可以了解磁盘空间的使用情况，以及清除磁盘中的垃圾文件等。具体操作步骤如下：

（1）在“计算机”窗口中右击要查看属性的磁盘驱动器，从弹出的快捷菜单中单击“属性”选项，如图 2-22 所示。

（2）在弹出的磁盘属性对话框的“常规”选项卡中查看该磁盘的卷标名、文件系统类型、容量、已用空间和可用空间，如图 2-23 所示。

（3）查看完毕以后可以单击“确定”按钮关闭当前窗口。

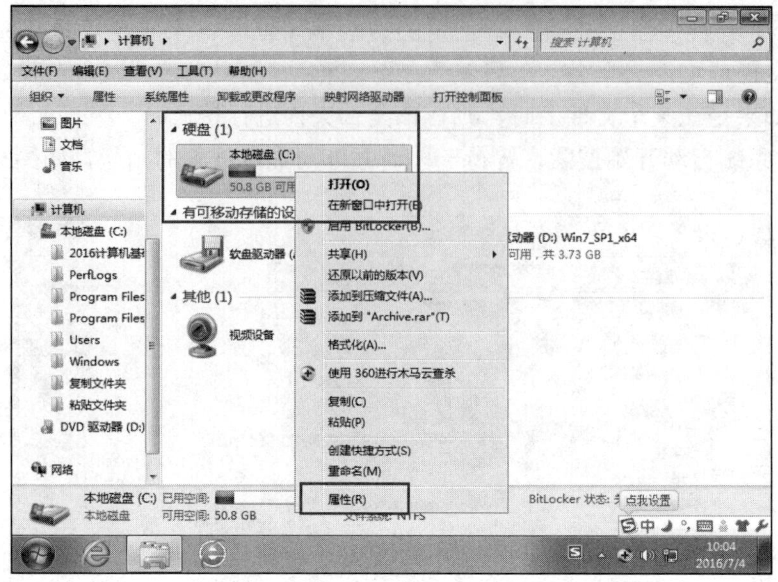

图 2-22　右击磁盘驱动器

图 2-23　磁盘驱动器属性

（二）文件和文件夹的常规属性查看

1. 查看文件夹的常规属性和详细信息

具体步骤如下：

（1）选中要查看属性的文件夹，然后右击所选对象，从弹出的快捷菜单中单击“属性”选项。

（2）在弹出的属性对话框的“常规”选项卡中查看所选文件夹的大小、占用空间、创建时间等信息，还可查看和设置对象属性，如图 2-24 所示。

（3）单击属性中的“高级”按钮，在弹出的对话框中还可以看到文件夹的存档和索引属性，以及压缩或加密属性，而且在对文件夹进行设置时，也会对其子文件夹产生同样的效果，如图 2-25 所示。

图 2-24　文件夹属性

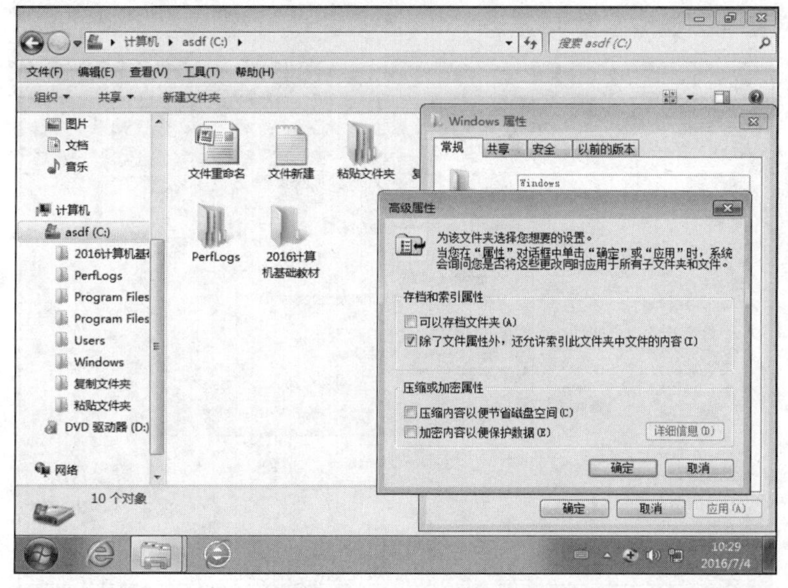

图 2-25　文件夹高级属性

2. 查看文件的常规属性和详细信息

相对于文件夹的属性来说，文件属性和信息更加丰富。

具体步骤如下：

（1）选中要查看属性的文件，然后右击所选对象，从弹出的快捷菜单中单击“属性”选项。

（2）在弹出的属性对话框的“常规”选项卡中查看所选文件的类型、打开方式、位置、大小、占用空间、创建时间、修改时间、访问时间等信息，还可查看和设置对象属性，如

图 2-26 所示。

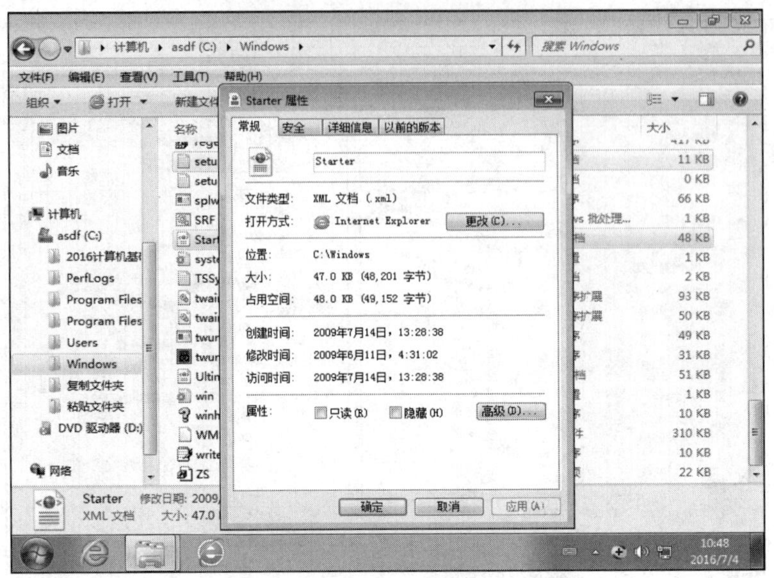

图 2-26　文件属性

（3）单击属性中的“高级”按钮，在弹出的对话框中还可以看到文件的存档和索引属性，以及压缩或加密属性，如图 2-27 所示。

图 2-27　文件高级属性

3．文件和文件夹属性

在 Windows 7 操作系统中，常见的文件和文件夹属性有系统属性、隐藏属性、只读属性和归档属性。

- 系统属性：文件的系统属性是指系统文件，它将被隐藏起来。在一般情况下，系统文件不能被查看，也不能被删除，是操作系统对重要文件的一种保护属性，防止这些文件被意外损坏。

- 隐藏属性：在查看磁盘文件的名称时，系统一般不会显示具有隐藏属性的文件名。一般情况下，具有隐藏属性的文件不能被删除、复制和更名。
- 只读属性：对于具有只读属性的文件，可以查看它的名字，它能被应用，也能被复制，但不能被修改和删除。如果将可执行文件设置为只读文件，不会影响它的正常执行，但可以避免意外的删除和修改。
- 归档属性：一个文件被创建之后，系统会自动将其设置成归档属性。这个属性常用于文件的备份。

知识拓展

1. 可执行文件和不可执行文件

可执行文件指的是可以由操作系统进行加载执行的文件。在不同的操作系统环境下，可执行程序的呈现方式不一样。在 Windows 操作系统下，可执行程序可以是 .exe 文件、.sys 文件、.com 文件等类型文件。

不可执行文件是相对于可执行文件来说的，不可执行文件不能直接被 Windows 操作系统运行，但如果有相应软件的话，也是可以运行和使用的。如.txt 文件就可以由记事本程序来运行。

2. 常用快捷键

在 Windows 操作系统中，如果能够熟练地使用快捷键，将大大地提高工作效率，常用快捷键是我们在工作中使用的相对较多的快捷键，如表 2-1 所示。

表 2-1　常用 Windows 快捷键

按键	功能
Ctrl+C	复制
Ctrl+X	剪切
Ctrl+V	粘贴
Ctrl+Z	撤消
Delete	删除
Shift+Delete	永久删除所选项，而不将它放到回收站中
拖动某一项时按 Ctrl	复制所选项
拖动某一项时按 Ctrl+Shift	创建所选项目的快捷键
F2	重新命名所选项目
Ctrl+向右键	将插入点移动到下一个单词的起始处
Ctrl+向左键	将插入点移动到前一个单词的起始处
Ctrl+向下键	将插入点移动到下一段落的起始处
Ctrl+向上键	将插入点移动到前一段落的起始处
Ctrl+Shift+任何箭头键	突出显示一块文本
Shift+任何箭头键	在窗口或桌面上选择多项，或者选中文档中的文本
Ctrl+A	选中全部内容
F3	搜索文件或文件夹

续表

按键	功能
Alt+Enter	查看所选项目的属性
Alt+F4	关闭当前项目或者退出当前程序
Alt+空格键	为当前窗口打开快捷菜单
Ctrl+F4	在允许同时打开多个文档的程序中关闭当前文档
Alt+Tab	在打开的项目之间切换
Alt+Esc	以项目打开的顺序循环切换
F6	在窗口或桌面上循环切换屏幕元素
F4	显示“我的电脑”和“Windows 资源管理器”中的“地址”栏列表
Shift+F10	显示所选项的快捷菜单
Alt+空格键	显示当前窗口的“系统”菜单
Ctrl+Esc	显示“开始”菜单
Alt+菜单名中带下划线的字母	显示相应的菜单
在打开的菜单上显示的命令名称中带有下划线的字母	执行相应的命令
F10	激活当前程序中的菜单条
右箭头键	打开右边的下一菜单或者打开子菜单
左箭头键	打开左边的下一菜单或者关闭子菜单
F5	刷新当前窗口
Backspace	在“我的电脑”或“Windows 资源管理器”中查看上一层文件夹
Esc	取消当前任务
将光盘插入到 CD-ROM 驱动器时按 Shift 键	阻止光盘自动播放

3. 通配符

常用的通配符有星号（*）和问号（？）两种。其中，“*”代表一个或多个任意字符，“？”只代表一个字符。例如，*.*表示所有文件和文件夹；*.jpg 表示扩展名为.jpg 的所有文件；？ss.doc 表示扩展名为.doc，文件名为 3 位，且必须是以 ss 为文件名结尾的所有文件。

任务 3 维护好你的计算机

任务描述

小明是一个艺术专业的高职生，为了学习的需要，购置了一台高端计算机和一台打印机。计算机在购回半个月后，其运行速度变得非常慢，往往打开一个 Photoshop 程序都要两分多钟，桌面变得乱七八糟；以前能够连接的打印机现在连接不上了；QQ 好像也中了木马病毒，总是给朋友发一些不正常的信息。由于售后要求送修，小明想自己解决这些问题，他应该怎么做？

任务分析

从上面的描述来看，小明的计算机应该存在着以下几个问题：

（1）运行速度变慢，有可能是自启动程序过多，临时文件过多或 C 盘的交换空间不足造成的。

（2）桌面凌乱可能是文件管理不当，没有及时将桌面文件进行分类归档。

（3）打印机连接不上有可能是驱动程序丢失造成的。

（4）QQ 中了木马病毒，一般使用 360 安全卫士等软件就可以清除了。

任务实现

控制面板的认知

Windows 7 允许用户根据自己的使用习惯定制工作环境，以及管理计算机中的软硬件资源。控制面板是进行这些操作的门户，利用它可以设置屏幕显示效果，修改系统日期和时间，添加和删除程序，查看系统软硬件的信息和优化系统，以及配置网络等。

Windows 7 提供了强大的外观和个性化设置功能，用户可通过单击控制面板“外观和个性化”分类中的相应选项进行设置。例如，更改主题，更改桌面背景，调整屏幕分辨率等。

选择“开始”→“控制面板”菜单，打开“控制面板”窗口，如图 2-28 所示。可以看到，各系统设置工具被分门别类地放置在“控制面板”窗口中。使用这些工具的流程如下：

图 2-28　按“类别”显示控制面板

- 首先判断要使用的工具属于哪个类别，然后单击相应的类别。
- 在出现的界面中显示相应类别下的具体设置工具，单击要使用的工具。
- 在弹出的工具设置界面中进行操作，完成设置。
- 单击“控制面板”窗口左上角的“后退”和“前进”按钮，可在显示过的界面之间切换。最后单击“控制面板”窗口右上角的“关闭”按钮，关闭窗口。

此外，也可以单击“控制面板”窗口右上角“查看方式”右侧的三角按钮，从弹出的下拉列表中选择“大图标”或“小图标”，以同时显示所有的设置工具，这种方式显示出来的工具界面跟 Windows XP 的控制面板界面就差不多，找工具更加直观，不再需要判断工具属于那一类，如图 2-29 所示。

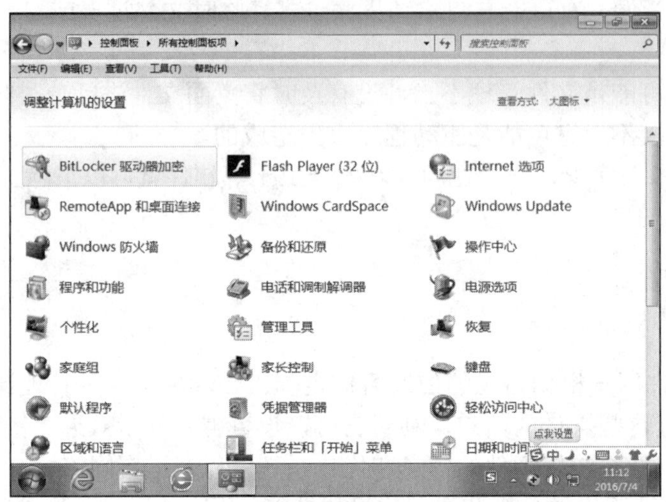

图 2-29 按“大图标”显示控制面板

（一）外观和个性化设置

在使用过程中，一个赏心悦目的桌面主题、桌面背景、桌面图标能使我们心情愉悦，外观和个性化设置是我们在控制面板的应用中使用较多的。

1. 桌面主题的更换

桌面主题是桌面总体风格的集合，通过改变桌面主题，可以同时改变桌面图标、背景图像和窗口等项目的外观，具体操作步骤如下：

（1）在图 2-30 所示的“控制面板”窗口中找到“外观和个性化”类别。

（2）单击“外观和个性化”类别下方的“更改主题”选项，如图 2-30 所示。

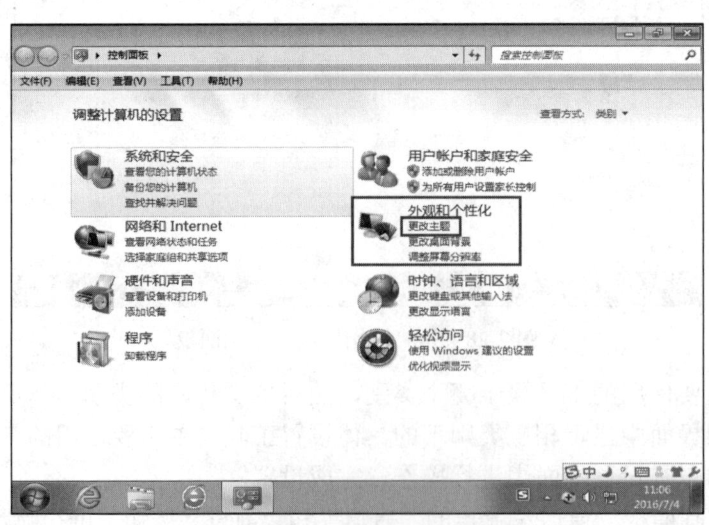

图 2-30 外观和个性化

（3）弹出控制面板的“个性化”设置窗口，如图 2-31 所示。

图 2-31　“个性化”设置窗口

（4）如果系统自带的主题没有合适的，我们还可以单击主题列表右上角的“联机获取更多主题”，从微软的官方页面下载相应的主题，如图 2-32 所示。

图 2-32　微软官方主题下载

（5）单击主题列表中的“中国”主题，等待几秒后系统将应用该主题，应用后的桌面如图 2-33 所示。

2. 桌面背景的更换

将桌面背景更换成自己喜爱的图片或相片，具体操作步骤如下：

（1）在控制面板的“外观和个性化”界面中单击“更改桌面背景”选项。

（2）弹出控制面板的“桌面背景”设置界面如图 2-34 所示，在图片列表中单击选择需要设置为桌面背景的图片。若要将多张图片设置为桌面背景，可按住 Ctrl 键依次单击图片，选中的图片左上角会显示一个勾选标记，如图 2-34 所示（要取消某张图片的选择，可按住 Ctrl

键单击该图片；单击列表框上方的“全部清除”按钮，可清除所有图片的选择；单击“全选”按钮，可全选图片）。

图 2-33 “中国”主题

图 2-34 “桌面背景”设置界面

（3）单击“更改图片时间间隔”下拉列表框右侧的三角按钮，从弹出的下拉列表中选择各张图片的切换时间，也可选择无序播放。

（4）单击“保存修改”按钮，应用设置并返回控制面板的主界面。

要使用其他图片（例如自己的相片）作为桌面背景，可在“桌面背景”设置界面的“图片位置”下拉列表框中选择图片所在的位置，然后在图片列表中选择图片，或单击“图片位置”下拉列表框右侧的“浏览”按钮，在弹出的“浏览文件夹”对话框选择图片位置，再单击“确定”按钮。

3. 桌面图标的添加与删除

在 Windows 7 中，默认安装结束后，只在桌面的右下角默认显示“回收站”图标，而没有显示“计算机”“网络”“用户文件夹”“控制面板”等常用图标，可使用以下操作步骤将它们添加到桌面上。

（1）在桌面的空白处右击鼠标，在弹出的菜单中找到“个性化”。

（2）单击“个性化”，打开“个性化”设置窗口。

（3）在“个性化”设置窗口的左键导航栏中找到“更改桌面图标”。

（4）单击“更改桌面图标”，打开“桌面图标设置”对话框，如图 2-35 所示。

图 2-35 “桌面图标设置”对话框

（5）在“桌面图标设置”对话框中，“桌面图标”设置区单击选中要添加的桌面图标名称（使其左侧的复选框中出现一个√），单击“确定”按钮。至此，桌面图标添加成功，如图 2-36 所示。

图 2-36 添加图标后的桌面

外观和个性化是我们在使用 Windows 7 操作系统中使用较多的一个工具，在这个工具中我们还可以设置屏幕分辨率、屏幕保护程序、声音、窗口颜色、鼠标样式、账户图片等内容，方法类似于上面的几个操作，大家可以自行学习与研究。

（二）用户账户

Windows 7 提供了多用户操作环境。当多人使用一台计算机时，可以分别为每个人创建一个用户账户。这样，每个人都可以用自己的账号和密码登录系统，拥有独立的桌面、收藏夹、用户文件夹等，从而使用户之间互不受影响。

1. 创建用户账户

（1）打开“控制面板”窗口，单击“用户账户和家庭安全”类别下的“添加或删除用户账户”选项，如图 2-37 所示。

图 2-37 控制面板中的“添加或删除用户账户”

（2）弹出“管理账户”界面，单击“创建一个新账户”选项，如图 2-38 所示。

图 2-38 “管理账户”界面

（3）弹出“创建新账户”界面，在“该名称将显示在欢迎屏幕和「开始」菜单上”编辑框中输入新账户的名称，在下方选择账户类型，原则上一个系统上只允许一个管理员用户，如单击选中“标准用户”单选按钮，如图 2-39 所示。

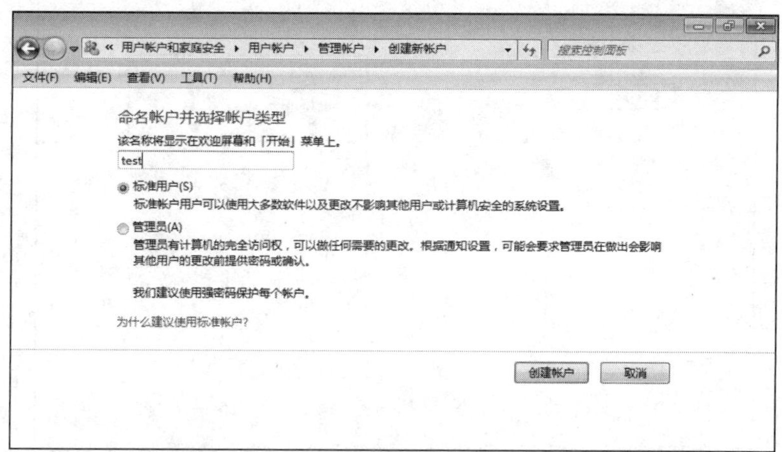

图 2-39　创建用户

（4）单击“创建账户”按钮，完成新账户的创建，并自动返回“管理账户”界面，在该界面中将看到新创建的账户，如图 2-40 所示。

图 2-40　管理账户中多了一个 test 用户

2. 修改账户信息

我们可以对现有账户的名称、显示图片、类别和登录密码等进行修改。由于新建账户时没有设置“密码保护”项，因此一般需要对新建账户设置密码。具体操作步骤如下：

（1）在“管理账户”界面中单击需要更改的用户账户图标。

（2）弹出“更改账户”界面，在此界面中，我们可以对账户的名称、密码、账户图片、家长控制、账户类型、删除账户等项目进行更改。由于账户以前没有密码，所以这里显示“创建密码”，否则将显示“更改密码”和“删除密码”，如图 2-41 所示。

（3）单击“创建密码”选项，打开“创建密码”视图，在“新密码”“确认新密码”输入相应的密码，另外“键入密码提示”非必填项，可填可不填，如图 2-42 所示。

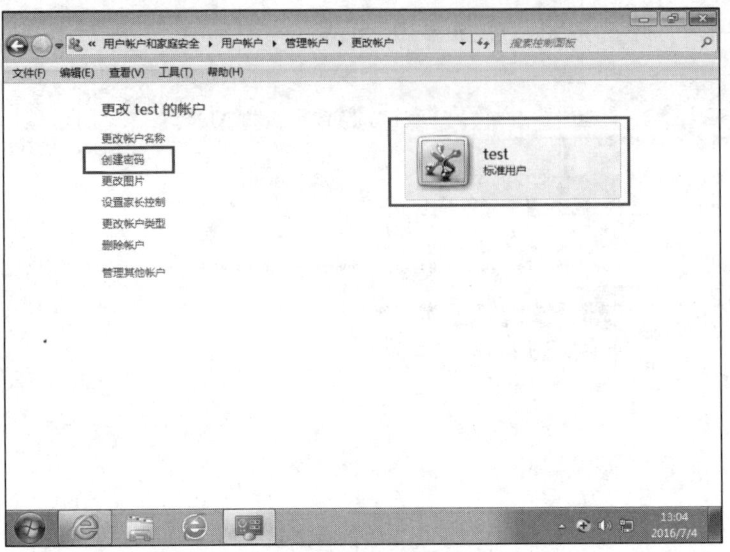

图 2-41 更改账户信息

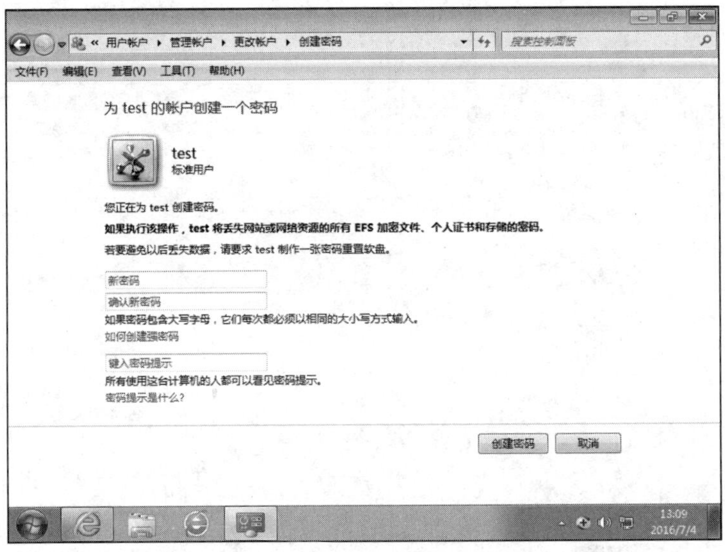

图 2-42 “创建密码”视图

（4）单击“创建密码”后将返回到“更改账户”视图，注意这时左侧导航栏中就没有“创建密码”项了，变成了“更改密码”和“删除密码”，并且账户也显示为“密码保护”，如图 2-43 所示。

3. 账户登录

创建新账户后，我们就可以使用新账户进行登录了。具体步骤如下：

（1）单击“开始”菜单，展开关机的子菜单，如图 2-44 所示。

（2）单击“切换用户”或“注销”均可返回用户登录界面，只是“切换用户”会保持原登录用户的程序和进程，而“注销”则是一个全新的登录，不再保存原用户的程序和进程。

（3）单击“注销”，返回到用户登录界面，如图 2-45 所示。

（4）单击新创建的用户（test），输入设置好的密码，单击“登录”（密码框后面向右的方向键就是“登录”按钮），如图 2-46 所示。

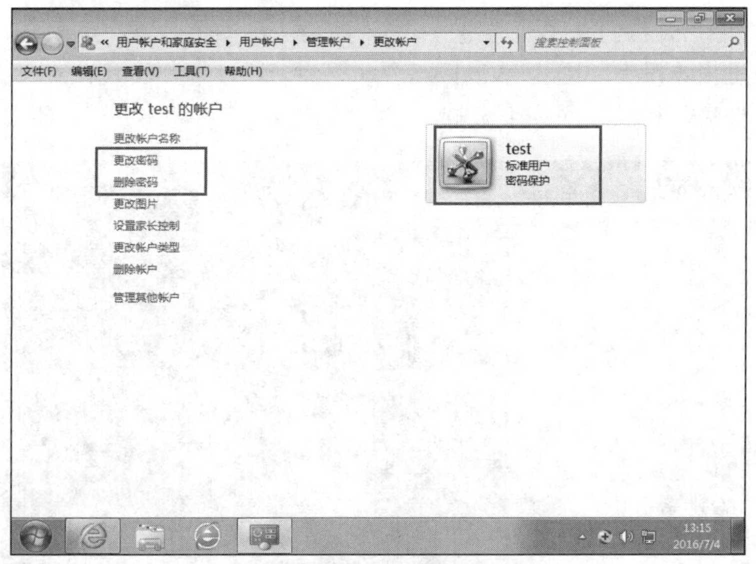

图 2-43　创建密码后账户信息

图 2-44　“切换用户”或“注销”

图 2-45　多用户登录界面

图 2-46　用户密码登录界面

（5）登录进去后，我们会发现这是一个全新的界面，如图 2-47 所示，前面所做的个性化设置在这个用户里根本没有。因为 Windows 7 是一个多用户管理的系统，每个用户都有自己的个性化设置文件夹，相互之间并不影响。

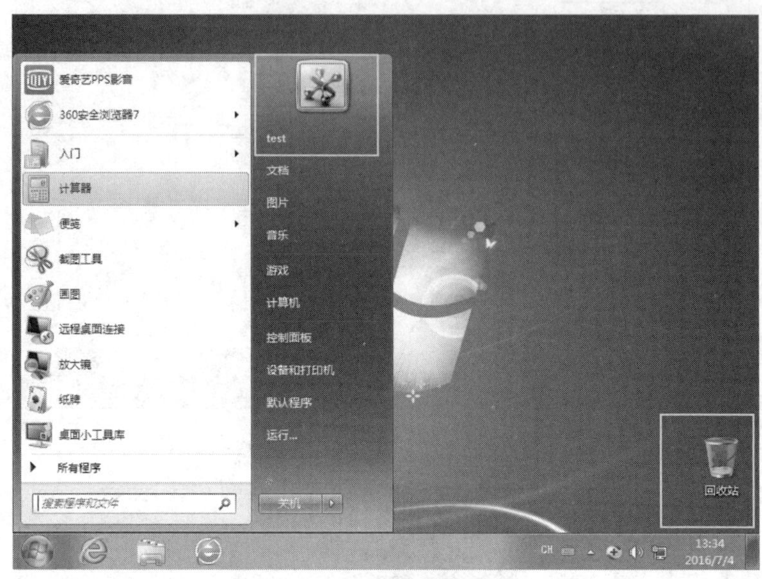

图 2-47 test 用户登录界面

（三）程序和组件管理

1. 程序卸载

如果计算机中安装过多的应用程序不仅会占据大量的硬盘空间，还会影响系统的运行速度。因此对于不经常使用的应用程序，我们应该定期对其清理，以保证系统的清洁。具体操作步骤如下：

（1）打开“控制面板”窗口，单击“程序”工具，如图 2-48 所示。

图 2-48 “控制面板”窗口

（2）弹出控制面板的“程序”界面，单击“程序和功能”类别下方的“卸载程序”选项，如图 2-49 所示。

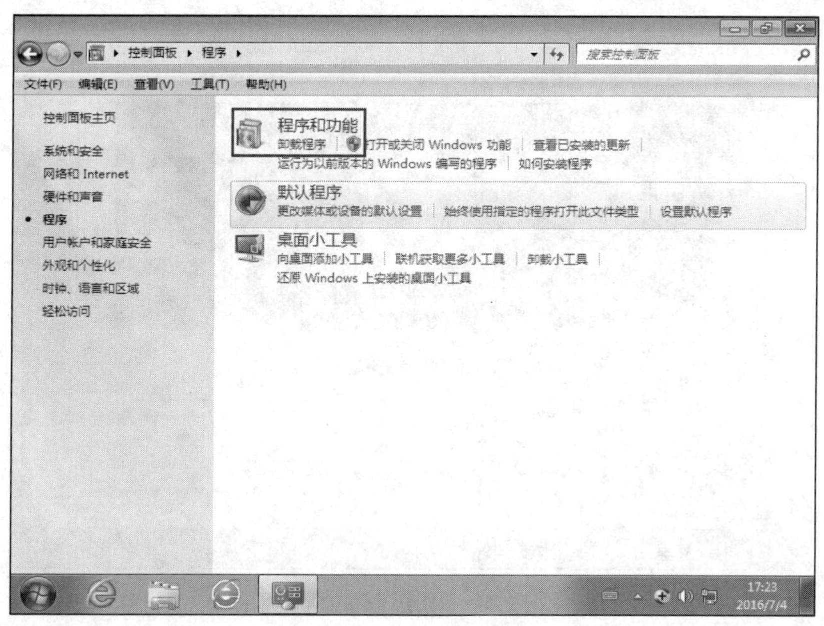

图 2-49　“程序”界面

（3）弹出“程序和功能”界面，在程序列表中单击选择要卸载的应用程序，然后单击列表上方的“卸载”按钮，如图 2-50 所示。

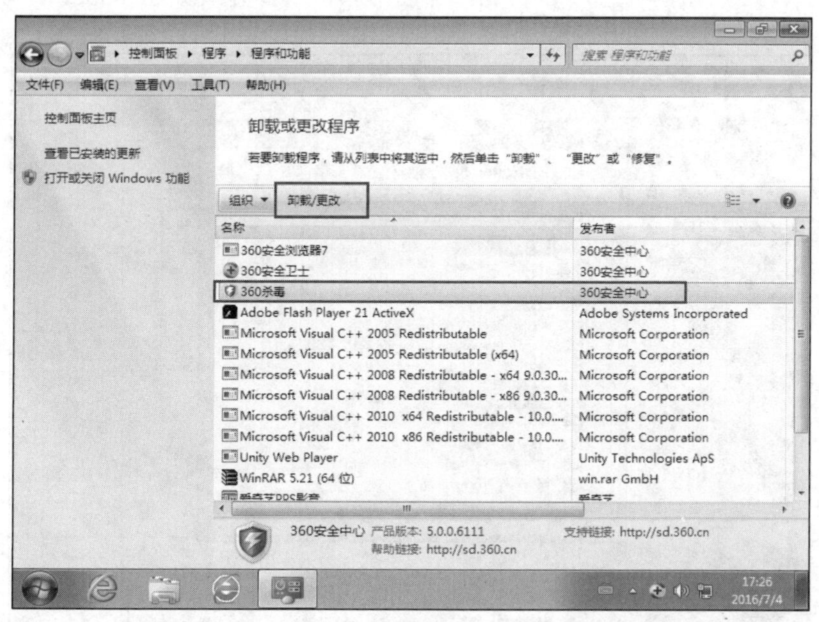

图 2-50　“程序和功能”界面

（4）弹出提示对话框，单击“是”按钮，然后根据提示操作卸载该程序，如图 2-51 所示。

当然，我们也可以在“开始”菜单中选择应用程序的卸载命令卸载程序。还可以使用 360

安全软件中的软件管理工具来对程序进行管理。

图 2-51 程序卸载过程图

2. Windows 7 组件管理

Windows 7 自身带了很多应用程序，如画图、计算器以及一些小游戏等。对于一些无用的程序，可以将其删掉；对于希望使用的一些程序，则可以将其添加，操作步骤如下：

（1）在图 2-52 所示的“程序和功能”界面中单击“打开或关闭 Windows 功能”选项。

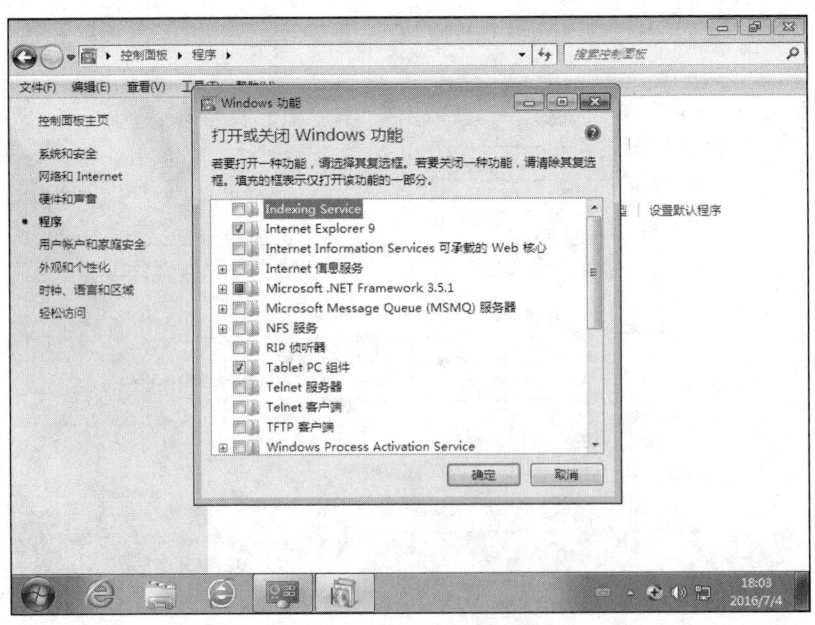

图 2-52 Windows 7 组件视图

（2）在打开“Windows 功能”对话框时速度会有点慢，大家可以稍微等一下，打开后的界面如图 2-53 所示。

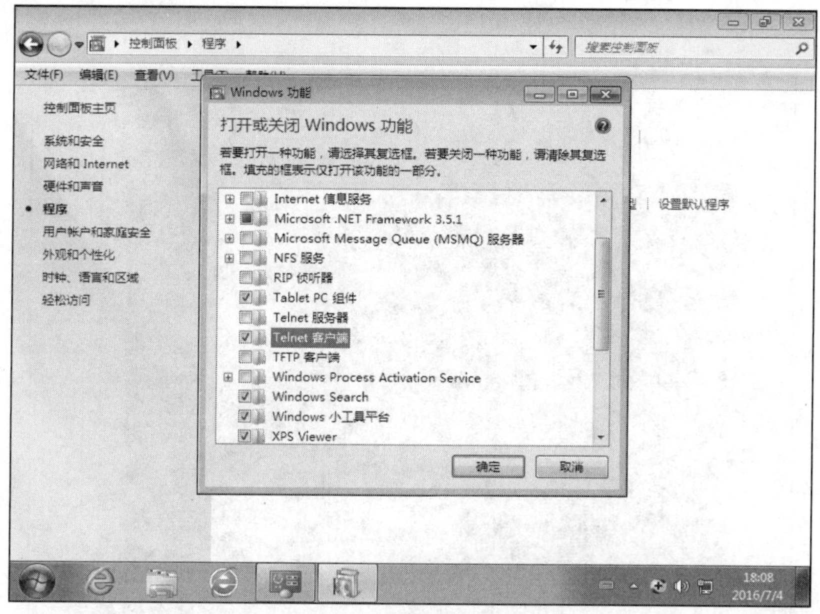

图 2-53 Windows 7 组件视图

（3）在图 2-53 的列表中，我们可以看到有些组件前面有“√”，有些是空白的，如果将“√”取消掉，则是删除组件，如果是在将空白的加上“√”，则代表我们是要安装该组件。

（4）单击“确定”按钮后，系统将自动安装该组件，如图 2-54 所示，安装时间根据所要安装的组件多少而不同。默认情况下 Windows 7 中已经将安装文件保存在系统中了，不再需要提供安装盘。

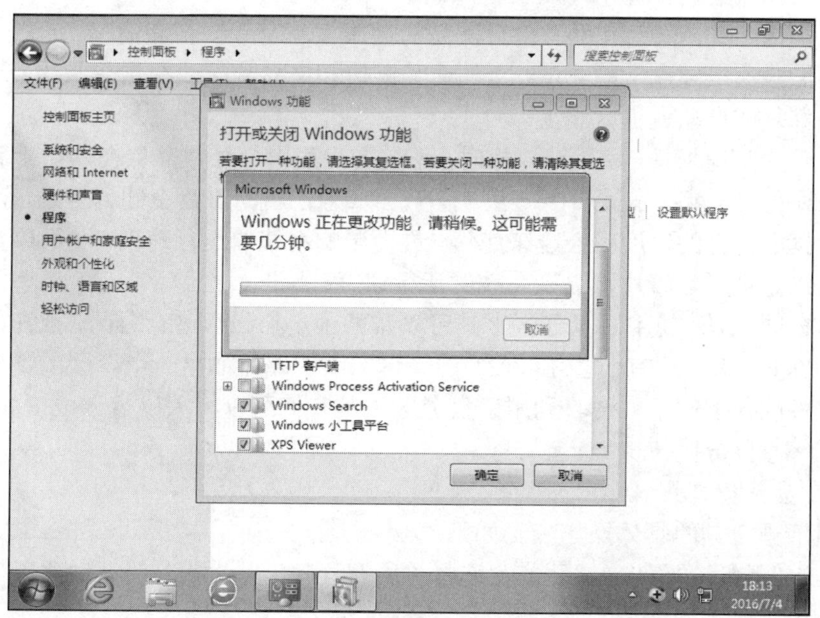

图 2-54 Windows 7 组件视图

（5）安装完成后将返回到“程序和功能”界面。一般来说安装后的组件在“开始”菜单的所有程序中可以找到，但由于 Telnet 客户端的特殊性，它只在系统命令里体现，如图 2-55 所示。

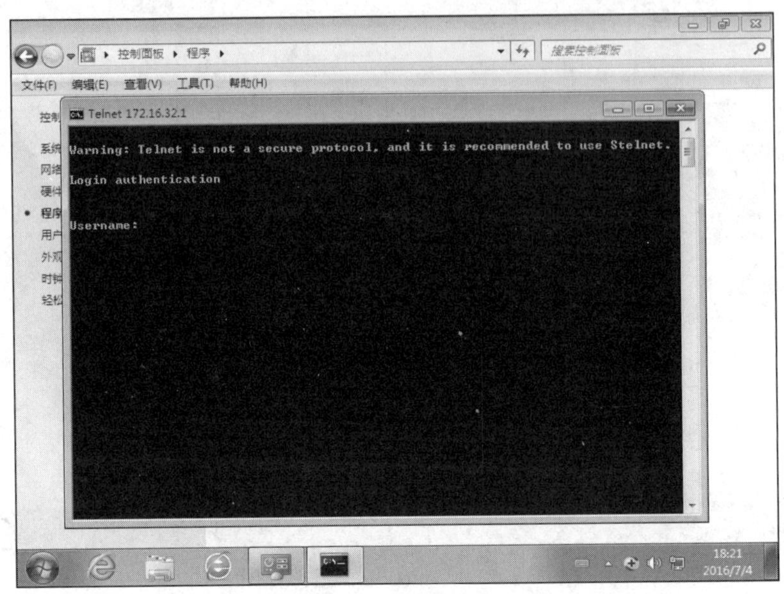

图 2-55 Telnet 客户端命令登录窗口

（四）磁盘管理

作为计算机数据存储的主要载体，磁盘管理和维护的重要性毋庸置疑。在 Windows 7 中提供了以下几种磁盘维护工具：

- 磁盘清理工具：使用磁盘清理工具可以帮助用户找出并清理硬盘中的垃圾文件，从而提高计算机的运行速度，以及增加硬盘的可用空间。
- 磁盘扫描工具：该工具用于检查硬盘的健康状态及数据存储情况。一般情况下，磁盘扫描能检测出硬盘上的坏道、文件交叉链接和文件分配表错误等故障，从而及时提示用户修复或自动地进行修复。
- 磁盘碎片整理工具：使用计算机时，系统自身和用户经常需要在硬盘上存储和删除文件，时间一长就会在硬盘上产生大量碎片（未使用的磁盘空间）。当碎片越来越多时，系统读取文件的速度就会越来越慢，进而影响系统的运行速度。利用磁盘碎片整理工具可以整理磁盘碎片，提高系统的运行速度。
- 磁盘分区工具：使用磁盘分区工具可以帮助用户将磁盘进行分区，现在的磁盘基本都在 500G 以上，还有一些 1T、2T 的，这么大的磁盘如果一个分区的话对硬盘的使用和文件的保留都不方便。利用磁盘分区工具我们可以将大磁盘分成诸如工作、生活、娱乐等不同分区。

1. 使用磁盘清理工具

使用磁盘清理工具的具体操作步骤如下：

（1）单击“开始”按钮，然后依次选择“所有程序”→“附件”→“系统工具”→“磁盘清理”选项。

（2）弹出“磁盘清理：驱动器选择”对话框，在“驱动器”下拉列表框中选择需要清理的磁盘驱动器，如图 2-56 所示。

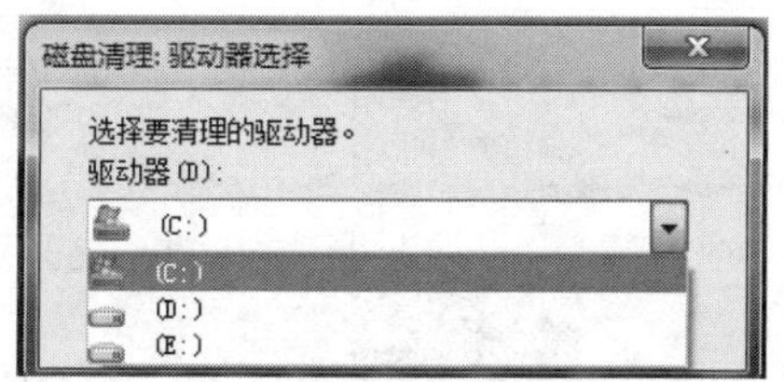

图 2-56　磁盘清理磁盘选择界面

（3）系统首先对磁盘进行检查，检查的时间可能会有点长，统计可以释放多少空间。统计结束后，弹出如图 2-57 所示的对话框，在“要删除的文件”列表框中选择需要清理的文件夹，然后单击“确定”按钮开始清理。

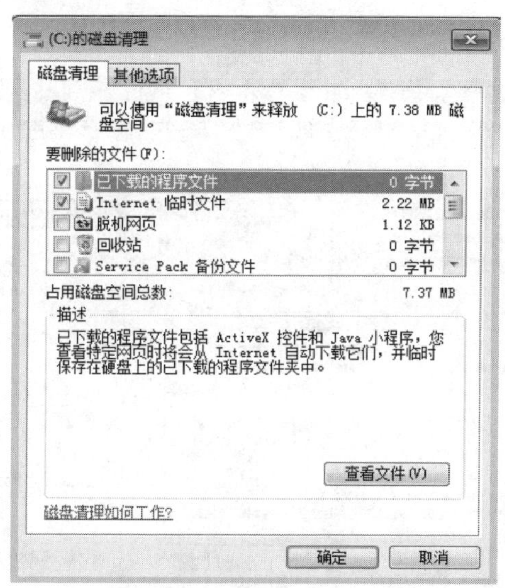

图 2-57　磁盘清理界面

2. 使用磁盘碎片整理工具

利用磁盘碎片整理工具整理磁盘碎片的具体操作步骤如下：

（1）单击“开始”按钮，然后依次选择“所有程序”→“附件”→“系统工具”→“磁盘碎片整理程序”菜单。

（2）弹出“磁盘碎片整理程序”界面，如图 2-58 所示。选择要整理碎片的磁盘驱动器，单击“分析磁盘”按钮，分析磁盘是否需要进行碎片整理。

（3）分析完成后，如果提示有磁盘碎片（在“上一次运行时间”下方的碎片百分比不是 0%），单击“磁盘碎片整理”按钮，对磁盘进行碎片整理，如图 2-59 所示。

（4）磁盘碎片整理会花很长的时间，在此期间尽量不要操作计算机。整理完后，单击“关闭”按钮，完成指定磁盘的碎片整理工作。

3. 使用磁盘扫描工具

利用磁盘扫描工具检测和修复磁盘错误的具体操作步骤如下：

（1）打开“计算机”窗口，右击要检查的磁盘，打开磁盘属性对话框，单击“工具”选项卡标签切换到该选项卡，在“查错”项目中单击“开始检查”按钮，如图 2-60 所示。

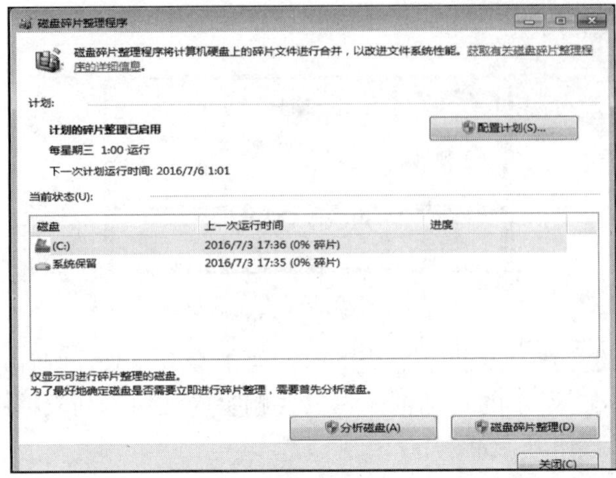

图 2-58 磁盘碎片整理程序界面

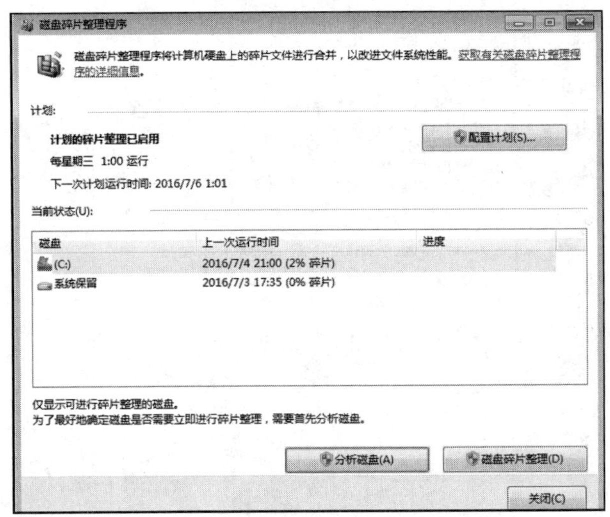

图 2-59 磁盘碎片整理分析后界面

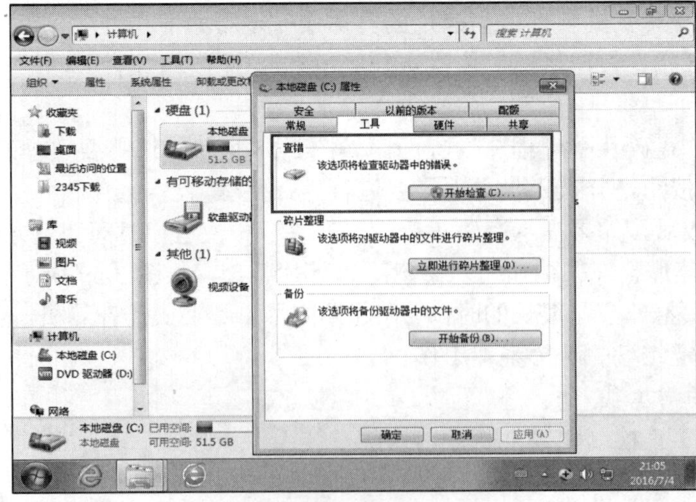

图 2-60 磁盘“工具”选项卡

（2）弹出检查磁盘对话框，如果想自动修复文件系统错误，选中“自动修复文件系统错误”复选框；如果怀疑磁盘出现了坏扇区，则选中“扫描并尝试恢复坏扇区”复选框，如图2-61所示。

图2-61　磁盘检查选项

（3）单击“开始”按钮后，有可能弹出对话框提示用户需要重新启动计算机，并在重启过程中检查磁盘，根据提示进行操作即可。

4. 使用磁盘分区工具

使用磁盘分区工具对磁盘进行分工的操作步骤如下：

（1）右击桌面上“我的电脑”，单击“管理”选项，打开“计算机管理”窗口，如图2-62所示。

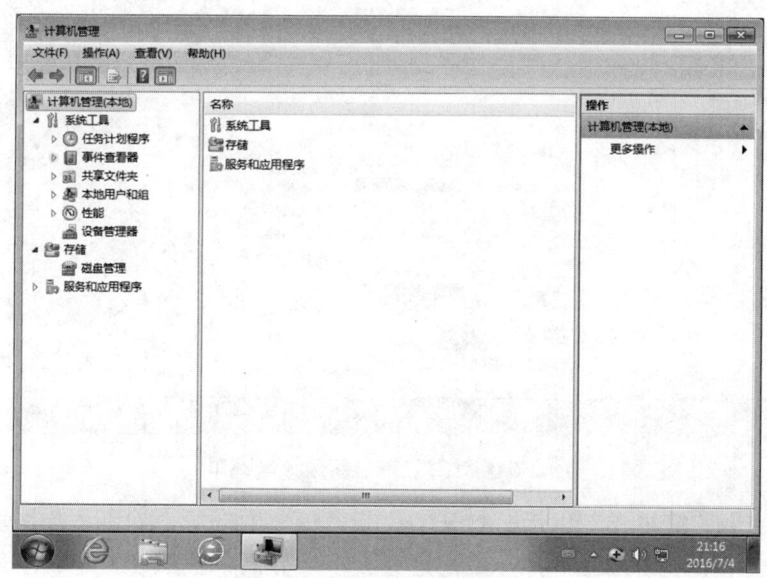

图2-62　“计算机管理”窗口

（2）单击“计算机管理”窗口左侧导航栏中的“磁盘管理”，等待几秒将会打开“磁盘管理”界面，如图 2-63 所示。

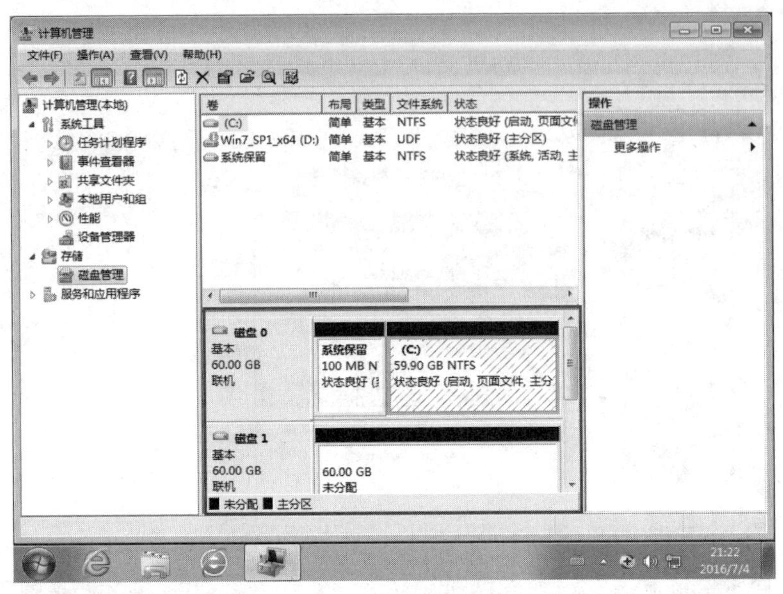

图 2-63 计算机磁盘管理界面

（3）右击磁盘 1 的黑色线条区域（黑色区域代表的是未分配的空间，这里我们可以在图 2-63 中看出分区号 C 分配给了磁盘 0，分区号 D 分配给了光盘驱动区），在弹出的菜单选择“新建简单卷”，如图 2-64 所示。

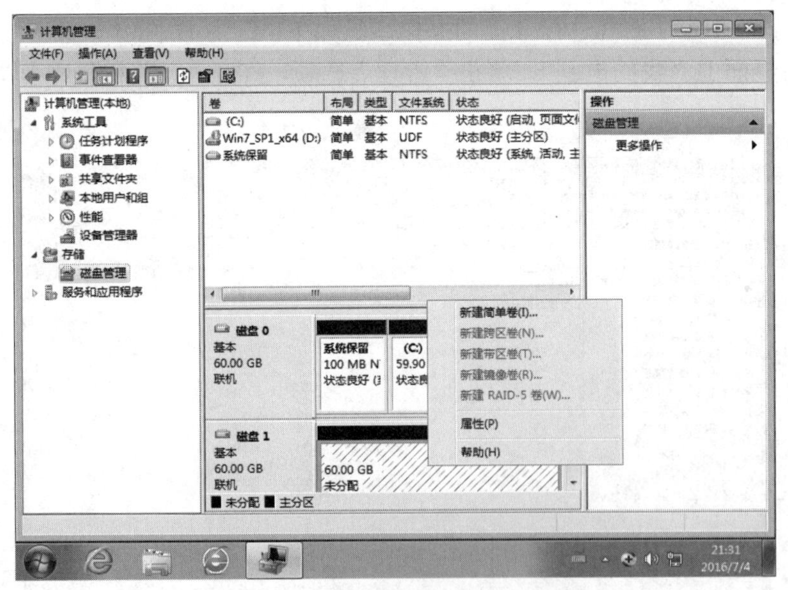

图 2-64 计算机磁盘新建分区菜单

（4）选择“新建简单卷”以后，打开的“新建简单卷向导”对话框如图 2-65 所示。

（5）单击“下一步”按钮，打开“指定卷大小”界面，我们磁盘总大小是 60G，现在我们准备分出一个 20G 的磁盘来，输入 20000M，也就是我们所说的 20G，如图 2-66 所示。

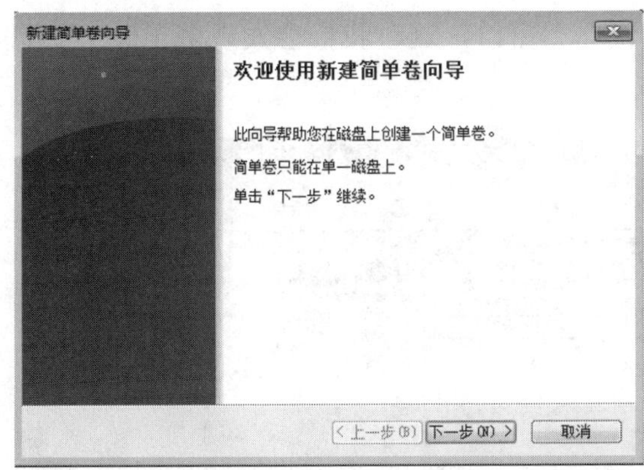

图 2-65　新建简单卷向导

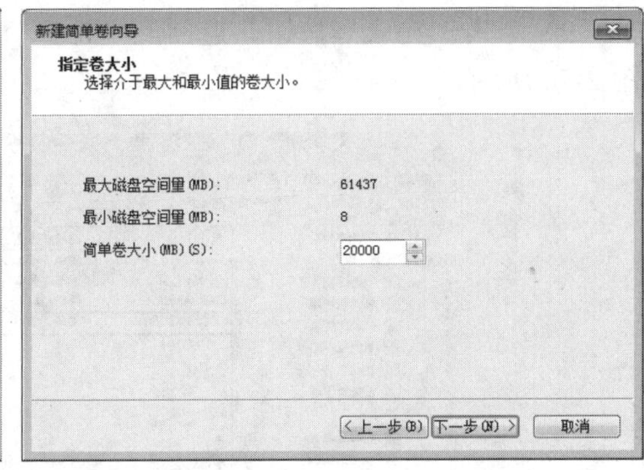

图 2-66　指定卷大小为 20G

（6）单击“下一步”按钮，打开“分配驱动器号和路径”界面，给新建的简单卷分配一个驱动器号，由于 C 和 D 都已经分配出去了，系统默认分配 E 给新建卷，如图 2-67 所示。

（7）单击“下一步”按钮，打开“格式化分区”界面，在此界面中用户可以修改卷的文件系统格式、分配单元的大小、设置卷标、执行快速格式化、启用文件和文件夹压缩等操作，一般来说默认即可，如图 2-68 所示。

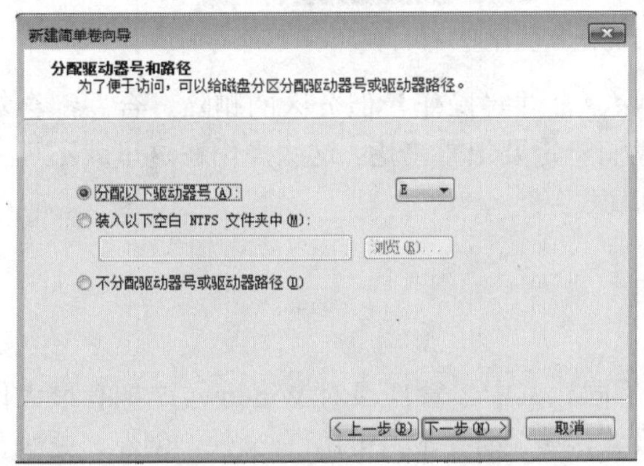

图 2-67　分配驱动器号

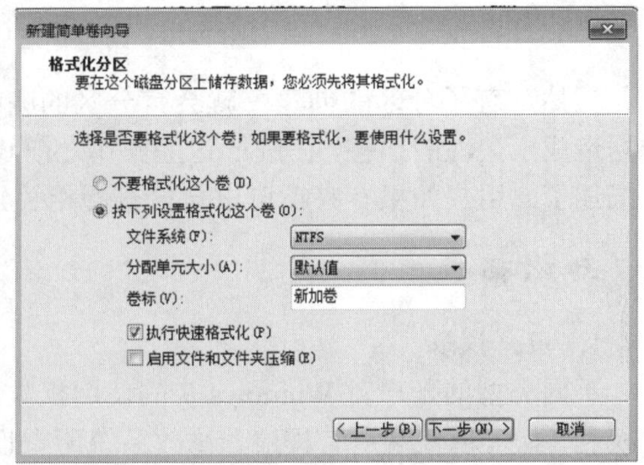

图 2-68　分区格式化

（8）单击“下一步”按钮，完成分区格式化，打开完成信息界面，分区创建到此完成，如图 2-69 所示。

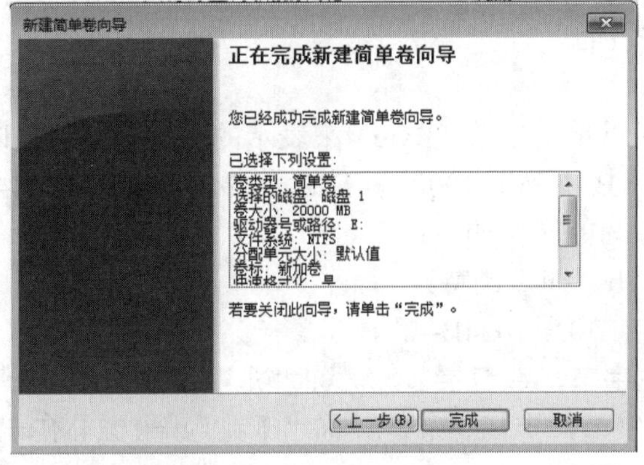

图 2-69　完成分区创建信息

（9）单击“完成”按钮，返回到“计算机管理”窗口，这时我们会发现多了一个 E 盘，如图 2-70 所示。

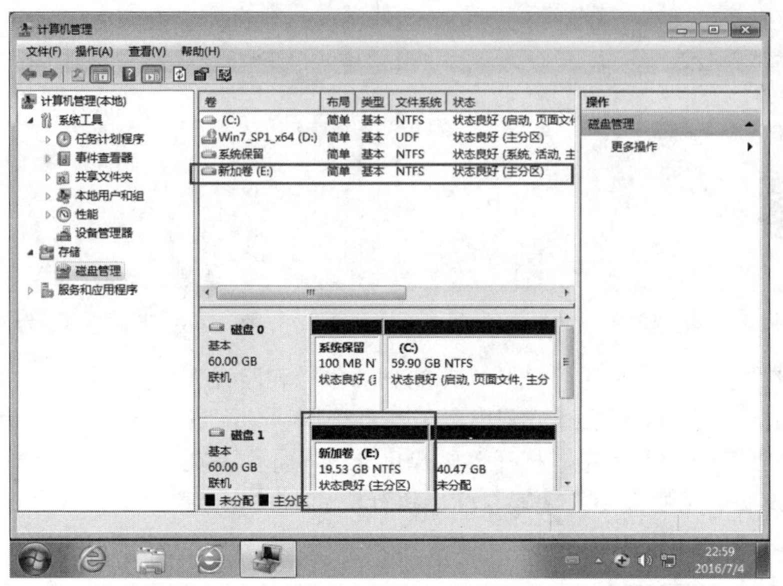

图 2-70　创建 E 盘后的计算机管理窗口

当然，有了分区的创建，就会有分区的删除、合并等操作，但分区的删除、合并都会对数据造成永久性的损害，在进行这些操作之前我们一定要慎重考虑，这些操作在这里就不再一一描述了，用户如果有兴趣可以自己查阅相关知识。

知识拓展

1. 用户权限

不同类型的账户对 Windows 7 的使用权限不同。其中，管理员对 Windows 7 拥有最大使用权利，如可以安装所有程序，修改系统所有设置，访问计算机中的所有文件，创建、更改和删除其他账户等；标准用户在使用 Windows 7 时将受到某些限制，如不能更改大多数系统设置，只能修改自己的账户名称和密码等。

2. 文件和文件夹名中首字 0 和 1 的排序顺序

计算机是使用二进制方式来进行工作的，0 要小于 1，所以在进行文件和文件夹排序时，一般 0 排在前面，1 排在后面。

3. 磁盘大小

磁盘的大小我们一般以单位字节（Byte）来表示的。数据存储是以十进制表示，数据传输是以二进制表示，所以 1KB 不等于 1000B（1KB=1024B，其中 $1024=2^{10}$）。

各个存储数据单位之间的转换如下：

1B（byte，字节）= 8b（bit，比特）

1KB（Kibibyte，千字节）=1024B=2^{10}B

1MB（Mebibyte，兆字节，百万字节，简称“兆”）=1024KB=2^{20}B

1GB（Gigabyte，吉字节，十亿字节，又称“千兆”）=1024MB=2^{30}B

1TB（Terabyte，太字节，万亿字节）=1024GB=2^{40}B

任务 4 组装一台属于你的计算机

任务描述

小明是一个刚进大学的计算机专业新生，为了方便以后的学习，小明决定采购一台计算机。但由于家庭条件的限制，小明的预算资金只有 3500 元，这些钱采购品牌机的话只能得到一台非主流配置的低端机器，最后小明决定自行组装一台计算机。在中学时，小明已经接触计算机，认为自己可以独立完成计算机的组装。但真正开始做配置清单时，小明又有点不清楚了，毕竟以前接触计算机只是玩游戏，能够看到的也只有主机、显示器、键盘、鼠标以及音箱耳机之类，至于主机内部的东西却是一个都不认识。想到就是组装了自己也不会安装系统，小明就更加迷茫了。你能帮助小明完成计算机的采购与组装吗？

任务分析

从上面的描述来看，小明在采购和组装前需要先了解以下几个问题：

（1）计算机硬件的相关知识，诸如硬件价格、型号、性能、参数、适用性等。

（2）操作系统的安装，由于现在的计算机基本上都不再配置光驱，光盘形式的安装盘也不多，所以必须要学会制作引导 U 盘以及使用 U 盘安装系统。

任务实现

一、计算机硬件选购

组装一台计算机，我们需要先了解每个计算机部件的价格、型号、性能、参数、适用性等资料，并根据我们的预算来选择合适的部件，以期所组成的计算机能够得到最好的性能。一台完整的计算机其硬件系统是由主机和外部设备组成的。其中，主机包括主板、CPU、内存、显卡、机箱、电源、硬盘驱动器、光盘驱动器和声卡等部件，它们安装在一个密封的机箱中；而外部设备包括键盘、鼠标、扫描仪、显示器、打印机和多媒体音箱等一些可选设备，但这些设备我们并不是都要采购。

（一）主板

主板，主板又称主机板（mainboard）、系统板（systemboard）或母板（motherboard），如图 2-71 所示。它安装在机箱内，是计算机最基本的也是最重要的部件之一。主板一般为矩形电路板，上面安装了组成计算机的主要电路系统，一般有 BIOS 芯片、I/O 控制芯片、键和面板控制开关接口、指示灯接插件、扩充插槽、主板及插卡的直流电源供电接插件等元件。主板上大都有多个扩展插槽，供计算机外围设备的控制卡（适配器）插接，如图 2-72、图 2-73 所示。总之，主板在整个计算机系统中扮演着举足轻重的角色。可以说，主板的类型和档次决定着整个计算机系统的类型和档次。主板的性能影响着整个计算机系统的性能。主要品牌有华硕、技嘉、七彩虹等。

图 2-71 华贝 ROG M7F 主板

图 2-72 SATA 接口

图 2-73 背板接口

（二）CPU 和风扇

CPU 是 Central Processing Unit 的缩写，即中央处理器，也称微处理器，如图 2-74 所示。CPU 决定计算机系统的整体性能，可以说它是计算机的“心脏”，因为所有的指令和程序都在这里执行。随着纳米技术的发展，一块 CPU 硅片上集成的晶体管越来越多，CPU 的二级、三级缓存越来越大，CPU 运算速度越来越快。主要品牌有 Intel 和 AMD 两种。

图 2-74　中央处理器

早期，由于 CPU 的发热量不大，风扇都是独立购买的。现在随着纳米技术的使用，CPU 发热量越来越大，CPU 厂家一般将风扇和 CPU 一起出售，以免由于风扇原因造成 CPU 的损坏。

（三）硬盘

硬盘是当前各种机型的主要外存设备，分为固态硬盘（SSD）、机械硬盘（HDD）和混合硬盘（HHD）。SSD 采用闪存颗粒来存储。HDD 采用磁性碟片来存储，HHD 是把磁性硬盘和闪存集成到一起的一种新硬盘。目前，一块主流 HDD 硬盘的容量 1TB、2TB、4TB 等，如图 2-75 所示。主要品牌有 Intel、三星、西数、希捷、威刚等。

图 2-75　硬盘存储器

（四）内存条

内存条，如图 2-76 所示，也就是计算机的内部存储器，计算机在进行数据运算和存储时所有的数据都是要先存放到内存条再进行交换，而不是直接从硬盘中读取。内存条等主要品牌有金士顿、三星、威刚、现代等，主流内存大小为 4G、8G、16G 等。

图 2-76　内存条

（五）显卡

显示适配器，俗称显卡，如图 2-77 所示。显卡负责将 CPU 送来的影像数据处理成显示器可以理解的格式，再送到屏幕上形成图像。它是用户从计算机获取信息的最重要渠道，因此，显卡也是计算机中不可缺少的一部分。由于现在主板上大多都集成了显卡，低端显卡已经没有太多的市场。主要品牌有七彩虹、技嘉、华硕、影驰等。主流显卡的显存容量一般在4G以上（使用D5显存除外），输出接口有DVI、HDMI和VGA等。

图2-77　显示适配器

（六）声卡、光驱

将声卡和光驱放在一起来讲，主要是因为这两种计算机设备在现在主流配机市场已经不是必需的了。

声卡，也就是声音适配器，如图2-78所示。顾名思义，就是跟声音有关的板卡，一般来说现在的主板都已经有板载声卡了，有些好一点的板载声卡质量和效果可达到中高端独立声卡的水准，从而导致了中、低端市场声卡的没落。主要品牌有创新、华硕等。

图2-78　声音适配器

光驱，也就是光盘驱动器，如图2-79所示。现在的组装机已经很少配置光驱了，光盘读取的量也不是非常的大，随着信息化的发展，网络资源的共享已经很普遍了。主要品牌有华硕、三星、先锋、LG等。

图2-79　光盘驱动器

（七）机箱和电源

1. 机箱

作为我们认识计算机的第一个直观设备，一个符合标准的机箱给我们的主板、CPU、硬盘等设备提供了安装空间，并对这些设备提供了防尘、防火、防水、防鼠、防攻击和防电磁干扰辐射等各种保护。机箱一般来说分为水冷和风冷两种，其前面板主要声频、音频、USB 接口等，如图 2-80 所示。主要品牌有长城、大水牛、金河田等。

2. 电源

作为计算机的动力核心，电源对计算机的稳定性以及对内部设备的保护起着重要作用。现在电源功率一般是 380W，当然也有一些有特别要求的功率会更高些。主要品牌有长城、大水牛、航嘉、爱国者等。机箱电源如图 2-81 所示。

图 2-80 水冷机箱

图 2-81 机箱电源

（八）显示器

显示器是计算机的主要输出设备，用于显示计算机的运行结果，如图 2-82 所示。按工作原理可分为 CRT（阴极射线管显示器）和 LCD（液晶显示器）两种；按显示屏大小可分为 17 英寸、19 英寸、21 英寸、23 英寸、27 英寸等不同规格。主要品牌有冠杰、现代、三星、LG、优派、联想、方正等。

图 2-82 显示器

（九）键盘、鼠标

作为最主要的输入设备，键盘和鼠标是必不可少的，如图 2-83 所示。按接口的不同可以分为 PS/2 与 USB 接口；按是否有线可以分为有线和无线。主要品牌有雷柏、罗技、双飞燕等。

图 2-83　鼠标、键盘

（十）音箱、耳机

音箱和耳机是计算机最主要的音频输出设备，如图 2-84 所示。如果计算机没有配置音频输出设备的话，那它不能将计算机中的声音和音乐播放出来。主要品牌有漫步者、飞利浦等。

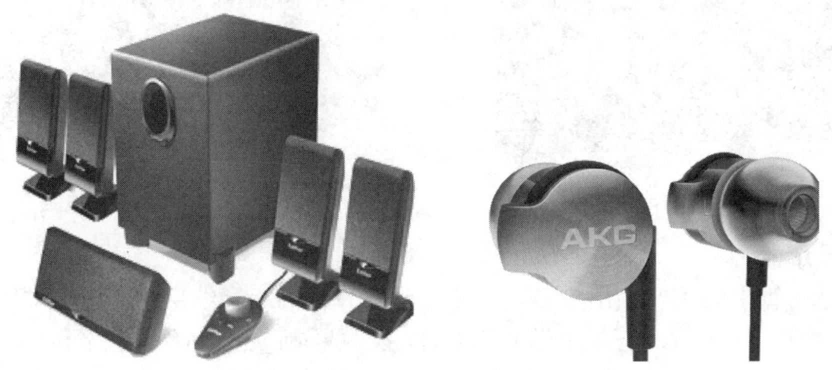

图 2-84　音箱、耳机

（十一）摄像头

摄像头又称为电脑相机、电脑眼、电子眼等，是一种视频输入设备，被广泛地运用于视频会议、远程医疗、实时监控等方面，如图 2-85 所示。普通的人也可以彼此通过摄像头在网络上进行有影像、有声音的交谈和沟通。主要品牌有罗技、蓝色妖姬、台电等。

计算机参考配置表

图 2-85　摄像头

至此，所有的计算机组装设备已经全部介绍完毕，小明可以根据自己的预算来配置自己的计算机了。

二、计算机操作系统的安装

（一）引导 U 盘的制作

由于光盘和光驱在使用时的局限性，它们逐渐地退出我们的生活和工作，而 U 盘因为它的小巧、稳定、方便携带、容量大等优点，逐渐地代替了光盘在计算机中的位置。接下来，我们就来好好学习一下引导 U 盘的制作。详细步骤如下：

（1）打开 IE，在地址栏中输入 http://www.uqidong.com/，进入 U 启动主页，如图 2-86 所示。

图 2-86　U 启动主页

（2）由于现在的新机器都使用的是 UEFI 的分区格式，而且此格式兼容以前的老机器，所以建议大家下载 UEFI 版的 U 启动软件。

（3）下载后直接安装该软件，安装完成后打开 U 启动 UEFI 版，将准备好的 U 盘（8G 以上）插入计算机 USB 接口并静待软件对 U 盘进行识别，由于此次 U 启动采用全新功能智能模式，可自动为 U 盘选择兼容性强与适应性高的制作方式，无需再做任何改动，保持默认参数设置并直接单击“开始制作”按钮即可，如图 2-87 所示。

图 2-87　UEFI 启动盘制作主页面

（4）此时，弹出的警告窗口中告知会清除U盘上的所有数据，请确认U盘中数据是否另行备份，确认完成后单击“确定”按钮，如图2-88所示。

图2-88 U启动格式化磁盘警告确认窗口

（5）制作过程可能要花2～3分钟，在此期间请耐心等待并勿进行其他与U盘相关的操作，如图2-89所示。

图2-89 制作启动盘过程窗口

（6）制作成功后弹出如图2-90所示的窗口，我们单击“是”按钮对制作完成的U盘启动盘进行模拟启动测试。

（7）随后若弹出如图2-91所示界面，说明U盘启动盘制作成功（注意：此功能仅作启动测试，切勿进一步操作）。按Ctrl+Alt组合键释放鼠标，单击右上角的关闭图标退出模拟启动测试。

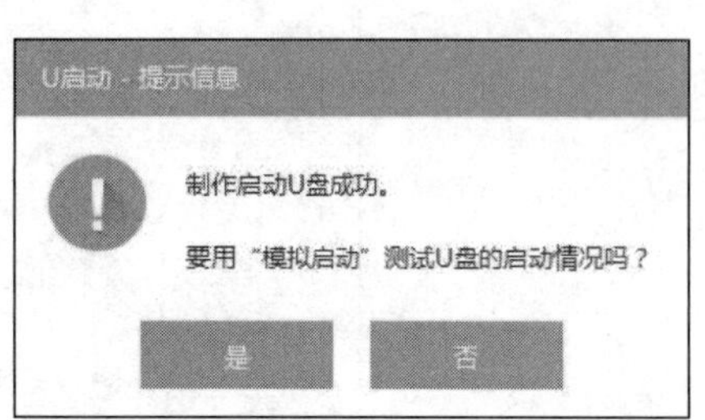

图2-90 制作成功信息窗口

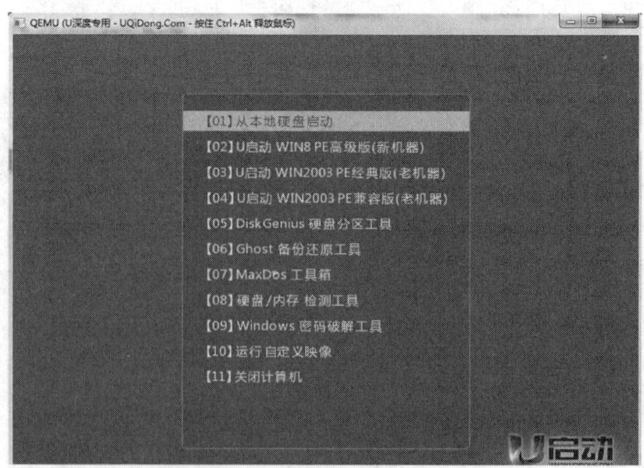

图2-91 模拟启动成功界面

（二）使用引导U盘给自己的机器安装系统

（1）进入“系统之家”主页，下载一个最新的“GHOST WIN7 SP1 64位旗舰版”系统，将下载后的文件解压，将解压得到的“Win7..GHO（约 2.5G）”复制到制作好的引导 U 盘中。

（2）将准备好的引导 U 盘插在电脑 USB 接口上，开机。默认情况下，计算机启动时的第一引导顺序往往不是 U 盘。在使用引导 U 盘进行系统安装时，先要设置系统首先从 U 盘引导，如图 2-92 所示。

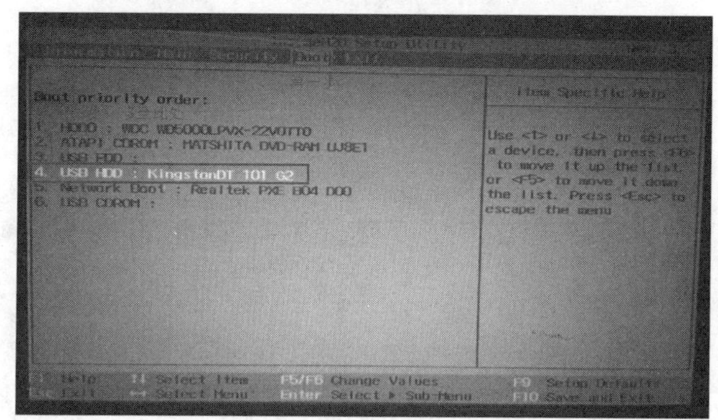

图 2-92　设置 U 盘为第一引导

（3）默认情况下硬盘模式为 AHCI 模式，如果不是的话请改成 AHCI 模式，如图 2-93 所示。按 F10 键保存并退出 BIOS。

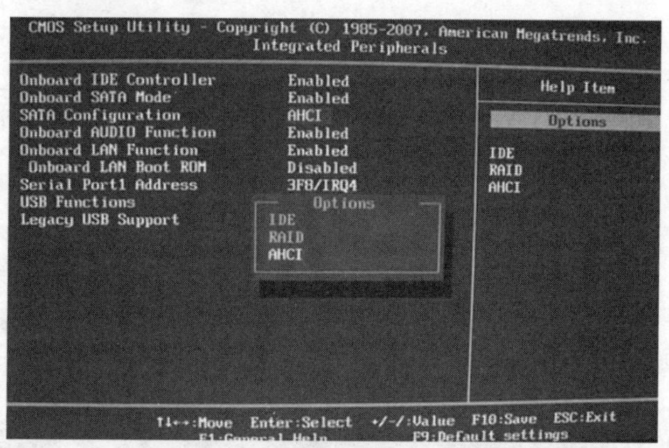

图 2-93　设置硬盘模式为 ACHI

（4）计算机重启后，在出现开机画面后系统会通过引导 U 盘启动进入到 U 启动主菜单界面，选择“【02】U 启动 WIN8 PE 标准版（新机器）”选项，如图 2-94 所示。

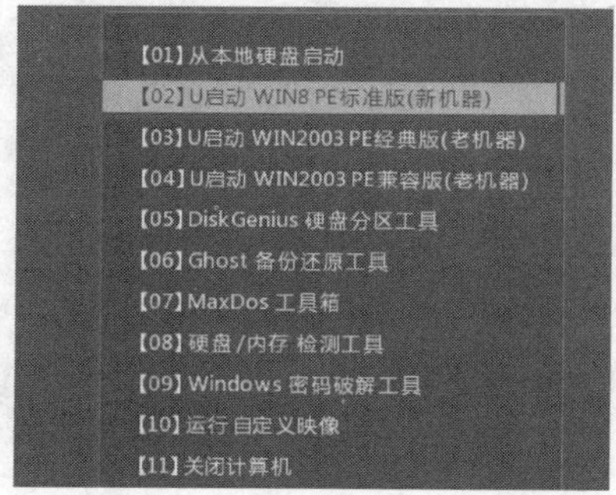

图 2-94　引导 U 盘引导后的主界面

（5）经过一段时间等待后，计算机会进入 PE 系统，U 启动 PE 装机工具会自动开启并识别 U 盘中所准备的 Windows 7 系统镜像，可参照图 2-95 所示的方式选择磁盘安装分区，接着单击“确定”按钮即可。

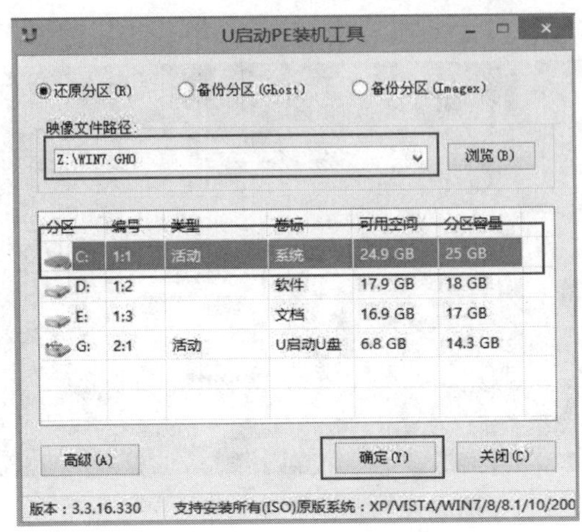

图 2-95　PE 装机工具自动识别

（6）此时，在弹出的确认提示窗口中单击“确定”按钮开始执行操作，如图 2-96 所示。

图 2-96　Ghost 确认窗口

（7）此过程大约需要 3～5 分钟的时间，具体跟计算机配置有关，静待过程结束后程序会自动重启计算机，如图 2-97 所示。

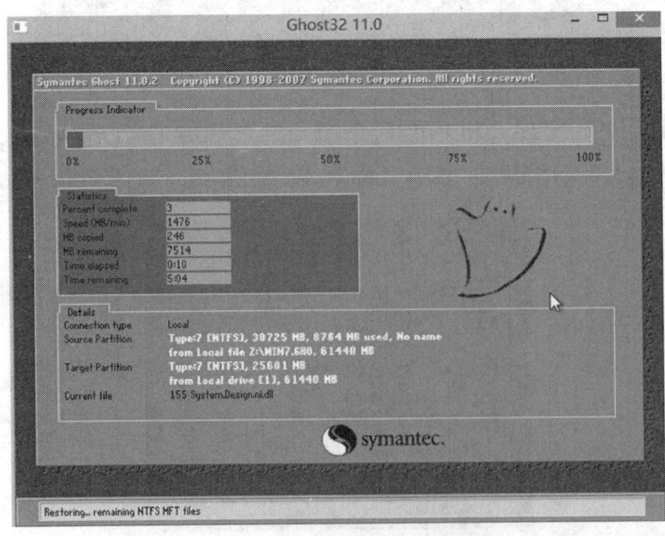

图 2-97　Ghost 克隆界面

（8）系统重启后拔下引导 U 盘，引导程序将会从硬盘继续自动执行安装 Windows 7 系统的剩余过程，期间不要人工参与，如图 2-98 所示。

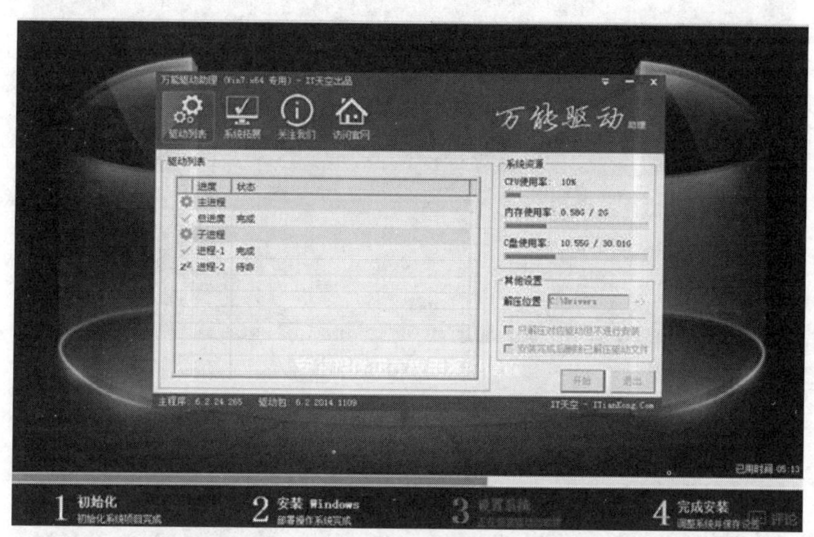

图 2-98　Windows 7 系统自动安装界面

（9）安装结束后系统将再次重启，此次重启后系统将进入到 Windows 7 系统界面。至次，系统安装完成。

知识拓展

1. BIOS 认知

BIOS 是英文 Basic Input Output System 的缩略词，直译过来后中文名称就是“基本输入输出系统”。其实，它是一组固化到计算机内主板上一个 ROM 芯片上的程序，它保存着计算机最重要的基本输入输出的程序、开机后自检程序和系统自启动程序，它可从 CMOS 中读写系统设置的具体信息。其主要功能是为计算机提供最底层的、最直接的硬件设置和控制。

2. 设置 U 盘为第一引导

首先，将 U 盘启动盘插入到计算机 USB 接口中，随后打开计算机，出现开机画面后按热键进入 BIOS 设置（BIOS 热键对于不同品牌的机子有可能不同，大家自行网上查阅）。然后使用键盘上的左右方向键“←→”将光标移至 Boot 菜单，再使用键盘上的上下方向键“↑↓”将光标移至 USB HDD : KingstonDT 101 G2，使用 F5/F6 键将 U 盘移动到第一启动项，最后按 F10 键保存退出，如图 2-99 所示。

完成上面的操作后重启计算机，我们就可以看到屏幕中出现 U 盘启动盘的主菜单界面了，如图 2-100 所示。

至此，我们就可以开始进入到 WIN PE 系统中实行计算机系统的安装了。关于如何在 BIOS 中设置 U 盘为首选启动项就介绍到这里。

3. Ghost 手动应用

Ghost 系统是指通过赛门铁克公司（Symantec Corporation）出品的 Ghost 在装好的操作系统中进行镜像克隆的版本，通常 Ghost 用于操作系统的备份，在系统不能正常启动的时候用来进行恢复的。

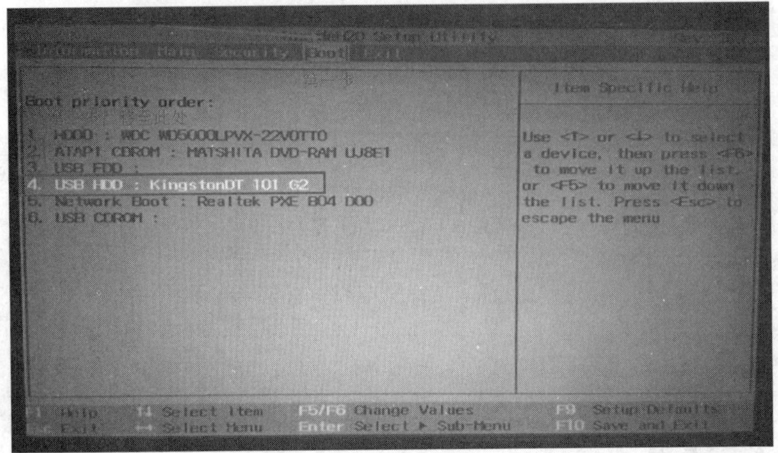

图 2-99 设置第一引导

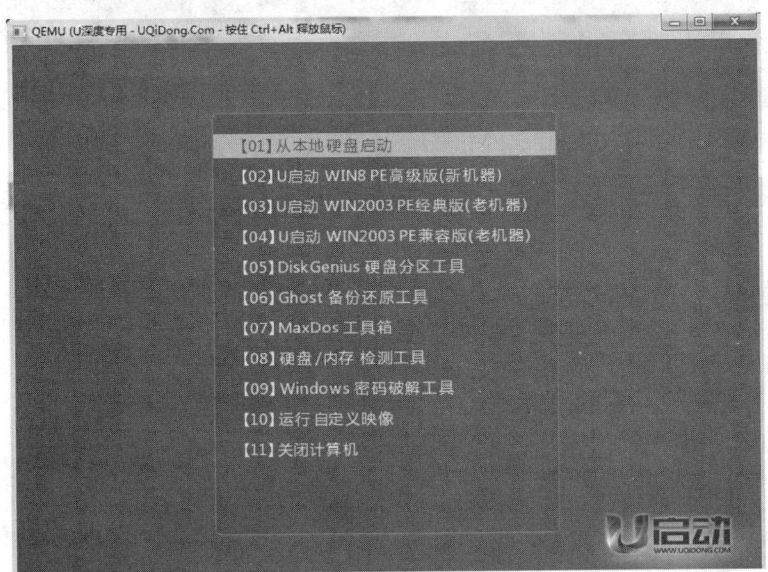

图 2-100 U 启动主界面

有时由于各种原因，系统不能够正常进入自动模式，需要手工进行磁盘的备份与恢复。在恢复系统为类，操作前大家要记住以下几个单词：local（本地）、disk（磁盘）、partition（分区）、image（镜像）、from（从）、to（到）、source（源）、destination（目的）。具体操作如下：

（1）进入 DOS 界面，运行 Ghost.exe 进入 Ghost 界面，然后依次单击 Local、Partition、From Image 按钮如图 2-101 所示。

（2）按回车键进入镜像（也就是我们要还原的系统镜像文件）选择界面，如图 2-102 所示。

（3）选中 WINDOWS.GHO 后按回车键（Open），将打开源硬盘信息界面，如图 2-103 所示。

（4）按回车键将打开目标硬盘信息界面，回车键继续打开目标硬盘分区界面，选择要恢复的分区，一般来说是 Primary 分区，如图 2-104 所示。

（5）按回车键后程序将进入恢复准备状态，并再次弹出操作确认窗口，如图 2-105 所示，选择 Yes 确认后系统开始恢复。注意，此时不能再重启计算机，否则恢复失败。

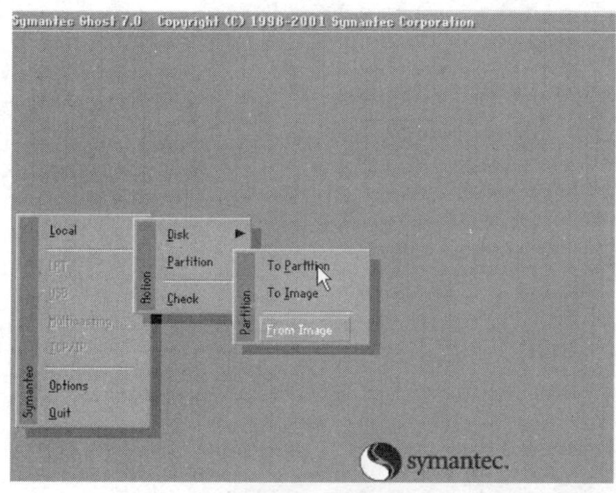

图 2-101　Ghost 系统恢复主界面　　　　图 2-102　镜像选择界面

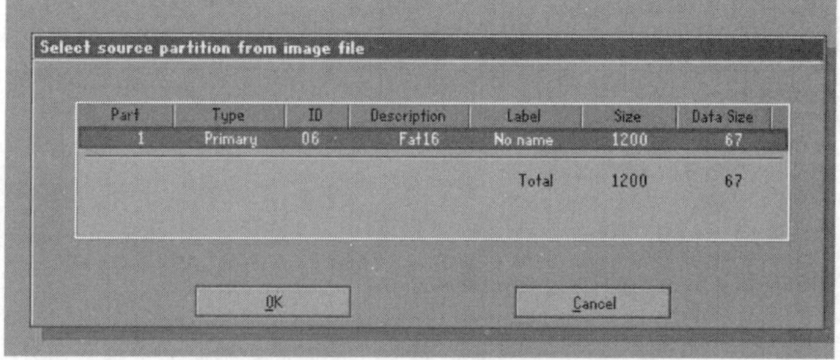

图 2-103　源硬盘信息界面

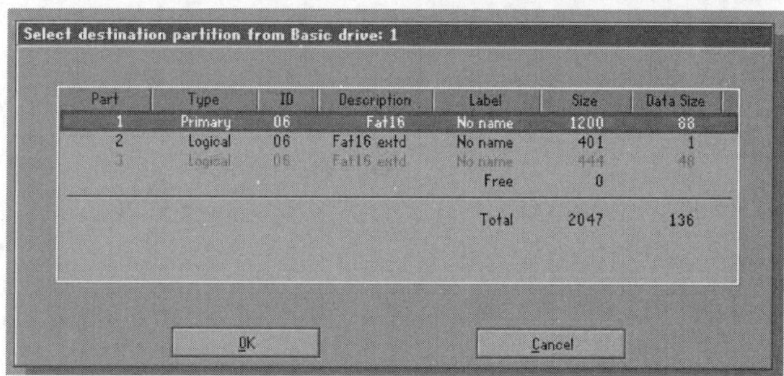

图 2-104　目标分区选择界面

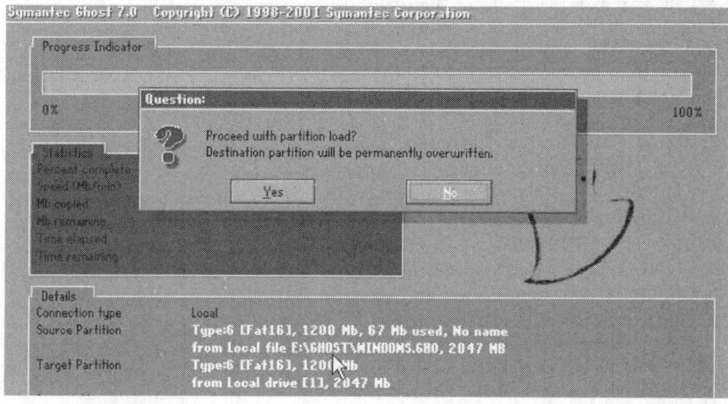

图 2-105　恢复确认窗口

（6）当恢复进度到达100%时，程序将再次弹出窗口，提示重启，如图2-106所示。

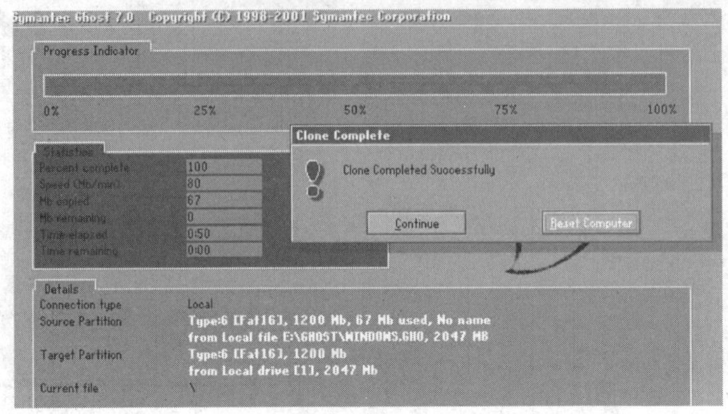

图2-106 重启计算机窗口

（7）重启后系统完成恢复，计算机恢复到备份时的状态。

习 题

一、选择题

1．计算机硬件的五大基本构件包括运算器、存储器、输入设备、输出设备和（　　）。
A．显示器　B．控制器　C．硬盘存储器　D．鼠标

2．下列术语中，属于显示器性能指标的是（　　）。
A．速度　B．可靠性　C．分辨率　D．精度

3．一个完备的计算机系统应该包含计算机的（　　）。
A．主机和外部设备　B．硬件和软件
C．CPU和存储器　D．控制器和运算器

4．下列四项中不属于计算机的主要技术指标的是（　　）。
A．字长　B．存储容量　C．重量　D．时钟主频

5．不同的芯片有不同的字长，目前芯片有多种型号，其中奔腾IV芯片的字长是（　　）。
A．8位　B．16位　C．32位　D．64位

6．能够将高级语言源程序加工为目标程序的系统软件是（　　）。
A．解释程序　B．汇编程序　C．编译程序　D．编辑程序

7．微型计算机与外部设备之间的信息传输方式有（　　）。
A．仅串行方式　B．串行方式或并行方式
C．连接方式　D．仅并行方式

8．通常所说的“裸机”是指计算机仅有（　　）。
A．硬件系统　B．软件　C．指令系统　D．CPU

9．计算机主机的组成是（　　）。
A．运算器和控制器　B．中央处理器和主存储器
C．运算器和外部设备　D．运算器和存储器

10．计算机中的运算器的主要功能是完成（　　）。
A．代数和逻辑运算　　B．代数和四则运算
C．算术和逻辑运算　　D．算术和代数运算

11．时至今日，计算机仍采用的程序存储或称存储程序原理，其提出者是（　　）。
A．莫尔　　B．比尔·盖茨
C．冯·诺依曼　　D．科得（E.F.Codd）

12．中央处理器（CPU）可直接读写的计算机部件是（　　）。
A．内存　　B．硬盘　　C．软盘　　D．外存

13．计算机的技术指标有多种，而最主要的应该是（　　）。
A．语言、外设和速度　　B．主频、字长和内存容量
C．外设、内存容量和体积　　D．软件、速度和重量

14．计算机运算部件一次能同时处理的二进制数据的位数称为（　　）。
A．速度　　B．字长　　C．主频　　D．周期

15．字长 16 位的计算机，它表示（　　）。
A．数以 16 位二进制数表示　　B．数以十六进制来表示
C．可处理 16 个字符串　　D．数以两个八进制表示

16．下列计算机接口中，可以直接进行“插拔”操作的是（　　）。
A．COM　　B．LPT　　C．PCI　　D．USB

17．微型计算机的主频很大程度上决定了计算机的运行速度，它是指（　　）。
A．计算机的运行速度快慢　　B．微处理器时钟工作频率
C．基本指令操作次数　　D．单位时间的存取数量

18．计算机各部件传输信息的公共通路称为总线，一次传输信息的位数称为总线的（　　）。
A．长度　　B．粒度　　C．宽度　　D．深度

19．按照总线上传输信息类型的不同，总线可分为多种类型，以下不属于总线的是（　　）。
A．交换总线　　B．数据总线　　C．地址总线　　D．控制总线

20．键盘一般分为四个区域，其中 Shift 为上档键，它属于（　　）。
A．主键盘区　　B．小键盘区　　C．功能键区　　D．编辑键区

二、简答题

1．使用拖放功能怎样移动文档？怎样复制文档？
2．在资源管理器中，试用快捷菜单建立、移动、改名、删除、恢复文件夹。
3．如何在文件夹窗口中显示文件的扩展名。
4．回收站的功能是什么？

项目三　计算机网络

1. 了解网络基础知识
2. 学会网络基本连线
3. 掌握 TP-LINK 无线路由器配置

任务 1　网络配置

任务描述

小明的计算机终于安装好了，操作系统、常用软件、常用工具、网络游戏都已经安装到位了，现在小明就可以好好地享用自己的计算机了。小明急不可待地打开计算机，准备登录 QQ、打开游戏，结果发现 QQ 无法登录，网络游戏也连不到服务器，这是什么原因呢？小明不明白了，在家一开机就可以上网了，为什么会这样？

任务分析

随着计算机及网络技术的普及与应用，我们的生活方式越来越多样化。相对独立的计算机通过计算机网络连接成一个整体，家庭计算机可以通过设置网络将计算机与外界连接起来。

知识准备

1. IP 地址的基本概念

在 Internet 上有千百万台主机，为了区分这些主机，人们给每台主机都分配了一个专门的地址，用以标识 Internet 上计算机或用户的一种地址格式，称为 IP 地址。换句话说，IP 地址就是给每个连接在 Internet 上的主机（路由器）分配一个在全世界范围内唯一的 32 位的标识符。

【学以致用】如何查看自己主机的 IP 地址呢？

方法 1：依次打开网络和共享中心→无线网络连接→详细信息，如图 3-1、图 3-2 所示。

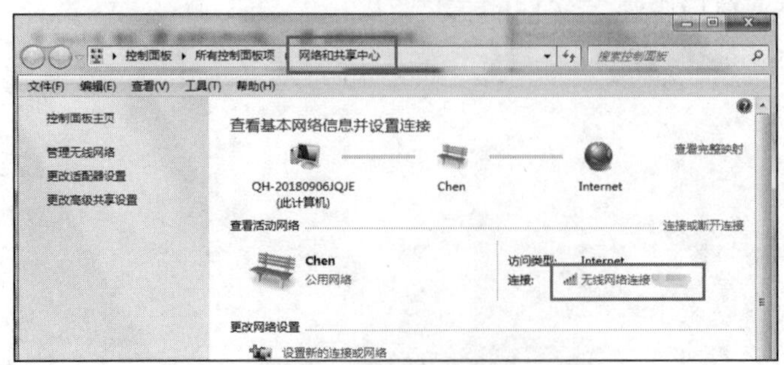

图 3-1　查看 IP 地址（1）

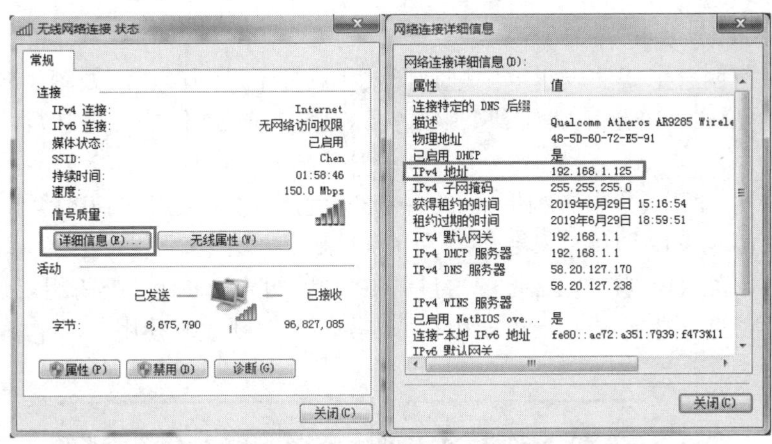

图 3-2　查看 IP 地址（2）

方法 2：

（1）使用 Windows+R 键打开“运行”窗口，然后输入 cmd 进入命令提示窗口，如图 3-3 所示。

（2）进入命令窗口之后，输入 ipconfig/all 并按回车键即可看到整个计算机详细的 IP 配置信息，如图 3-4 所示。

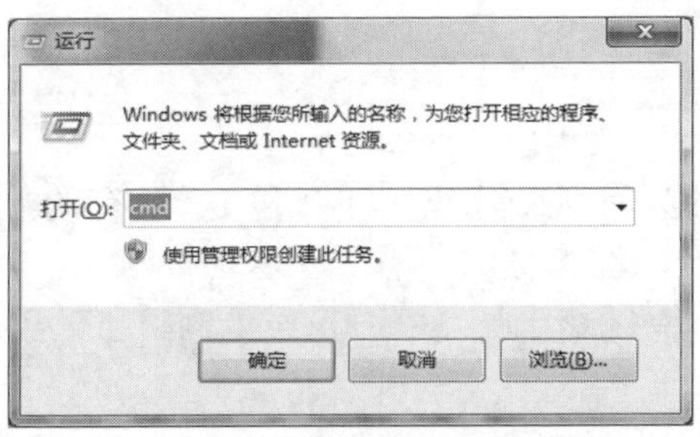

图 3-3　查看 IP 地址（3）

图 3-4　查看 IP 地址（4）

2. IP 地址的表示方法

IP 地址可以有两种形式的表示：二进制形式和点分十进制形式，如图 3-5 所示。

（1）二进制形式。IP 地址在计算机中，实际上是一个 32 位的二进制数，这是 IP 地址最本质的形式。

设置 IP 地址

（2）点分十进制形式。这种形式就是点分十进制的 IP 地址。即用十进制的方式表示 IP 地址，其目的是为了简化人们的记忆。

表示规则：把 32 位的二进制 IP 地址均分为 4 组，把每组二进制数字转换成对应的十进制数字，组与组之间转换的十进制数字使用“.”作为分隔符。

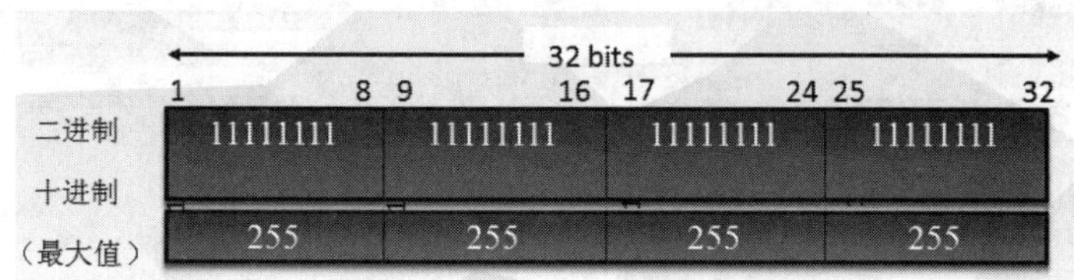

图 3-5 IP 地址的表示形式

3. 进制之间的转化

（1）十进制。日常生活中最常见的是十进制数，用十个不同的符号来表示：0、1、2、3、4、5、6、7、8、9。

基为：10

运算规则：逢十进一，借一当十

（2）二进制。二进制数只有两个代码，即 0 和 1，所有的数据都由它们的组合来实现。

基为：2

运算规则：逢二进一，借一当二

（3）二进制转化成十进制。

幂：把二进制数按权展开、相加即得十进制数。

（4）十进制转化成二进制。

短除法：十进制数除 2 取余法，即十进制数除 2，余数为权位上的数，得到的商值继续除 2，依此步骤继续向下运算直到商为 0 时止。

注意：在转换过程中如果二进制值不满 8 位的，高位用 0 补足。

例如，172.16.122.204 可以写为：

10101100 00010000 01111010 11001100

【学以致用】我们刚刚所查看到的 IP 地址可以写成什么形式呢？（二进制表示如图 3-6 所示）

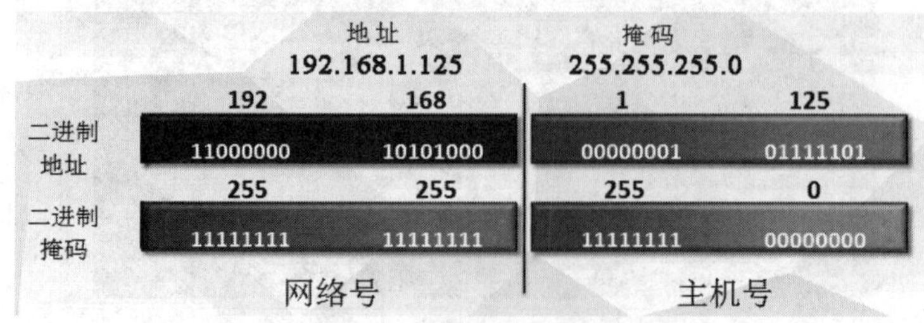

图 3-6 本机 IP 地址的表示

4. 域名

（1）域名的概念。域名，是由一串用点分隔的名字组成的 Internet 上某一台计算机或计算机组的名称，用于在数据传输时标识计算机的电子方位（有时也指地理位置）。简单理解可以说是网址，但它又不同于网址，通俗地讲就是企事业单位在网上的名称，在全世界没有重复的域名，域名的形式是由若干个数字或字母组成，由“.”分隔成几部分。

（2）域名的组成。域名由两个或两个以上部分组成，各部分之间用英文的“.”隔开，最后一个点的右边部分称为顶级域名，其左边称为二级域名，二级域名左边部分是三级域名，以此类推。

（3）域名的层次结构。DNS 是 Internet 和 TCP/IP 网络中广泛使用的、用于提供名字登记和名字到地址转换的一组协议和服务。DNS 服务免除了用户记忆枯燥的 IP 地址的烦恼，可以使用具有层次结构的“友好”的名字来定位本地 TCP/IP 网络和 Internet 上的主机及其他资源。DNS 通过分布式名字数据库系统，为管理大规模网络中的主机名和相关信息提供了一种稳健的方法。

DNS 包括命名的方式和对名字的管理。DNS 的命名系统是一种叫域名空间（Domain Name Space）的层次性的逻辑树形结构。Internet 将所有联网主机的名字空间划分为许多不同的域。根（root）下是最高一级的域，再往下是二级、三级域，最高一级的域名叫顶级（或称一级）域名。各级域名的层次结构关系如图 3-7 所示。

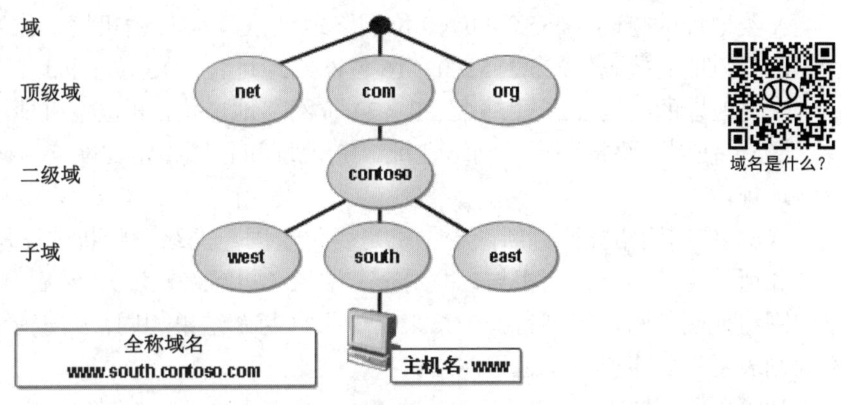

域名是什么？

图 3-7　域名的层次结构

（4）顶级域名的说明（表 3-1）。

表 3-1　顶级域名的说明

域名称（顶级域）	说明
Com	商业机构
Edu	教育、学术研究单位
Gov	官方政府单位
Net	网络服务机构
Org	财团法人等非营利机构
Mil	军事部门
其他的国家或地区代码	代表其他国家/地区的代码，如 cn 表示中国，jp 为日本，hk 为香港

5. 子网划分

（1）子网划分的目的。

- 节约 IP 地址，避免浪费。
- 限定广播的传播。
- 保证网络的安全。
- 有助于覆盖大型地理区域。

（2）子网划分的定义。当我们对一个网络进行子网划分时，基本上就是将它分成小的网络。比如，当一组 IP 地址指定给一个公司时，公司可能将该网络“分割成”小的网络，每个部门一个。这样，技术部门和管理部门都可以有属于它们的小网络。同时，也有助于降低流量和隐藏网络的复杂性。

（3）子网掩码。子网掩码又称网络掩码，是 32 位连续的 1、0 二进制编码。掩码中值凡为“1”的位，表示对应 IP 地址中的位是网络地址位；掩码中值凡为“0”的位，表示对应 IP 地址中的位是主机地址位。

（4）网络掩码的设定。网络掩码的形式与 IP 地址的值无关，而是与 IP 地址的结构有关。在为一个网络进行设计编址方案时，首先确定这个网络将使用几位 IP 位表示网络地址，使用几位 IP 位表示主机位，之后再进行编号。

各类 IP 地址掩码的点分十进制形式如下：

A 类地址的掩码　255.0.0.0（8 位网络地址位，24 位主机地址位）

B 类地址的掩码　255.255.0.0（16 位网络地址位，16 位主机地址位）

C 类地址的掩码　255.255.255.0（24 位网络地址位，8 位主机地址位）

（5）使用网络掩码计算网络地址。IP 地址和它所指定的网络掩码相与，得到的结果便是网络地址。

（6）使用网络掩码判断两台主机是否位于同一网络。判断过程是：发送主机将自己的 IP 地址和所设定的网络掩码相与，得到一个结果（即网络地址）。然后将目的主机的 IP 地址与自己的网络掩码相与，得到另一个结果。如果这两个结果相同，则表示两台主机位于同一网络，不同则表示目的主机位于远程网络。

1）判断 B 主机。

①192.168.5.4 和 255.255.255.0（A 主机的网络掩码）相与得到结果 1：192.168.0.0（A 主机的网络地址）。

②192.168.5.6 和 255.255.255.0（A 主机的网络掩码）相与得到结果 2：192.168.0.0。

③结果 1 与结果 2 相同，A 与 B 主机位于同一网络。

2）判断 C 主机。

①192.168.5.4 和 255.255.255.0（A 主机的网络掩码）相与得到结果 1：192.168.0.0（A 主机的网络地址）。

②120.40.5.4 和 255.255.255.0（A 主机的网络掩码）相与得到结果 2：120.40.5.0。

③结果 1 与结果 2 不相同，A 与 C 主机不在同一网络。

（7）子网划分。

1）确定要划分的子网数。

2）求出子网数目对应二进制数的位数 N 及主机数目对应二进制数的位数 M。

3）对该 IP 地址的原子网掩码，将其主机地址部分的前 N 位置取 1 或后 M 位置取 0 即得出该 IP 地址划分子网后的子网掩码。

注意：在划分子网时，不仅要考虑目前需要，还应了解将来需要多少子网和主机。对子网掩码使用必须要更多的子网位，可以得到更多的子网，从而节约 IP 地址资源，若将来需要更多子网时，不用再重新分配 IP 地址，但每个子网的主机数量有限；反之，子网掩码使用较少的子网位，每个子网的主机数量允许有更大的增长，但可用子网数量有限。一般来说，一个网络中的节点数太多，网络会因为广播通信而饱和。所以，网络中的主机数量的增长是有限的，也就是说，在条件允许的情况下，会将更多的主机位用于子网位。

任务实现

1. 网络搭建前的准备工作

要组建一个家庭无线局域网，需要做哪些准备工作呢？

（1）线路供应商的选择。在中国大陆地区，有中国移动、中国联通和中国电信三大运营商可供选择。中国移动是三大运营商中体量最大的；中国电信的固网宽带要强于中国移动，不管是下载速度，还是游戏时延，都是中国固网最好的运营商之一；中国联通 4G 的特点是网速最快，和中国电信相比，中国联通的 4G+区域要多一些，而且中国联通的 FDD-LTE 主覆盖频点 1650 的带宽是 20M，因此，在同等信号覆盖下，中国联通 4G 的下载速度在三大运营商之中是最快的。

（2）物品的准备。

1）网线。网络不是说无线就真是一根线都没有的，起码源头还是有线的。所以网线还是至少要准备一根的（小明要准备两根），不要太长，一般情况下 1～2 米足够了，但要求成品超五类非屏蔽双绞线是已经做好了水晶头，并测试了网络连通性的，如图 3-8 所示。网线的主要品牌有安普（AMP）、山泽（SAMZHE）、秋叶原（CHOSEAL）、胜为（SHENGWEI）。2 米网线价格一般一根是 5～10 元。

图 3-8 成品超五类非屏蔽双绞线

2）光猫一个（选配）。光猫即光调制解调器，也称为单端口光端机，是针对特殊用户环境而研发的一种三件一套的光纤传输设备，将光信息和电信号进行相互转换，如图 3-9 所示。

随着网络的提速，电话线已经不能满足网络传输的要求，现在的网络入户已经全部变成了光纤入户。但也有个别小区已经光纤到小区，小区楼栋到户是超五类或六类线，这种情况下就不需要光猫了。光猫的主要品牌有普联（TP 拟 LINK）、磊科（netcore）。百兆的猫相对来说便宜一点，一般为 180～200 元，千兆的猫则一般为 260～350 元。

3）无线路由器一个。既然是组建一个家庭的无线 Wi-Fi 网络，那么无线路由器就是必不可少的组件了，所有的 Wi-Fi 信号都是由无线路由器发出的，而无线路由器的质量好坏直接影响到上网的体验。

无线路由器可以看作一个转发器，将家中墙上接出的宽带网络信号通过天线转发给附近的无线网络设备（笔记本电脑，支持 Wi-Fi 的手机、平板及所有带有 Wi-Fi 功能的设备）。现在一般来说，家庭用的速率为 450M 左右就可以了，如图 3-10 所示。无线路由器的主要品牌有普联（TP 拟 LINK）、思科（CISCO）、华为（HUAWEI）、华三（H3C）、华硕（ASUS）、腾达（Tenda）、水星（MERCURY）等，相对来说，同参数的华为和华三的价格较高，家庭用价格为 100 元左右的路由器就足够了。

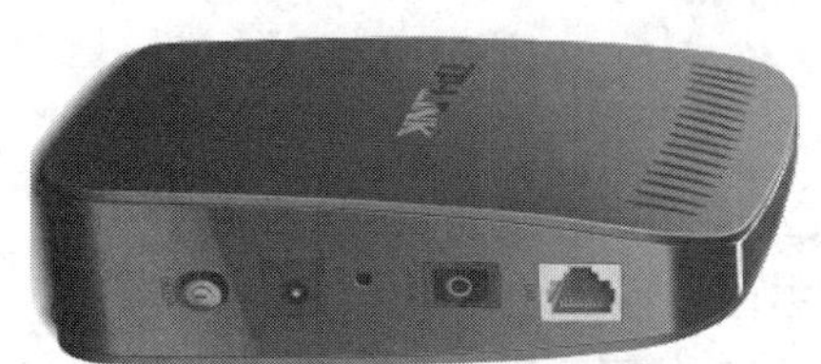

图 3-9 光猫（光调制解调器）

图 3-10 无线路由器

4）计算机或其他能够连接无线路由器的设备。

设备连接好网络后并不意味着就能上网了，还需要对其进行一些基本的设置。

（3）设备连接。所有设备在连接时都要关闭电源。

1）首先，要求线路提供商技术人员将入户光纤连接到光猫，并做好连通测试。确保网线已经连接到了线路提供商的设备。

2）取一根网线，一端接在光猫的黄色（Lan）口上，另一端接在无线路由器的黄色（Wan）口上，注意水晶头不要接反了，有弹片的朝上。

3）台式计算机用户应再取另一根网线，一端接在计算机的网卡上，另一端接在无线路由器的蓝色（Lan）口，图 3-9 上有四个这样的口，接任意一个均可。

到现在为止，设备和线路都已经连接完毕了，可以进入无线路由器进行最后的网络配置了。

2. 无线路由器的配置

（1）打开所有设备的电源，计算机正常进入系统。查看设备线路指示灯是否正常，所谓正常即无线路由器和光猫面板上的连通指示灯亮起来，计算机控制面板中的网络连接状态是否正常，只要“本地连接”不是打叉就大致是正常的，如图 3-11 所示。

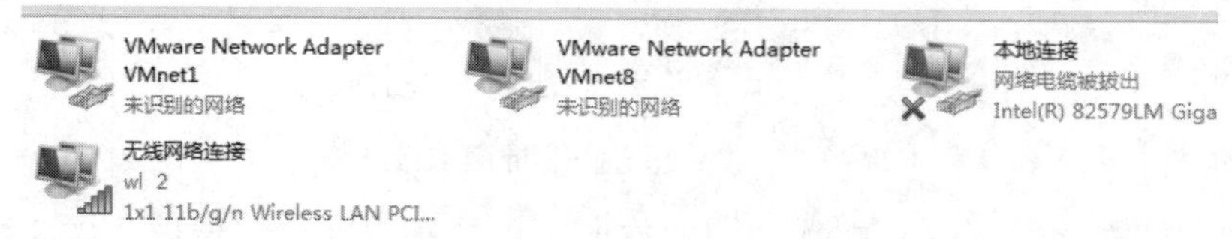

图 3-11 网络连接状态

（2）在新版的 TP-LINK 无线路由器上，不再以 192.168.1.1 作为它的管理地址，而是以 tplogin.cn 作为它的管理地址，这些信息在它的反面标签上都有，如图 3-12 所示。

（3）打开浏览器，在浏览器的地址栏中输入路由器的管理地址 http://tplogin.cn 进入管理密码设置界面，如图 3-13 所示。需要注意的是，这里不是 Wi-Fi 连接密码，这个密码是用来以后管理路由器、更改 Wi-Fi 密码等用的。

图 3-12　TP-LINK 背面标签

图 3-13　设置路由器管理密码

（4）设置好后单击下面的绿色箭头进入到下一步，根据你网络运营商提供的上网方式选择，如图 3-14 所示。

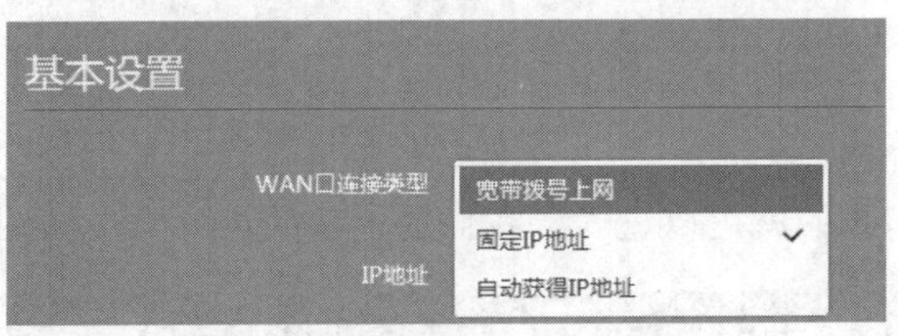

图 3-14　设置上网方式

1）宽带拨号上网：这是我们现在用得最多的一种方式，选择这种方式需要我们输入线路提供商提供的上网贴和密码，如图 3-15 所示。

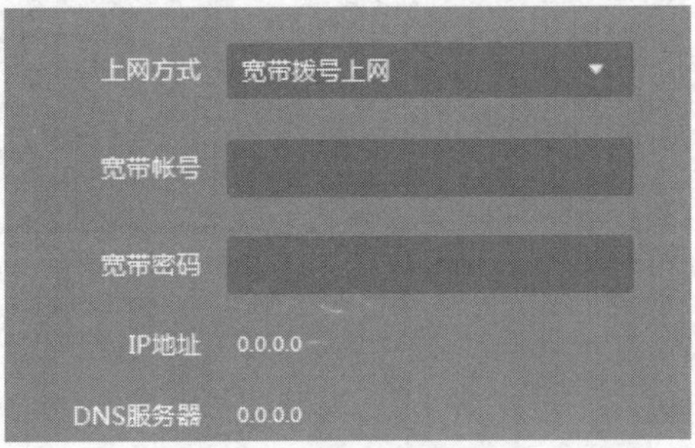

图 3-15　宽带拨号上网

2）固定 IP 地址：在这个窗口我们则需要线路提供商给我们提供的 IP 地址、网关、子网掩码、DNS 服务器等相关信息，如图 3-16 所示。这种模式一般来说是不需要光猫的。

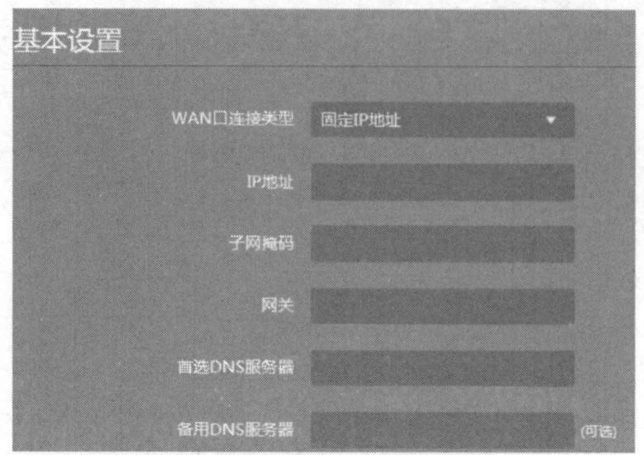

图 3-16 固定 IP 地址

3）自动获取 IP 地址：这种方式也是适合于小区宽带的，也是不需要光猫设备的，如图 3-17 所示。

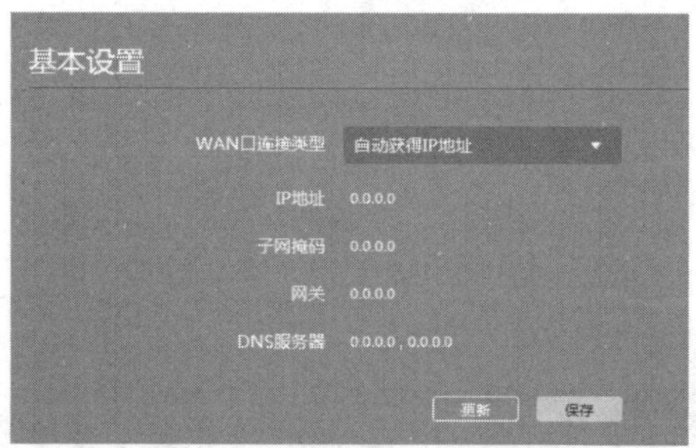

图 3-17 自动获取 IP 地址

（5）设置完这一步我们就可以进入到我们的设备的主页面，如图 3-18 所示。

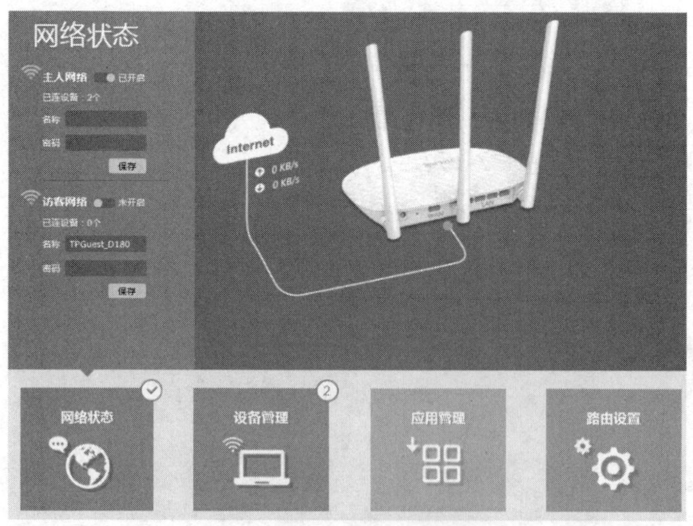

图 3-18 设备管理主页面

（6）正常情况下，到这时我们的 Wi-Fi 已经是可以正常使用的了，只是 Wi-Fi 还没有个性化，比如无线名（SSID）还是系统内置的，Wi-Fi 也是没有密码限制的。好了，我们现在来个性化我们的 Wi-Fi。单击下面的“路由设置”选项，打开路由配置主页面，如图 3-19 所示。

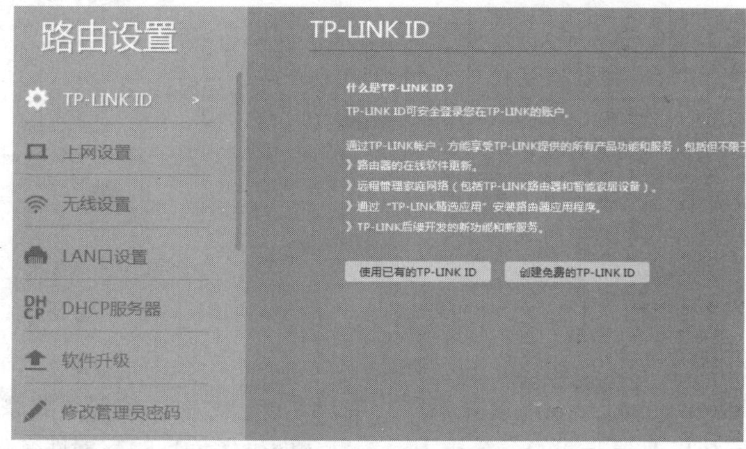

图 3-19　路由设置主页面

（7）单击左侧导航栏中的“无线设置”，打开无线设置主页面，如图 3-20 所示。在此页面我们可以设置无线名（SSID）和密码，并保存。

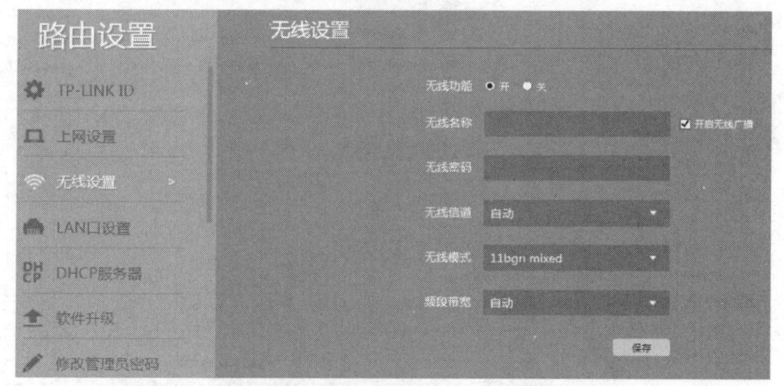

图 3-20　无线名称和密码设置页面

设置无线路由器

（8）至此，Wi-Fi 已经设置完成。手机、iPad、笔记本电脑都可以连到这个 Wi-Fi，尽情享受网络带来的快乐吧！

任务 2　网络资源应用

任务描述

小明的计算机终于安装好了，最主要是网络也连通了，终于可以好好上网玩游戏了。小明玩的是目前比较流行的网络游戏暗黑破坏神 3，已经玩了一年多了。玩的过程中小明发现一个问题，自己的装备和技术配置总是达不到最佳，这让他很是郁闷。这天，小明准备到百度找找攻略，输入“暗黑攻略”几个字，结果搜出来 5 千多万条相关的记录，这么多难道要一条条去看？这下小明又懵了，他要怎么才能找到自己所需要的资料呢？

任务分析

从上面的描述来看，小明要解决和学会以下几个问题：

（1）熟悉关键词，学会分析自己所需资料的关键词。

（2）熟练使用百度搜索，学会其中的一些技巧。

（3）注意计算机安全。

知识准备

一、信息安全

1．信息安全概念

信息安全（Information Security）是指防止信息财产被故意的或偶然的原因而遭到非授权的泄露、更改、破坏以及被非法的系统辨识、控制，即确保信息的完整性、保密性、可用性，如图 3-21 所示。

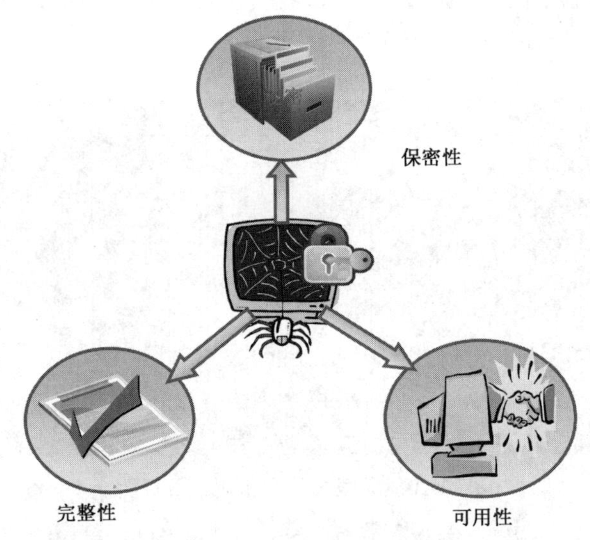

图 3-21　信息安全的特性

- 保密性：确保信息没有非授权的泄漏，不被非授权的个人、组织和计算机程序使用。
- 完整性：确保信息没有遭到篡改和破坏。
- 可用性：确保拥有授权的用户或程序可以及时、正常使用信息。

2．信息泄露途径

在网络快速发展的时代，你可能网上购物刚下订单，无货退款的诈骗电话就跟来了；预订航班还没起飞，退票改签的诈骗电话就紧随而至……这都是因为公民个人信息遭到严重泄露。如图 3-22 所示，在诸多方面存在信息安全隐患。那么，我们的个人信息为何会落在不法分子手中？是谁在肆无忌惮地泄露我们的信息？

信息泄露的主要途径：

- 企业“内鬼”倒卖信息。
- 木马病毒窃取信息。

- 利用网站漏洞盗取信息。
- 免费 Wi-Fi 和二维码暗藏“黑手”。

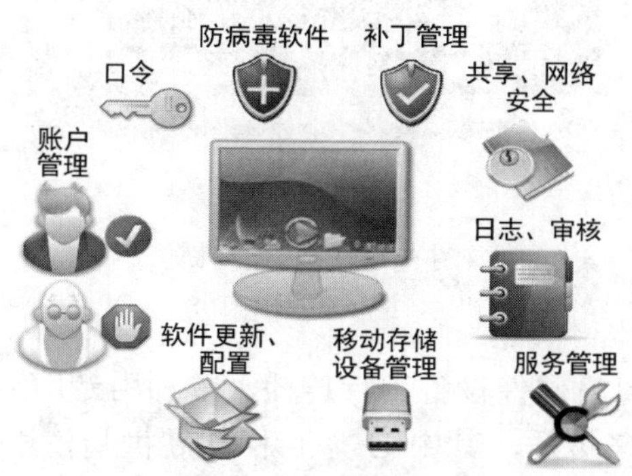

图 3-22 信息安全隐患

3. 计算机病毒

1994 年 2 月 18 日颁布实施的《中华人民共和国计算机信息系统安全保护条例》中明确指出：“计算机病毒，是指编制或者在计算机程序中插入的破坏计算机功能或者毁坏数据，影响计算机使用，并能自我复制的一组计算机指令或者程序代码。”

（1）特征。

1）传播性：病毒一般会自动利用电子邮件传播，利用对象的某个漏洞将病毒自动复制并群发给存储的通讯录名单成员。邮件标题一般较为吸引人，大多利用社会工程学如“我爱你”之类的家人朋友之间亲密的话语，以降低人的警戒性。如果病毒制作者再应用脚本漏洞，将病毒直接嵌入邮件中，那么用户单击邮件标题打开邮件就会中病毒。

2）隐蔽性：当病毒处于静态时，往往寄生在软盘、光盘或硬盘的系统占用扇区里或某些程序文件中。有些病毒的发作具有固定的时间，若用户不熟悉操作系统的结构、运行和管理机制，便无法判断计算机是否感染了病毒。计算机病毒程序几乎都是用汇编语言编写的，一般都很短，长度仅为 1KB 左右，因此比较隐蔽。

3）破坏性：病毒破坏系统主要表现为占用系统资源、破坏数据、干扰运行或造成系统瘫痪，有些病毒甚至会破坏硬件，某些威力强大的病毒，运行后直接格式化用户的硬盘数据，更为厉害的可以破坏引导扇区以及 BIOS，对硬件环境造成相当大的破坏。

4）潜伏性：计算机感染上病毒之后，一般并不即刻发作，不同的病毒发作有其自身的特定条件，当条件满足时才开始发作，不同的病毒有着不同的潜伏期。

5）不可预见性。

（2）病毒的工作步骤与机制，如图 3-23、图 3-24 所示。

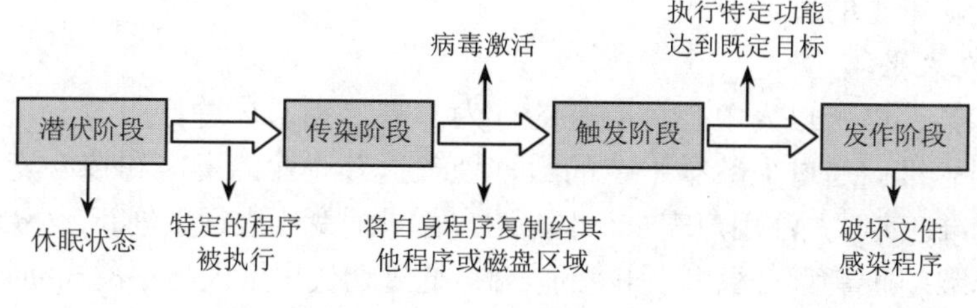

图 3-23 病毒的工作步骤

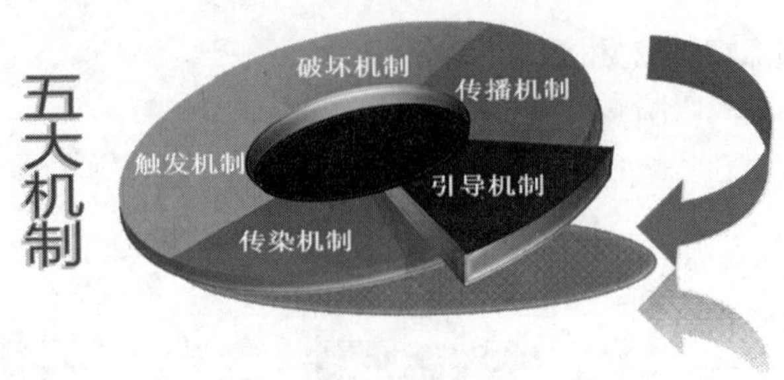

图 3-24 病毒的机制

（3）病毒的传播途径。

1）通过不可移动的计算机硬件设备进行传播，即利用专用 ASIC 芯片和硬盘进行传播。

2）通过移动存储设备来传播，其中 U 盘和移动硬盘是使用最广泛、移动最频繁的存储介质。

3）通过计算机网络进行传播。

4）通过点对点通信系统和无线通道传播。

4. 网络道德

网络道德是指网络环境或网络条件下调整人与人之间、人与社会之间关系的一种行为规范。

网络社会作为网络主体的另类生活空间，给我们提供了诸多的便利，读书、工作、购物、交友、娱乐等都可以在网络社会中得以实现。使我们可以超越时间与空间的限制，创造一个属于自己的魔幻世界。然而，网络社会在创造一个神奇世界的同时，也造成了自身难以克服和解决的诸多难题。因而，同现实社会一样，网络社会的发展与完善同样需要网络道德教育的介入。

二、互联网思维

1. 互联网的发展

Web1.0，门户时代：1994 年至 2002 年，这个阶段的典型特点是信息展示，将信息呈现出来形成一个单向传输。1997 年中国互联网正式进入商业时代，代表产品有新浪、搜狐、网易等门户网站。

Web2.0，搜索/社交时代：2002 年至 2009 年，这个阶段的典型特点是 UGC（用户生产内容），实现了人与人之间双向的互动，典型产品如新浪微博、人人网等。

Web3.0，大互联时代：2009 年至今，由智能移动设备为代表的移动互联网的鼎盛发展时期。

2. 互联网思维的提供

百度董事长兼首席执行官李彦宏在百度大会上首次提出“互联网思维”这一概念，简单来说，互联网思维是基于互联网+、大数据、云计算等网络背景下，针对用户、产品、市场等网络形势进行重新审视的思考方式。

3. 互联网九大思维

- 用户思维：以用户为中心，所有的行为都需要为用户进行服务。
- 大数据思维：通过大数据平台的数据处理提升企业的资产和核心竞争力。
- 迭代思维：实时关注用户需求，根据用户需求的变化进行微创新，小步快跑，快速迭代。
- 跨界思维：随着互联网和新科技的发展，通过迭代思维大胆颠覆式创新，突破产业边界。
- 极致思维：针对产品和服务，提高用户体验。

- 简约思维：对服务和产品进行简单分析与创新，以简为主。
- 平台思维：利用互联网平台打造多方共赢生态圈。
- 社会化思维：以社会为基准，根据社会、社交特性做好产品营销。
- 流量思维：增加产品流量入口，提高产品流量。

互联网思维的“红与黑”

任务实现

1．常用搜索引擎的使用

搜索引擎（Search Engine）是指根据一定的策略、运用特定的计算机程序从互联网上搜集信息，在对信息进行组织和处理后，为用户提供检索服务，将用户检索相关的信息展示给用户的系统。搜索引擎包括全文索引、目录索引、元搜索引擎、垂直搜索引擎、集合式搜索引擎、门户搜索引擎和免费链接列表等。

目前国内的搜索引擎可以说是一团乱麻，主要有百度、搜搜、搜狗、有道、Bing、谷歌、360 搜索、中搜、即刻搜索等。这么多的搜索引擎，我们不可能一个个地介绍，只能选择现在国内最主流的百度为例，如图 3-25 所示。

图 3-25　百度搜索主页

百度搜索是全球最大的中文搜索引擎，2000 年 1 月由李彦宏、徐勇两人创立于北京中关村，致力于向人们提供“简单，可依赖”的信息获取方式。“百度”二字源于中国宋朝词人辛弃疾的《青玉案》诗句：“众里寻他千百度”，象征着百度对中文信息检索技术的执著追求。百度蜘蛛，是百度搜索引擎的一个自动程序。它的作用是访问收集整理互联网上的网页、图片、视频等内容，然后分门别类建立索引数据库，使用户能在百度搜索引擎中搜索到网站的网页、图片、视频等内容。

下面就介绍一下，如何有效地使用百度搜索引擎。

（1）一般情况下，如果想搜索某个网站或某个品种的东西，只要直接输入这个名字就可以了。比如想找到百度经验，只要输入：百度经验，然后单击“百度一下”搜索就可以了，如图 3-26 所示。

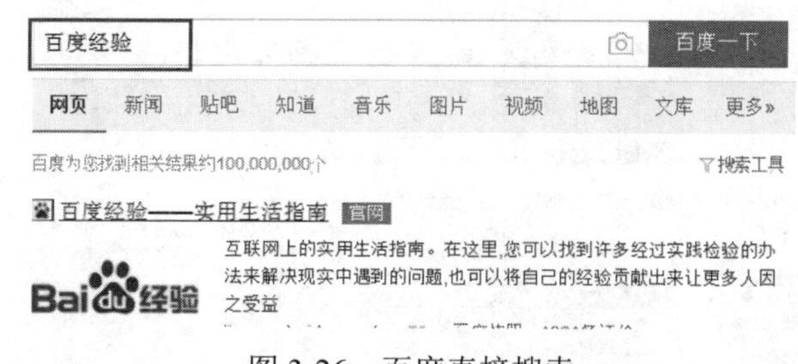

图 3-26　百度直接搜索

（2）第一步骤的搜索我们会发现，搜索到的网站不仅仅是百度经验这一个网站，相关的网站都搜索到了。如果我们仅仅想搜索到包含这一个字符的网站，我们只要在这个词组上加上“”就可以了，如图 3-27 所示。

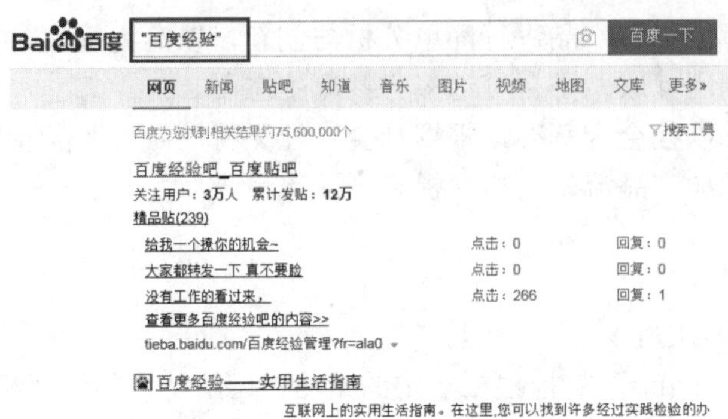

图 3-27　百度过滤搜索之双引号

这一次搜索到的网站全部是百度经验相关的网站，与上一次相比就过滤掉了其他不很相关的网站。

（3）如果我们想准确搜索相关的内容，比如，我们想搜索胡夏唱的刀塔传奇，而不想搜索到其他人唱的这个歌曲，我们只要这样：胡夏+刀塔传奇，在中间加一个“+”号就可以了，如图 3-28 所示。

图 3-28　百度精确搜索之加号

有加就有减，如果我们想搜索胡夏唱的歌，而不想搜索到刀塔传奇这个歌曲，我们只要这样：胡夏－刀塔传奇，在中间加一个“－”号就可以了，如图 3-29 所示。

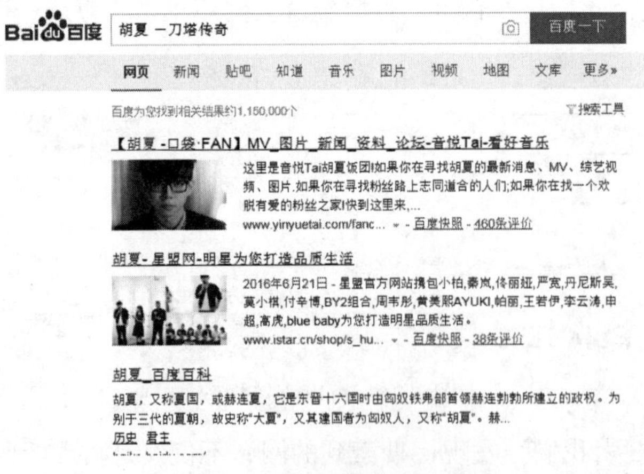

图 3-29　百度精确搜索之减号

（4）如果只搜索网站的网址，例如，我们想搜索含有 baidu.com 的网址，我们可以这样：

u：baidu.com，如图 3-30 所示。

图 3-30　百度精确搜索之 u:

这样我们搜索到的网址全部是含有 baidu.com 的。

（5）如果只想搜索网站的标题，例如，湖南汽车工程职业学院，我们只要在百度中输入：t：湖南汽车工程职业学院，如图 3-31 所示。

图 3-31　百度精确搜索之 t:

这样含有“湖南汽车工程职业学院”标题的网站全部搜索出来了。

（6）我们也可以按照类别进行搜索。如图 3-32 所示，如果是图片就单击图片，如果是视频就单击视频，等等。这样搜索出来的也很准确。

图 3-32　百度精确搜索之类别

（7）如果我们想搜索百度经验中包含美食这个词的内容，我们只要在百度搜索框内输入：美食 intitle:百度经验，如图 3-33 所示。这样我们搜索到的全部是百度经验中美食的内容。

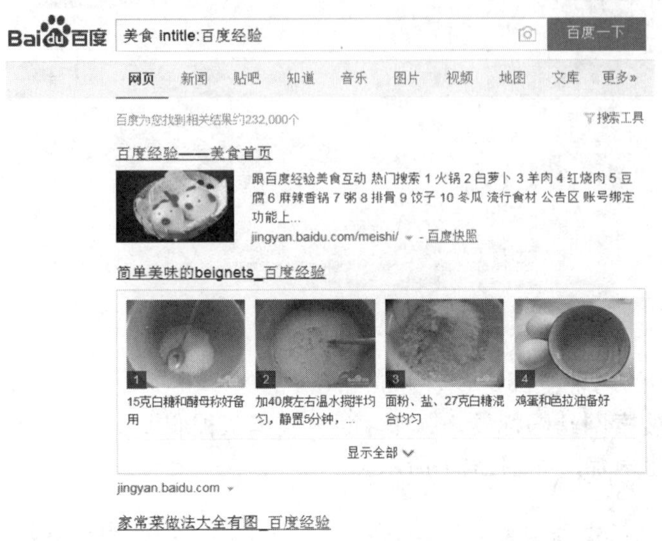

图 3-33　百度精确搜索之 intitle

（8）如果我们只想搜索百度里面的名字叫天意的歌曲，我们只要在百度搜索框内输入：天意 音乐 site:baidu.com，如图 3-34 所示。这样搜索到的全部是百度中名字是天意的歌曲。

图 3-34　百度精确搜索之 site:baidu.com

百度的功能太强大了，还有很多技巧，大家可以到百度文库中查找。

2. 常用期刊数据库的使用

在国内中国知网（简称知网）、重庆维普数据库（简称维普）和万方数据资源系统（简称万方）是教育科研用户和政府部门使用得较多的数据库，主要提供期刊论文全文和科技经济信息全文。下面我们以中国知网为例重点进行讲解。

中国知网，是国家知识基础设施（National Knowledge Infrastructure，NKI）的概念，由世界银行于 1998 年提出。CNKI 工程是以实现全社会知识资源传播共享与增值利用为目标的信息化建设项目，由清华大学、清华同方发起，始建于 1999 年 6 月。

作为一名当代的大学生，如何从数以千万计的文献资料中找到自己所需的内容，是必须掌握的技能之一。现在我们来学习一下中国知网的基本使用方法。

（1）中国知网的登录。

打开浏览器，在浏览器的地址栏中输入中国知网（http://www.cnki.net/）的网址进入中国知网的主页，如图 3-35 所示。

图 3-35　中国知网主页

作为一个提供资料搜索的网站，中国知网也不是免费使用的，其网站上的所有资源在下载时都是要收费的。编者所用的网络是湖南汽车工程职业学院的，中国知网跟学校有相关协议，从学校出口进入知网的用户是能够自动识别的，也就是说已经付过费了，所有的资源都是可以下载的。其他非学院出口的人员进行资源下载时则需要购买知网卡才能下载相应的资源。

（2）中国知网基础功能。

1）简单检索。在中国知网的主页提供了多种查找的方法，最简单的就是全文。其实在下拉列表中还有多种方式供我们选择，如图 3-36 所示。

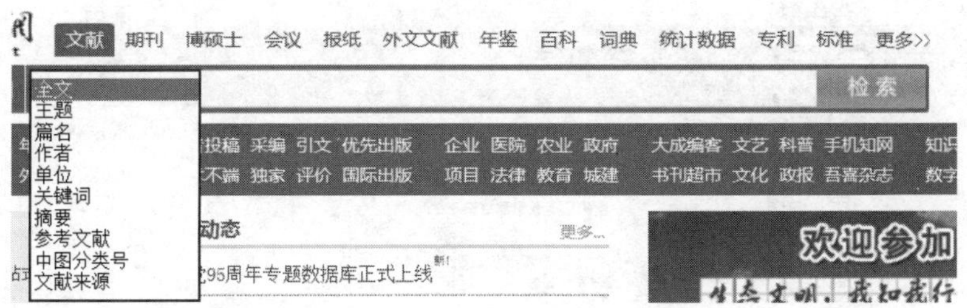

图 3-36　中国知网主页搜索栏

我们可以根据主题、篇名、作者、单位、关键词、摘要、参考文献、中图分类号、文献来源这几个方面更加精准地进行搜索。

2）高级检索。高级检索是相对于简单检索来说的，高级检索可以多条件组合检索，提供了专业检索、作者发文检索、科研基金检索、句子检索、文献来源检索等内容不同的多种方式，并且可以通过控制学科分类目录和期刊库来扩大和缩小检索范围。条件、内容、范围三个方面还可以再次组合，如图 3-37 所示。

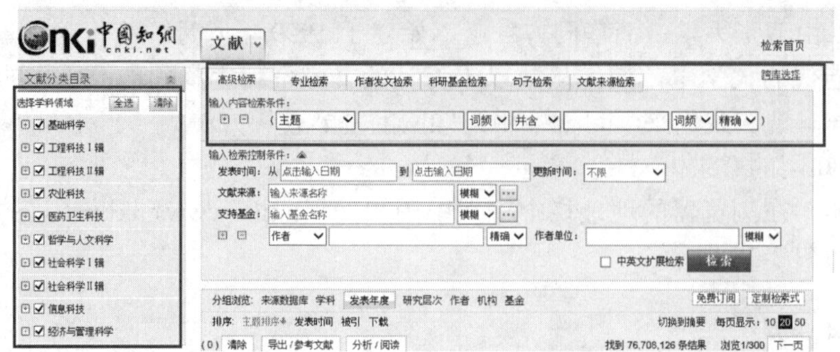

图 3-37　中国知网高级检索界面

在高级检索选项卡中，如果我们要搜索 2015 年 1 月 1 日到 2016 年 7 月 6 日有关汽车和空间有关的文献，单击下方的检索后就能得到我们想要的结果，如图 3-38 所示。

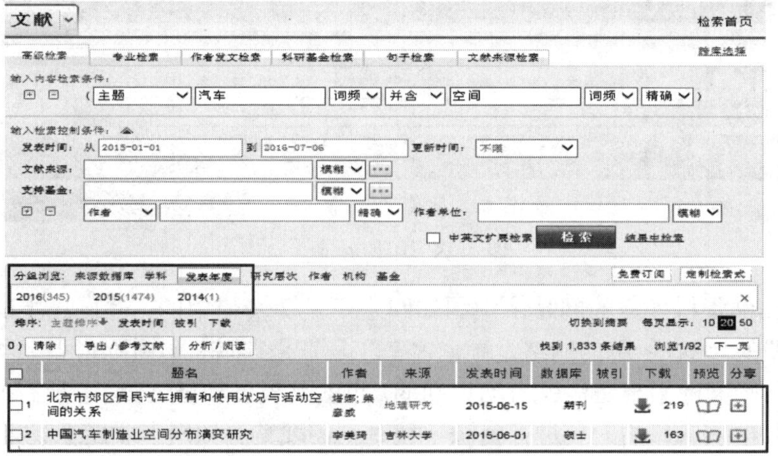

图 3-38　中国知网高级检索示例

3）文章下载。在查询到的结果下，找到最接近我们需求的文献，单击进入该文献简介页面，如图 3-39 所示。

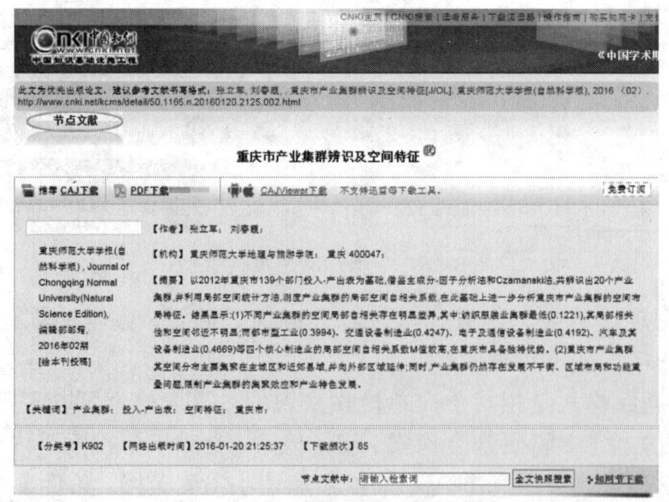

图 3-39　中国知网文献简介页面

在此页面下，我们可以看到有两种不同的下载方式：一种是 CAJ 方式，需要 CAJViewer 阅读器来打开；另一种是 PDF 方式，需要 Adobe Reader 这类 PDF 阅读软件打开。可以根据我们计算机上的阅读器来下载相对应的格式。

4）下载后文档保存在本机指定的文件夹，再用相应的阅读软件打开即可。

中国知网还有很多使用和检索的方法和技巧，大家可以在以后工作和生活中根据需要自行学习。

习　题

一、选择题

1．计算机病毒是指能够侵入计算机系统并在计算机系统中潜伏、传播，破坏系统正常工作的一种具有繁殖能力的（　　）。

A．特殊程序　　B．源程序　　C．特殊微生物　　D．流行性感冒病毒

2．实现局域网与广域网互联的主要设备是（　　）。

A．交换机　　B．集线器　　C．网桥　　D．路由器

3．在 Internet 中完成从域名到 IP 地址或者从 IP 到域名转换的服务是（　　）。

A．DNS　　B．FTP　　C．WWW　　D．ADSL

4．IE 浏览器收藏夹的作用是（　　）。

A．收集感兴趣的页面地址　　B．记忆感兴趣的页面内容

C．收集感兴趣的文件内容　　D．收集感兴趣的文件名

5．关于电子邮件，下列说法中错误的是（　　）。

A．发件人必须有自己的 E-mail 账户　　B．必须知道收件人的 E-mail 地址

C．收件人必须有自己的邮政编码　　D．可以使用 Outlook 管理联系人信息

二、简答题

1．什么是 URL？

2．比较收藏夹和历史文件夹的不同。

3．要实现一信多发，收件人的 E-mail 地址如何填写？

4．什么是 TCP/IP，TCP 和 IP 各有什么作用？

5．什么是计算机病毒？如何预防计算机病毒的传染？

项目四　文字处理软件 Word 2010

1. 掌握文本输入、移动、复制、查找、替换等方法技巧
2. 掌握字符格式、段落格式的编辑方法
3. 掌握项目符号和编号的使用方法
4. 掌握文字的特殊格式处理办法
5. 掌握页面设置、纸张规格、页边距，以及打印文档的方法
6. 掌握在文档中创建、编辑和美化表格的操作方法
7. 掌握图文混排的操作方法及技巧
8. 掌握高级排版技巧，如设置页眉和页脚，使用样式、自动添加目录
9. 掌握邮件合并的方法

任务 1　制作古诗卡片

任务描述

最近，小明一直在看《中国诗词大会》，跟着选手一起重温那些曾经学过的古诗词，再次感受到了诗词之趣。所以他想制作一套古诗卡片，把自己喜欢的古诗词重新学习一遍。

任务分析

要完成这个任务，小明要先挑选自己喜欢的古诗词，撰写古诗词卡片的相关内容（作者、诗词解析、诗词背景等），然后对卡片进行编辑排版，最后打印出来。在编辑排版时，要根据卡片的内容多少，适当调整字体、字号、行间、段间距，使内容在页面中分布合理。

知识准备

一、熟悉 Word 2010 工作界面

（一）启动和退出 Word 2010

1. 启动 Word 2010

方法 1：单击“开始”按钮，再依次单击“所有程序”→“Microsoft Office”→“Microsoft Office Word 2010”，如图 4-1 所示。

方法 2：双击某个 Word 文档，可启动 Word 2010 程序并打开该文档。

2. 退出 Word 2010

方法 1：单击界面左上角的“文件”选项卡标签，在展开的界面中单击左下方的“退出”选项，如图 4-2 所示。

图 4-1　启动 Word 2010

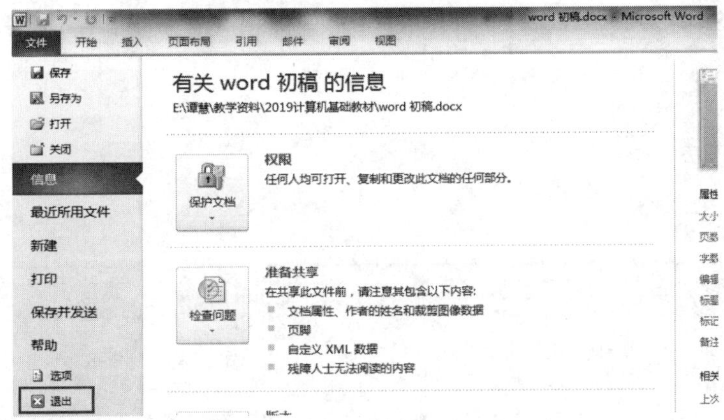

图 4-2　退出 Word 2010（1）

方法 2：单击程序窗口右上角的“关闭”按钮，如图 4-3 所示。

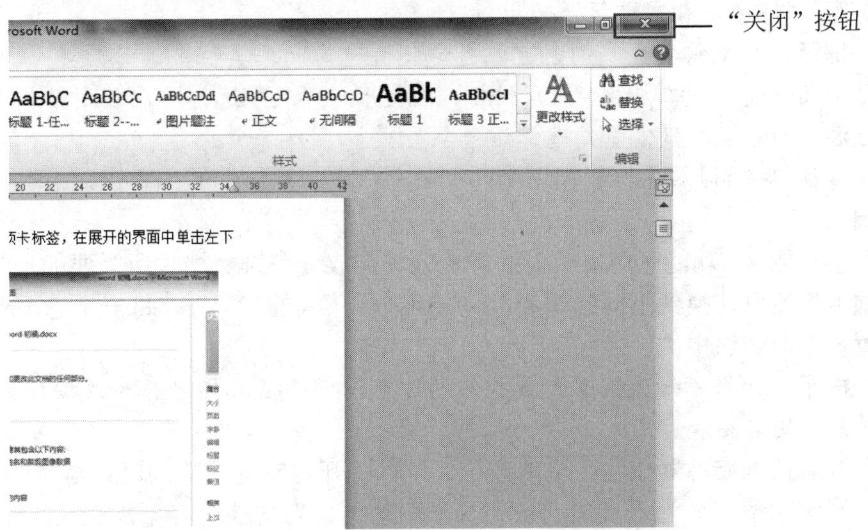

图 4-3　退出 Word 2010（2）

提示：若同时打开了多个文档，使用方法 1 退出 Word 2010 时，将关闭所有打开的文档并退出 Word 2010；使用方法 2 退出时，将只关闭当前文档窗口，其他文档窗口依然处于正常工作状态。

（二）Word 2010 工作界面介绍

启动 Word 2010 后，我们就能看到 Word 2010 的工作界面，如图 4-4 所示，包括标题栏、快速访问工具栏、功能区、文档编辑区等。

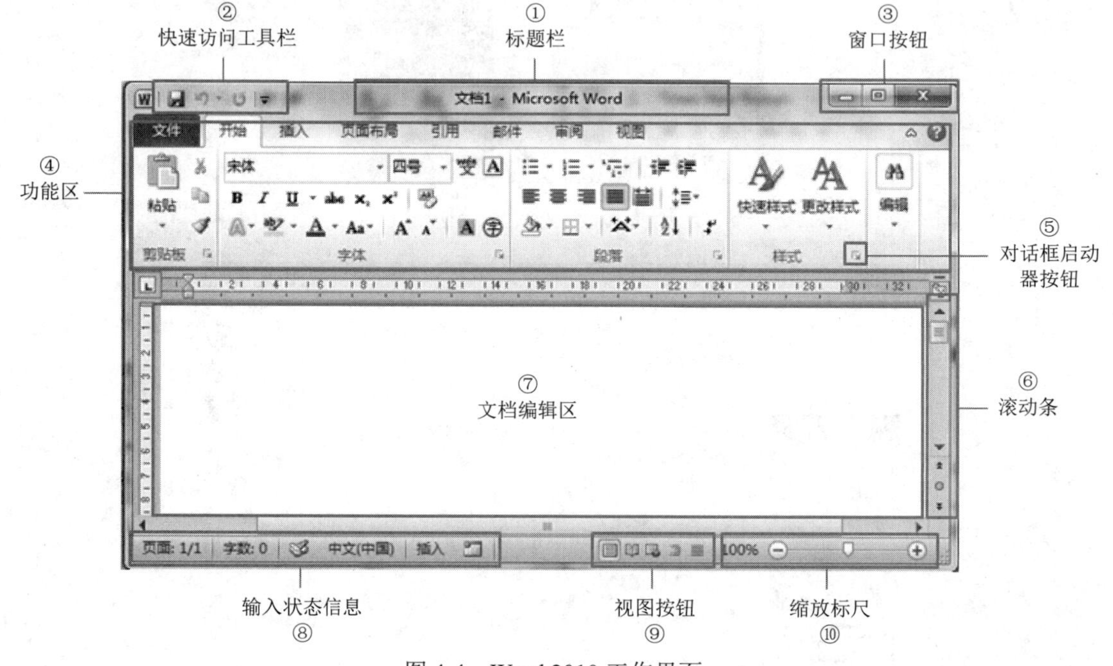

图 4-4 Word 2010 工作界面

①标题栏：标题栏位于窗口的最上方，其中显示了当前编辑的文档名、程序名。

②快速访问工具栏：用于放置一些使用频率较高的工具。默认情况下，该工具栏包含了“保存”“撤消”和“重复”按钮。

提示：如果需要，我们也可以自定义快速访问工具栏，其方法是：单击该工具栏右侧的“自定义快速访问工具栏”三角按钮，在展开的列表中选择要向其中添加或删除的命令（要删除已添加的命令，只需重复选择该命令）。

③窗口按钮：单击标题栏右侧的 3 个窗口控制按钮，可将程序窗口最小化、还原或最大化、关闭。

④功能区：功能区用选项卡的方式分类存放着编排文档时所需要的工具。单击功能区中的选项卡标签可切换到不同的选项卡，从而显示不同的工具；在每一个选项卡中，工具又被分类放置在不同的组中。

提示：如果不知道某个工具按钮的作用，可将鼠标指针移至该按钮上停留片刻，即可显示该按钮的名称和作用。

⑤对话框启动器按钮：单击按钮，可以打开对应选项卡的对话框。

⑥滚动条：分为垂直滚动条和水平滚动条。当文档内容不能完全显示在窗口中时，可通过拖动文档编辑区下方的水平滚动条或右侧的垂直滚动条查看隐藏的内容。

⑦文档编辑区：指水平标尺下方的空白区域，该区域是用户进行文本输入、编辑和排版的地方。在编辑区左上角有一个不停闪烁的光标，它用于定位当前的编辑位置。在编辑区中每输入一个字符，光标会自动向右移动一个位置。

⑧输入状态信息：用于显示当前文档的页数、字数，使用语言和输入状态等信息。

⑨视图按钮：用于切换文档的视图方式。Word 2010 有 5 种视图模式：页面视图、阅读视图、Web 视图、大纲视图、草稿视图。

⑩缩放标尺：用于调整当前文档的显示比例。

提示：按住 Ctrl 键，滚动鼠标的滚轮也可以快速调整文档的显示比例。

视图模式解析

二、新建保存文档

（一）新建文档

每次启动 Word 2010 时，它都会自动创建一个空白文档，并以“文档 1”命名，此时即可在该文档中输入文本。如果还需要新建其他文档，可执行以下操作步骤：

（1）单击“文件”选项卡标签，在打开的选项卡中选择左侧窗格的“新建”选项。

（2）在右侧单击选择要创建的文档类型，如“空白文档”，单击“创建”按钮，如图 4-5 所示。

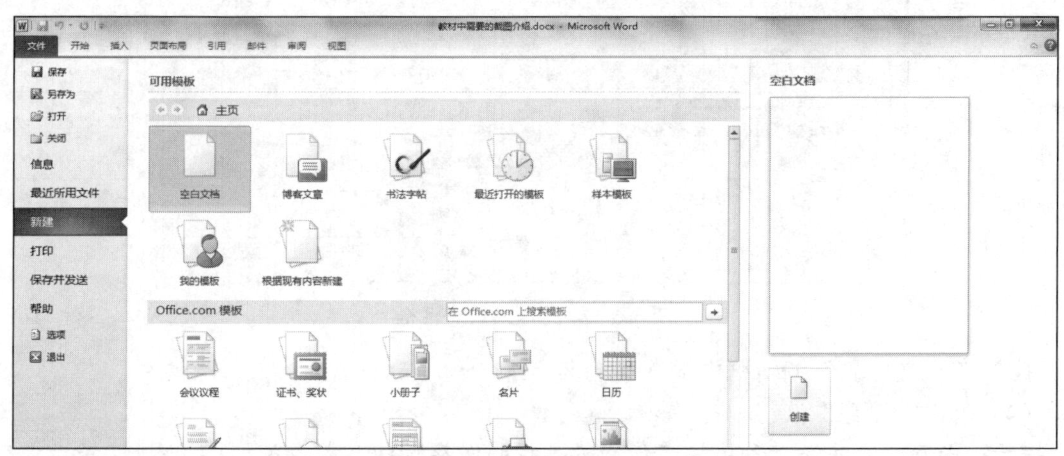

图 4-5　新建文档窗口

提示：按 Ctrl+N 组合键，也可快速新建一个空白文档。

此外，Word 2010 提供了各种类型的文档模板，利用它们可以快速创建带有相应格式和内容的文档。要应用模板创建文档，可在图 4-5 所示的界面中选择一种模板类型，然后在打开的模板列表中选择想要使用的模板，最后单击“创建”按钮。

（二）保存文档

在新建文档或修改了文档时，都需要对文档进行保存操作，否则文档只是存放在计算机内存中，一旦断电或关闭计算机，文档或修改的信息就会丢失。所以，我们在录入文档的过程中，一定要养成随时存盘的习惯。

情况一：新文件保存

（1）单击“文件”选项卡中“保存”选项，弹出“另存为”对话框，如图 4-6 所示。

（2）在对话框左侧的窗格中选择用来保存文档的磁盘驱动器和文件夹。若希望新建一个文件夹来保存文档，先选择新文件夹的位置，然后单击“新建文件夹”按钮，接着输入新文件夹名称并双击将其打开。

图 4-6 “另存为”对话框

（3）在“文件名”编辑框中输入文档名。

（4）单击“保存”按钮。

提示：保存的方法还有利用快速访问工具栏的保存按钮，或按 Ctrl+S 快捷键保存文档。第二次保存文档时，不会再弹出“另存为”对话框。

情况二：保存为另一个文件

当打开某个文档进行修改时，若希望保留原文档，可单击“文件”选项卡中“另存为”选项，打开“另存为”对话框，将文档以不同的名称或位置保存，这样修改结果将只反映在另存后的文档中，原文档没有任何改动。

提示：为了避免操作过程中由于断电或操作不当造成文字丢失，可以使用 Word 的自动保存功能。在图 4-5 所示的“文件”选项卡中单击“选项”选项，打开“Word 选项”对话框，切换到其中的“保存”选项界面，设置合理的自动保存时间间隔，如图 4-7 所示。

【小知识】Word 2010 文档的类型

在对文档进行保存时，Word 2010 文档默认的文档类型为.docx。Word 2010 文档也可以保存为其他类型，如网页（.html）、文档模板（.dot）、RTF 格式（.rtf）、纯文本（.txt）等，以便被其他的应用软件调用。

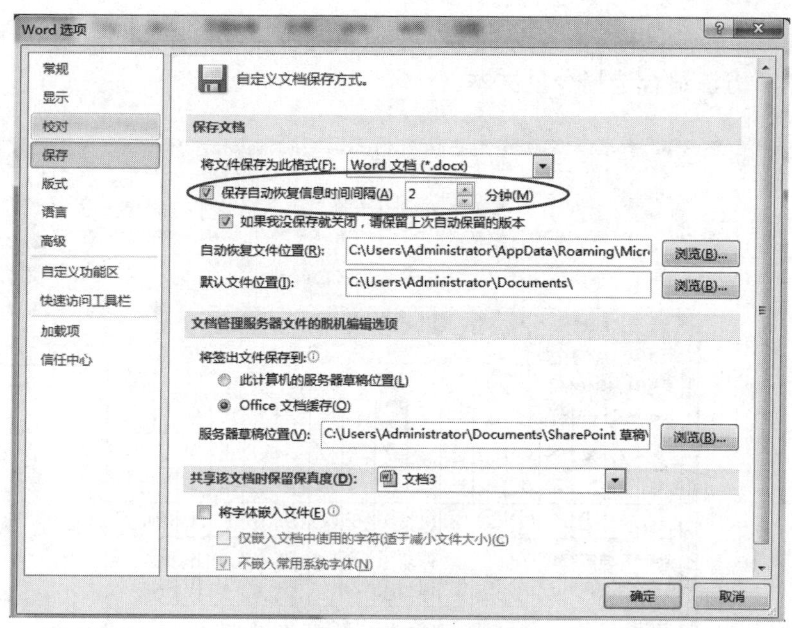

图 4-7　设置自动保存

三、输入文本

（一）输入普通文本

打开 Word 2010 界面，在文本编辑区可以看到一条闪动的竖线，我们称之为光标，竖线所在位置为插入点。若看不到闪烁的竖线，表示目前文档不在编辑状态，只需移动鼠标光标在文档窗口的编辑区单击一下就可以了。在文档中输入或插入各种内容前，首先要将光标移动到需要的位置，如果内容较长，需要通过拖动垂直滚动条或滚动鼠标滚轮，将要编辑的内容显示在文档窗口中，然后再在所需位置单击鼠标，将光标移至此处。

提示：如果希望开始一个新的段落，需要按 Enter 键，此时将在段落末尾产生一个段落标记“↵”。如果希望将文本在某位置处强制换行而不开始新段落，可在该位置单击将光标置于该处并按 Shift+Enter 键（俗称“软回车↓”）。如果希望输入空格，可按空格键。如果希望输入下划线，可在英文输入状态下，按住 Shift 键的同时按“-”键。

（二）输入特殊符号

有些文字或者符号通过键盘不能输入，可将光标置于要插入符号的位置，单击功能区“插入”选项卡标签，然后单击“符号”组中的“符号”按钮，在展开的列表中单击需要的符号；若列表中没有需要的符号，则单击“其他符号”选项，如图 4-8 所示。

四、编辑文本

（一）选择文本

在对 Word 2010 中的文档进行编辑和格式设置操作时，应遵循“先选择，再操作”的原则。常见的选择文本的方法主要有利用鼠标选定文本和利用键盘选定文本两种。

1. 利用鼠标选定文本

（1）选取少量文本：将光标置于要选定文本的开始处，按住鼠标左键不放，拖动鼠标至要选定文本的末端，释放鼠标，被选择的文本呈蓝色底纹显示。若要取消选取，可在文档内任意位置单击。这种方法适合选择少量文本。

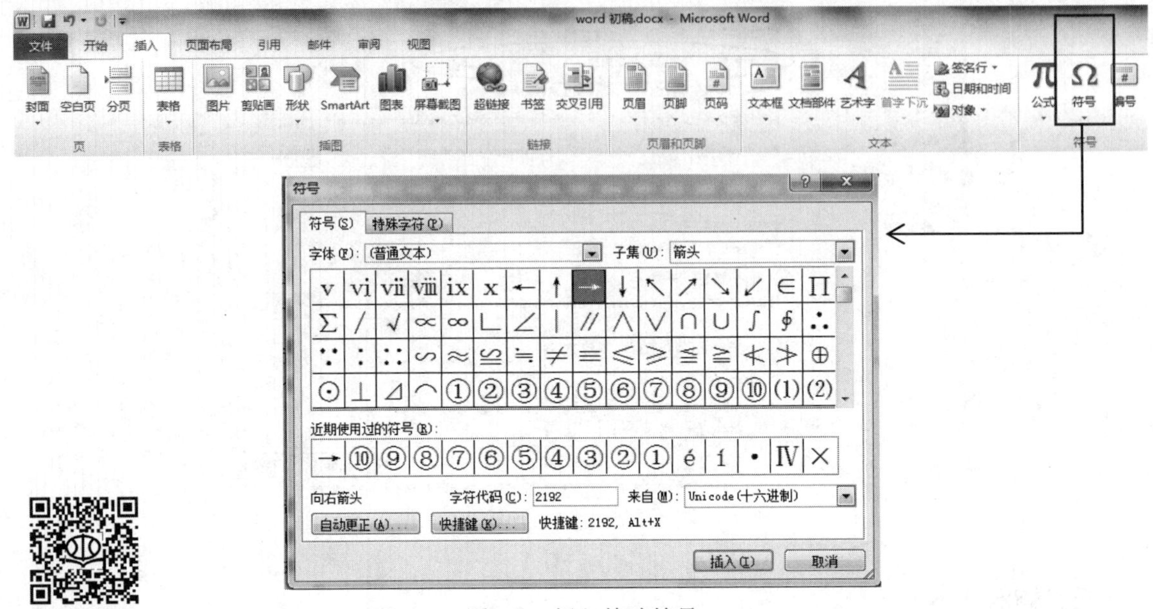

图 4-8 插入特殊符号

（2）选取区域跨度较大的文本：在要选择的文本区域的开始位置单击鼠标，然后按住 Shift 键的同时在文本结束处单击鼠标。

（3）同时选取不连续的多处文本：按住 Ctrl 键，使用鼠标拖动选中某些文本，释放鼠标，按住 Ctrl 键不放，再拖动鼠标选中其他的文本。

（4）选取一个句子：按住 Ctrl 键，同时在要选取的句子中的任意位置单击鼠标。

（5）利用选定栏选取文本：选定栏是指页面左边界到文档内容左边界之间的空白区域，将鼠标指针放在此处时，鼠标指针将变为“↗”形状。此时，单击鼠标可选定鼠标指针右侧的行；若按住鼠标左键并拖动，可选择连续的多行；若双击鼠标，可选定鼠标指针右侧的一个段落。

2. 利用键盘选定文本

利用键盘选定文本可以通过编辑键与 Shift 键和 Ctrl 键的组合来实现，常用的方法如表 4-1 所示。

表 4-1 利用键盘选定文本

按键组合	选定内容
Shift+↑	向上选定 1 行
Shift+↓	向下选定 1 行
Shift+←	向左选定 1 个字符
Shift+→	向右选定 1 个字符
Shift+Ctrl+↑	选定内容扩展至段落首
Shift+Ctrl+↓	选定内容扩展至段落尾
Shift+Ctrl+←	选定内容扩展至单词首

续表

按键组合	选定内容
Shift+Ctrl+→	选定内容扩展至单词尾
Shift+Home	选定内容扩展至行首
Shift+End	选定内容扩展至行尾
Shift+Ctrl+Home	选定内容扩展至文档首
Shift+Ctrl+End	选定内容扩展至文档尾
Ctrl+A	选定整个文档

（二）移动复制文本

移动与复制是编辑文档最常用的操作之一。例如，对重复出现的文本，不需要重复输入；对放置不当的文本，可以快速将其移到满意的位置。

1. 移动文本

方法 1：利用鼠标拖拽。

（1）选定要移动的文本。

（2）将鼠标指针指向已选定的文本，此时鼠标指针变成指向左上的空心箭头。

（3）按住鼠标左键，此时鼠标箭头旁会有一条竖虚线，箭头的尾部会有一个小方框。

（4）拖动竖线到要插入文本处，然后松开鼠标即可。

方法 2：利用“剪贴板”组工具栏操作。

（1）选定要移动的文本。

（2）单击“开始”选项卡“剪贴板”组工具栏的“剪切”按钮，如图 4-9 所示。

（3）将光标移到要插入文本的位置。

（4）单击“开始”选项卡“剪贴板”组工具栏的“粘贴”按钮。

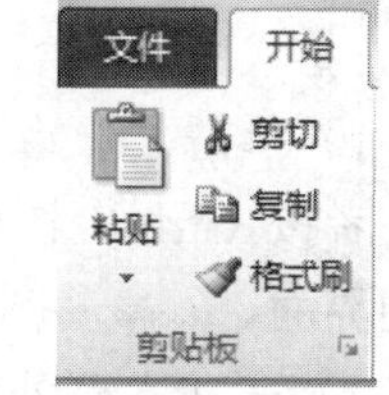

图 4-9　“剪贴板”组工具栏

方法 3：利用快捷键实现。

（1）选定要移动的文本。

（2）按 Ctrl+X 快捷键剪切文本。

（3）将光标移到要插入文本的位置。

（4）按 Ctrl+V 快捷键粘贴文本。

2. 复制文本

对于在文档中反复出现的内容，可以进行文本的复制。复制文本的方法与移动文本类似，所不同的是将相应的“剪切”改为“复制”、Ctrl+X 快捷键改为 Ctrl+C 快捷键。

3. 粘贴文本

粘贴文本时，需要根据情况选择粘贴选项，如图 4-10 所示。

①保留源格式：就是按 Ctrl+V 快捷键的效果，原文本的格式不变。

②合并格式：粘贴到哪里与哪里的格式一样，源格式被丢弃。

图 4-10　粘贴选项

③只保留文本：只粘贴文字，没有任何格式，源格式被丢弃。

（三）插入改写文字

在 Word 2010 中，有两种输入模式，插入模式和改写模式，在左下角的状态栏中显示输入模式，如图 4-11 所示。

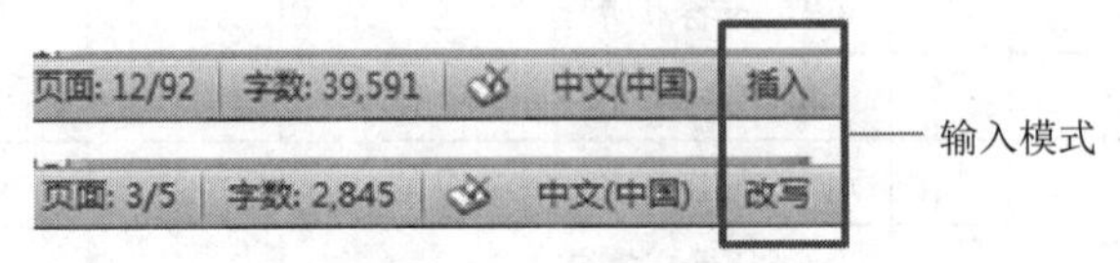

图 4-11　输入模式

插入模式：在插入点添加文字。

改写模式：每输入一个文字就代替插入点后面的一个文字。

切换方法：①鼠标在状态栏输入模式处直接单击切换；②按一下键盘上 Insert 键，可以切换模式。

（四）查找替换文本

利用查找与替换功能可以快速在文档中查找和定位，也可以查找和替换文档中的文字、符号和特定格式等。通常利用“开始”选项卡的“编辑”组完成。

1. 查找文本

（1）单击“开始”选项卡“编辑”组中的“查找”按钮或者按 Ctrl+F 快捷键，在页面左边出现如图 4-12 所示的界面。

（2）在文本框处输入要查找的内容，即可在文档中进行查找。

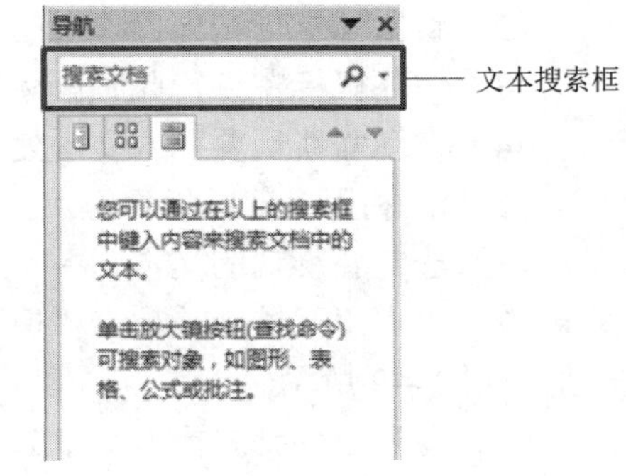

图 4-12　查找

提示：如果需要查找带格式的文本或者特殊符号，可以通过高级查找实现。单击“开始”选项卡“编辑”组中的“高级查找”按钮。在出现的对话框中选择要查找文字的格式或者特殊符号，就可以查找了，如图 4-13 所示。

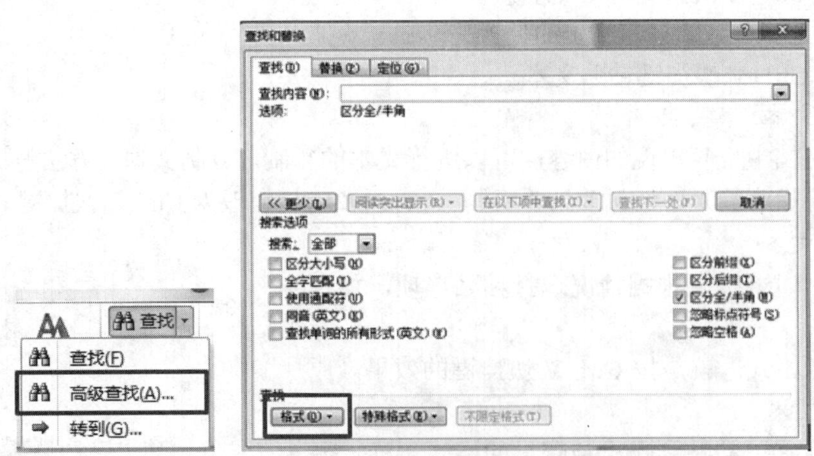

图 4-13　高级查找

2. 替换文本

（1）单击“开始”选项卡“编辑”组中的“替换”按钮或者按 Ctrl+H 快捷键，出现如图 4-14 所示的“替换”对话框。

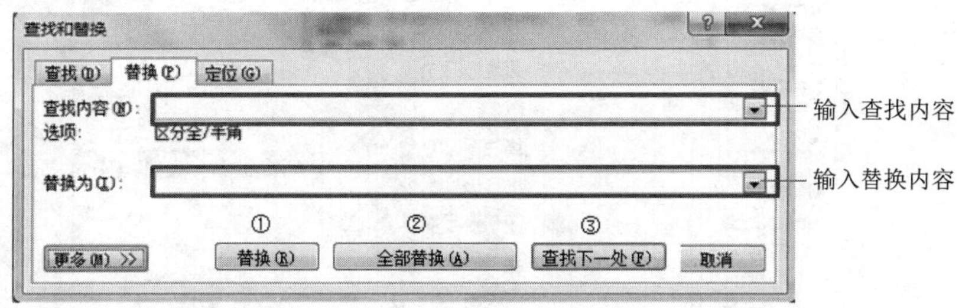

图 4-14　替换

（2）分别输入查找和替换的内容，单击“替换”“全部替换”或“查找下一处”。

①替换：单击“替换”按钮，将查找到的内容进行替换。

②全部替换：单击“全部替换”按钮，整个文档被查找到的内容同时替换。

③查找下一处：单击这个按钮，将以浅蓝色背景显示文档中被查找的内容，如果单击“替换”按钮，将替换当前找到的内容；如果继续单击“查找下一处”按钮，则不替换当前找到的内容，继续查找下一处内容。

注意：如果没有替换成功，可能是字符的全/半角问题或者是字符格式问题所致，只要在图 4-14 所示的对话框中单击“更多”按钮，在搜索选项或格式中设置即可。

操作技巧

1. 将文档中指定内容快速设置成同一格式

在图 4-14 所示的对话框的“查找内容”组合框中输入要查找的内容，将插入点定位在“替换为”组合框中，单击“更多”按钮，然后在“替换”选项组中单击“格式”按钮，在弹出的下拉菜单中选择相应命令并进行格式设置后，在“替换为”组合框下方将显示用户设置的文本格式，单击“全部替换”按钮可完成对制定文本的格式设置。应该注意的是，如果误将插入点定位在“查找内容”组合框中进行格式设置，在替换时会提示找不到内容而无法进行替换。

2. 快速删除查找到的内容

在图 4-14 所示的对话框中，如果在“替换为”组合框中既不输入任何内容，也不进行任何格式设置，在替换时会删除查找到的内容。

3. 查找替换特殊符号

利用“查找和替换”功能可以查找或替换一些特殊符号，如手动换行符、段落标记、分节符、分页符等。例如，从网页中复制的文本含手动换行符“↓”，我们要将其替换为段落标记“↵”，步骤如下：

（1）在图 4-14 所示的对话框中单击“更多”按钮，将插入点定位在“查找内容”组合框中，单击“特殊格式”按钮，从弹出的列表中选择“手动换行符”选项，如图 4-15 所示。

（2）将插入点定位在“替换为”组合框中，再次单击“特殊格式”按钮，从弹出的列表中选择“段落标记”选项；单击“全部替换”按钮，“手动换行符”将全部被替换为“段落标记”。

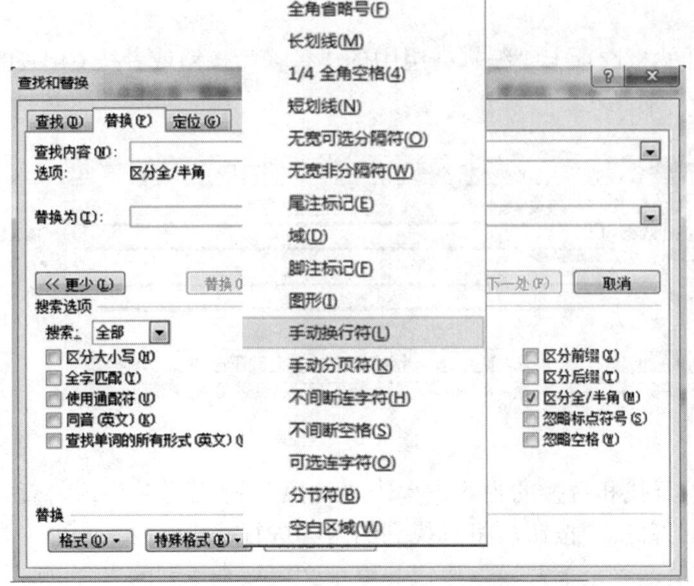

巧用替换功能

图 4-15 利用“查找和替换”对话框查找特殊符号

五、字符格式化

字符格式是指文本的字体、字号、字形、下划线和字体颜色等。为了使文档版面美观，增加文档的可读性，突出标题和重点等，经常需要为文档的指定文本设置字符格式。在 Word 2010 中，可使用“开始”选项卡“字体”组中的相应按钮或“字体”对话框设置字符格式。

1. “字体”组相应按钮功能

Word 2010“开始”选项卡“字体”组中相应常用按钮如图 4-16 所示。设置时，一般直接单击相应按钮即可；但也有的设置项需要单击按钮右侧的三角按钮，从弹出的下拉列表中选择需要的选项。将鼠标移动至按钮上方，在鼠标旁边会出现对该按钮功能的介绍。

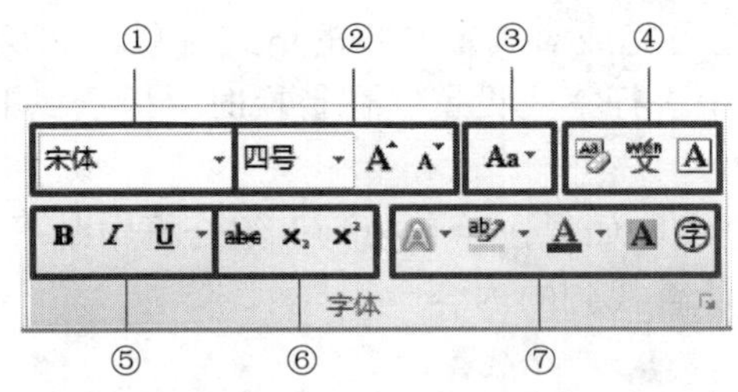

图 4-16 “字体”组常用按钮

①字体：可以修改中、西文字体，特殊字体可以自己安装。

②字号：修改字符大小，可以直接单击下拉箭头，也可以单击旁边图标增大减少字号。

③更改大小写：快速更改字符的大小写。

④：清除文字格式；：给文字添加拼音；：给文字添加边框。

⑤：文字加粗；：将文字设置为倾斜；：给文字加下划线。

⑥：给文字加删除线；：给文字加下标；：给文字加上标。

⑦：给文字添加发光等文本效果；：用颜色突出显示文本；：更改文字颜色；

A：为选中的字符添加底纹；字：带圈字符。

2. “字体”对话框

可以利用“字体”对话框的“高级”组对字符进行缩放、间距等更多设置，如图 4-17 所示。

图 4-17　“字体”对话框

六、段落格式化

段落是以回车符“↵”为结束标记的内容。段落的格式设置主要包括段落的对齐方式、段落缩进、段落间距及行间距等。在 Word 2010 中，可使用“开始”选项卡“段落”组中的相应按钮或“段落”对话框（图 4-18）设置段落格式。

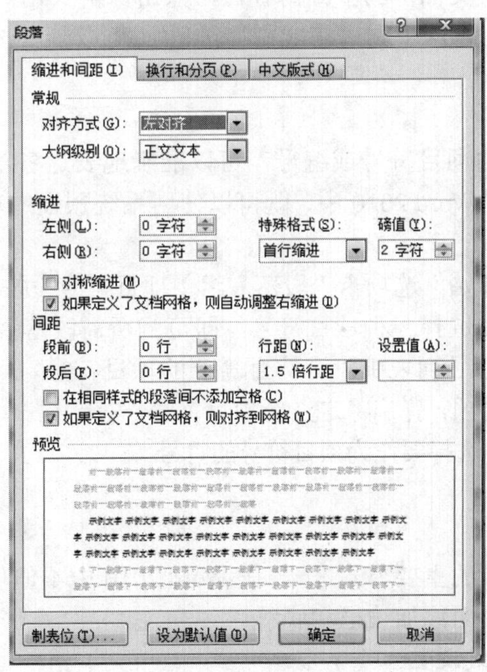

图 4-18　“段落”对话框

1. 行间距

行间距是指段落中行与行之间的距离，不同种类的文档应有不同的行间距。如果想在较少的页面上打印文档，缩小行间距会使正文行与行之间很紧凑。相反，对于以后要手工修改的文档，则应该用较宽的行间距打印，以便给修改者提供注解的空间。在 Word 2010 的行距列表中有单倍行距、1.5 倍行距、两倍行距、最小值、固定值和多倍行距 6 个选项。

2. 段落间距

段落间距指的是段落与段落之间的距离。在“间距”选项卡中，可以设置或调整“段前”与“段后”文本框中的数值来改变段落之间的距离。段落间距的单位可为“行”或“磅”等。

3. 段落缩进

段落缩进主要包括首行缩进、左缩进、右缩进和悬挂缩进。按中文的书写习惯，一般需要在每个段落的首行缩进 2 个字符；左缩进和右缩进是指在某些段落的左侧或右侧留出一定的空位；悬挂缩进是指将段落除首行外的其他行向内缩进，用户可在“段落”对话框的“特殊格式”下拉列表框中选择“悬挂缩进”选项，然后设置缩进值。

七、格式刷

用户可利用格式刷复制段落或字符格式，具体操作步骤如下：

（1）选中要复制格式的源段落文本，单击“开始”选项卡“剪贴板”组中的“格式刷”按钮，此时鼠标指针变为“”形状。

（2）使用拖动方式选中希望应用源段落格式的目标段落，即可完成格式复制。

若只希望复制段落格式（而不复制字符格式），则只需将光标插入源段落中，然后选择“格式刷”按钮，再在目标段落中单击即可；若只希望复制字符格式，则在选择文本时，不要选中段落标记。

若要将所选格式应用于文档中的多处内容，可双击“格式刷”按钮，然后依次选择要应用该格式的文本或段落；再次单击“格式刷”按钮可取消其选择。

八、项目符号

为文档的某些内容添加项目符号或编号，可以准确地表达各部分内容之间的并列或顺序关系，使文档更有条理。在 Word 2010 中，既可以使用系统预设的项目符号，也可自定义项目符号和编号。

项目符号列表

单击“开始”选项卡“段落”组“项目符号”按钮右侧的三角按钮，在展开的列表中选择一种项目符号，即可为所需段落添加该项目符号。

若项目符号列表中没有符合需要的项目符号，可单击列表底部的“定义新项目符号”选项，弹出“定义新项目符号”对话框。单击“符号”按钮，弹出“符号”对话框，选择要作为项目符号的符号。

九、边框和底纹

边框和底纹是美化文档的重要方式之一，在 Word 2010 中不但可以为选择的文本添加边框和底纹，还可以为段落和页面添加边框和底纹。

1. 简单边框和底纹样式设置

要对文本或段落设置简单的边框和底纹样式，可在选中要设置的对象后单击“开始”选项卡“段落”组中“边框”按钮右侧的三角按钮，在展开的列表中选择所需边框类型；单击“底纹”按钮右侧的三角，在展开的列表中选择一种底纹颜色。

使用该方式设置边框时，若选中是字符（不选中段落标记），则设置的是字符边框；若选中的是段落（连段落标记一起选中），则设置的是段落边框。设置底纹时，则无论选中的是字符还是段落，设置的都是字符底纹。

保持文本的选中状态，分别在“边框”和“底纹”下拉列表中选择“无边框”和“无颜色”选项，取消设置的边框和底纹。

2. 复杂边框和底纹样式设置

若要对边框和底纹进行更为复杂的设置，可通过“边框和底纹”对话框来实现。为此，可选取要设置边框和底纹的文字，然后单击“开始”选项卡“段落”组中的“边框”按钮右侧的三角按钮，在展开的列表中选择“边框和底纹”项，打开“边框和底纹”对话框。

在“边框和底纹”对话框“边框”选项卡的“设置”区选择边框类型，在“样式”“颜色”和“宽度”设置区分别选择边框样式、颜色和线性，然后在“预览”设置区单击相应的按钮来添加或取消上、下、左、右边框，在“应用于”下拉列表中选择边框是应用于段落还是文本。

要设置复杂底纹，可将“边框和底纹”对话框切换到“底纹”选项卡，在“填充”下拉列表中选择底纹颜色，还可在“图案”下拉列表中选择一种底纹图案样式，在“颜色”下拉列表中选择图案颜色，接着在“应用于”下拉列表中选择底纹的应用对象。

十、页面设置

设置文档页面包括设置文档的纸张大小、纸张方向和页边距等。可利用功能区“页面布局”选项卡中的“页面设置”组或“页面设置”对话框进行设置。

默认情况下，Word 2010 文档使用的是 A4 幅面纸张，纸张方向为“纵向”，我们可根据需要改变纸张的大小、方向和页边距等。具体操作步骤如下：

（1）单击功能区“页面布局”选项卡“页面设置”组中的“页边距”按钮，在展开的列表中选择一种页边距样式；若列表中的页边距样式不能满足需要，单击列表底部的“自定义页边距”选项，如图 4-19 所示。

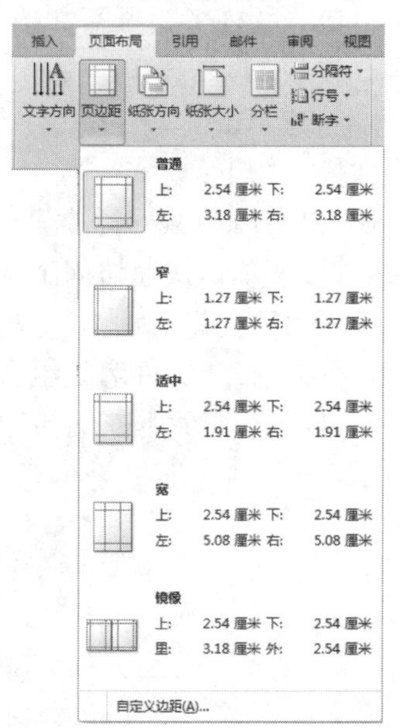

图 4-19　选择页边距样式

（2）弹出“页面设置”对话框的“页边距”选项卡，在“页边距”设置区的“上”“下”“左”“右”编辑框中指定文档内容区与页面边界之间的距离；在“纸张方向”设置区中选择页面方向（一般保持默认的“纵向”）；在“应用于”下拉列表中选择所设页边距的应用范围，一般选择“整篇文档”，如图 4-20 所示。

（3）单击“纸张”选项卡标签切换到该选项卡，然后在“纸张大小”下拉列表中选择纸张大小，如图 4-21 所示。设置好后，单击“确定”按钮。

用户也可在功能区“页面设置”组的“纸张方向”按钮列表中选择纸张方向；在“纸张大小”按钮列表中选择纸张大小。

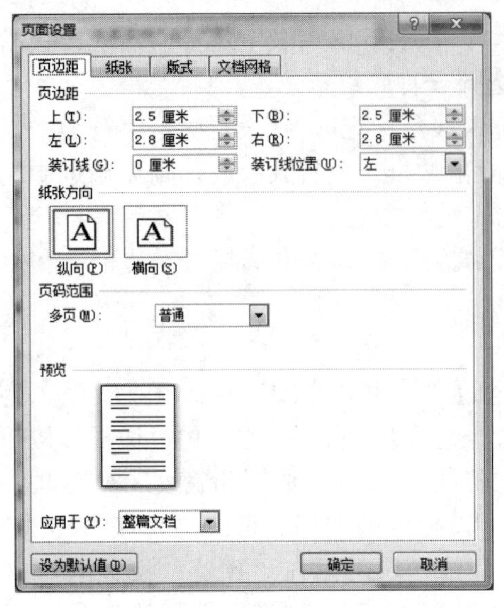

图 4-20 自定义页边距和选择纸张方向

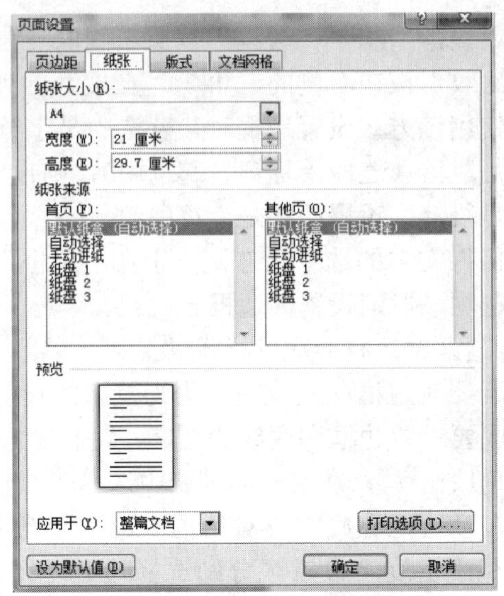

图 4-21 设置纸张大小

任务实现

任务最终效果

最终效果展示如二维码所示。

第一关任务：撰写文档

步骤 1：新建保存文档。

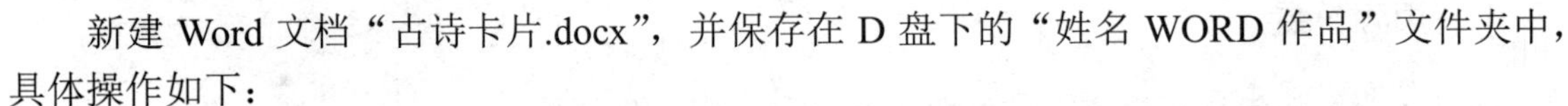

新建 Word 文档“古诗卡片.docx”，并保存在 D 盘下的“姓名 WORD 作品”文件夹中，具体操作如下：

（1）启动 Word。

（2）单击快速访问工具栏中的“保存”按钮或者单击“文件”选项卡中“保存”选项，打开“另存为”对话框。

（3）在“文件名”组合框中输入文件名“古诗卡片”。

（4）在对话框左侧的导航窗格中，选择 D 盘下的文件夹“姓名 WORD 作品”，如图 4-22 所示。

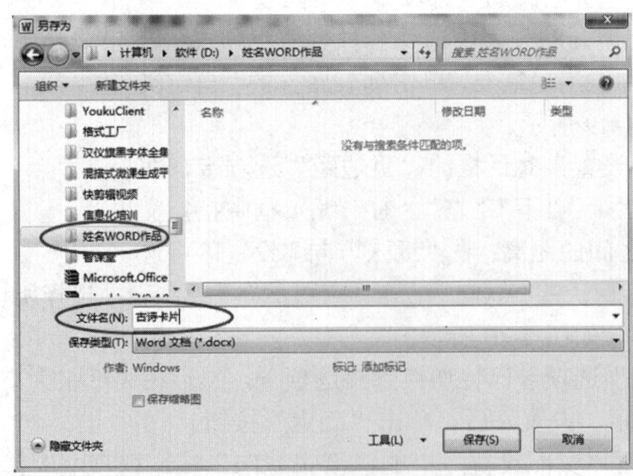

图 4-22 “另存为”对话框

（5）单击“保存”按钮，Word 在保存文档时自动增加扩展名“.docx”。

小技巧：若希望文档不被其他用户打开或修改，可对文档进行加密。方法是：在“文件”选项卡“信息”组中单击“保护文档”按钮，在弹出的下拉菜单中选择“用密码进行加密”命令，在“加密文档”对话框中输入相应的密码。也可在“文件”选项卡中选择“另存为”命令，在打开的“另存为”对话框中单击位于下方的“工具”按钮，在弹出的下拉菜单中选择“常规选项”命令，打开“常规选项”对话框，在“打开文件时的密码”文本框中输入相应的打开密码；在“修改文件时的密码”文本框中输入相应的修改密码，以保证打开文件后，如果没有正确的修改密码，将无法更改文件。

步骤 2：撰写文档。

新建 Word 文档后，插入点在工作区的左上角闪烁，表明可以在文档窗口中输入文本或者是插入文件。

（1）在“插入”选项卡“文本”组中单击“对象”按钮右侧的下拉箭头，在弹出的下拉菜单中选择“文件中的文字”命令，打开“插入文件”对话框，选择要插入的文件，如图 4-23 所示，再单击“插入”按钮。

图 4-23　“插入文件”对话框

（2）或者可以对着素材直接地输入文字。

第二关任务：格式调整

步骤 1：调整字符格式。

（1）将古诗按样例调整格式，标题、作者、诗句一行一句。

方法：利用回车键将标题、作者、诗句变为六个自然段，将光标定位在每一句的标点符号后，按 Enter 键。

（2）设置标题为“黑体”“小三”，作者为“楷体”“小四”，其他文字为“楷体”“四号”。

方法：选中要调整的文字，在“开始”选项卡“字体”组选项里设置字体和字号。

（3）为需要注释的字添加着重号。

方法：选择文字，单击“字体”选项组，选择“着重号”。

步骤 2：调整段落格式。

（1）设置古诗居中。

方法：选中标题、作者、诗句，单击“段落”→“居中”。

（2）设置除“译文”“注释”“赏析”三个标题的其他段落首行缩进。

方法：按住 Ctrl 键，依次选择段落，单击“段落”旁，打开“段落”对话框，选择“特殊格式”→“首行缩进 2 字符”，单击“确定”按钮。

第二关任务操作步骤

第三关任务：特殊效果

（1）添加编号。

方法：按住 Ctrl 键，依次选择“译文”“注释”“赏析”，单击“段落”→“编号（）”，选择大写的“一、二、三”。

提示：编号和文字之间默认会有一定的距离，若想调整，选择调整的段落，单击“段落”→“制表位”，将默认制表位改为“0 字符”。

（2）添加项目符号。

方法：选择“注释”下的所有内容，单击“段落”→“项目符号（）”，选择一个符号。

（3）插入特殊符号。

方法：将光标定位在“宋代”和“陆游”之间，单击“插入”→“符号”→“其他符号”→“广义标点”→“·”。

（4）添加拼音。

方法：选择要添加拼音的文字，单击“开始”选项卡“字体”组里的（拼音指南），在图 4-24 所示的对话框中修改相应参数。

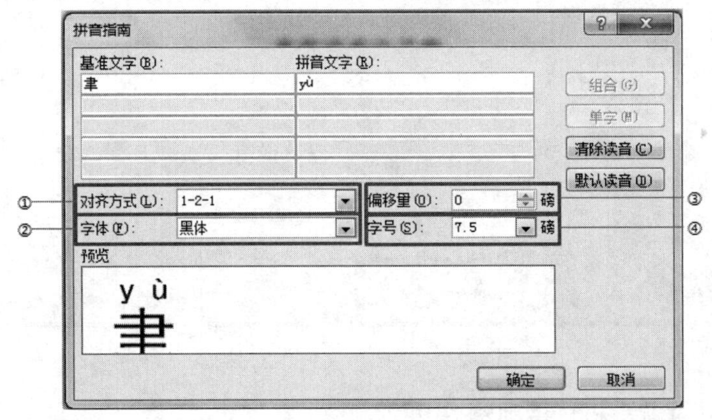

图 4-24 “拼音指南”对话框

①对齐方式：指拼音相对于文字的对齐状况。

②偏移量：指拼音和文字之间的距离。

③字体：指拼音所用的字体。

④字号：指拼音本身的大小，字号越大，拼音越大。

如何修改拼音指南中的拼音

难点解析：若碰到多音字怎么解决？例如，诗句中“觉”，读“jué”，但是用拼音指南产生的拼音是“jiào”。我们怎么修改呢？

（5）添加脚注。

方法：选中“陆游”，单击“引用”→“插入脚注”，将素材中陆游的简介复制到脚注处。

任务 2　制作个人简历

任务描述

小李即将大学毕业，为了找到心仪的工作，他需要制作一份个人简历，将个人基本情况清晰地展现出来，简历模板如图 4-25 所示。

个　人　简　历

姓名		性别		出生年月		
民族		政治面貌		身高		
学制		学历		户籍		
专业		毕业学校				
技能、特长或爱好						
外语等级			计算机			
奖励情况						
联系方式						
通讯地址			联系电话			
E-mail			邮编			
主要家庭成员及社会关系	关系	姓名	所在单位	职务	联系电话	

图 4-25　个人简历模板

任务分析

要完成图 4-25 所示的个人简历表格制作，需要学习在文档中创建、编辑和美化表格，并掌握如何在表格中输入文本和设置文本格式等操作。

知识准备

一、创建表格

创建表格前要先对制作的表格有一个大致的规划，根据所创建表格需要的行、列数来创建表格，然后通过合并、拆分单元格，设置表格行高和列宽等操作来对表格进行调整。

方法 1：通过“表格”按钮列表创建表格。

单击“插入”→“表格”，打开“表格”按钮列表后，直接在网格中移动鼠标指针来确定表格的行、列数，然后单击鼠标即可，如图 4-26 所示。

方法 2：通过“插入表格”对话框插入表格。

（1）单击“插入”→“表格”→“插入表格”选项。

（2）弹出“插入表格”对话框，在“列数”和“行数”编辑框中输入所需行、列数，单击“确定”按钮，如图 4-27 所示，即可按照需求设置并创建一个表格。

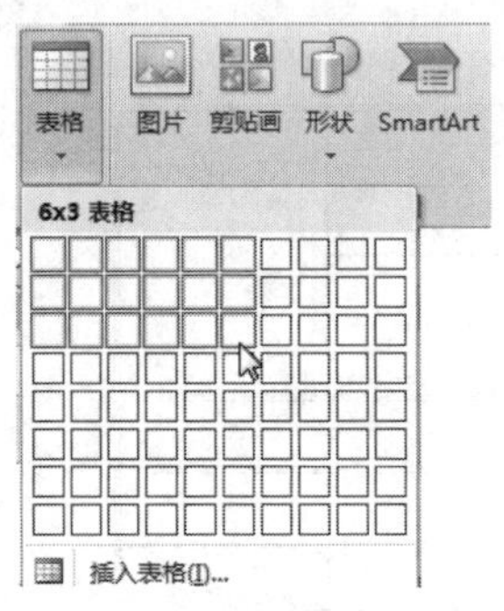

图 4-26 快速创建表格

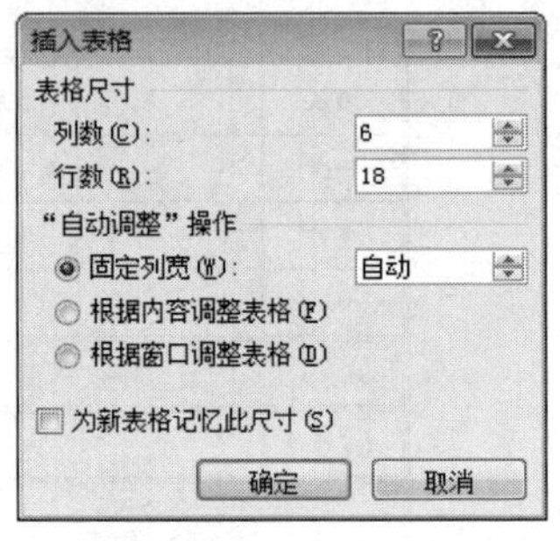

图 4-27 插入表格

- 固定列宽：选择该选项后，可在后面的编辑框中指定表格的列宽。
- 根据内容调整表格：表格各列列宽随输入的内容自动调整。
- 根据窗口调整表格：表格宽度与文档正文宽度一致。

方法 3：绘制表格。

（1）单击“插入”→“表格”→“绘制表格”选项，鼠标指针将变为笔形“✎”，此时可自由绘制表格。

（2）在文档编辑区按住鼠标左键拖动，到合适位置后释放鼠标，绘制出一个矩形作为表格外边框，然后按住鼠标左键在矩形框内水平或竖直拖动，绘制表格的行线或列线，如图 4-28 所示。若要结束表格绘制，可按 Esc 键。

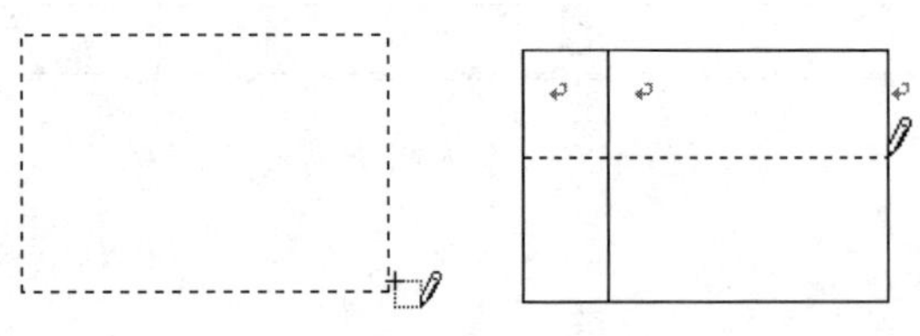

图 4-28 绘制表格

方法 4：文字转换成表格。

（1）插入分隔符：将文本转换为表格时，用其标识新行或新列的起始位置。英文状态下的逗号或制表符，以指示将文本分成列的位置；段落标记指示要开始新行的位置。将分隔符插入到文字中。

（2）选择要转换成表格的文字，单击“插入”→“表格”→“文本转换成表格”选项，弹出对话框，行数会根据段落标记自动记录，列数会按照我们插入的分隔符给出。例如，我们将图 4-29 左边的文字转换成表格，对话框中的参数设置会如图 4-29 的右图所示。

立春, 雨水, 惊蛰, 春分, 清明, 谷雨

立夏, 小满, 芒种, 夏至, 小暑, 大暑

立秋, 处暑, 白露, 秋分, 寒露, 霜降

立冬, 小雪, 大雪, 冬至, 小寒, 大寒

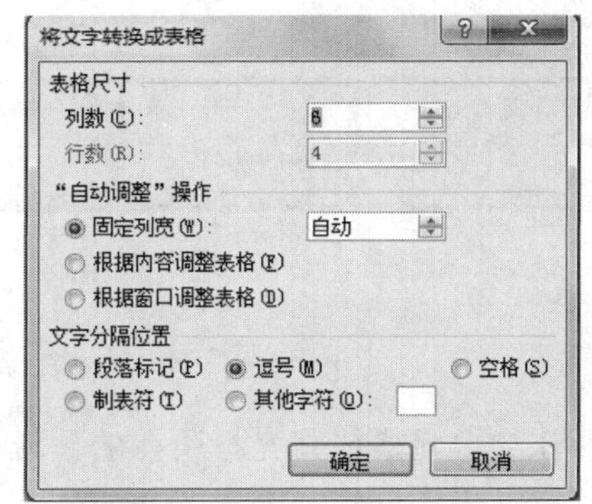

图 4-29　文字转换成表格

文字转换成表格

二、选择表格和单元格

若要对表格进行编辑操作，首先需要选中要修改的单元格、行、列或整个表格。选择对象的方法如表 4-2 所示。

表 4-2　选择表格、行、列与单元格的方法

选择对象	操 作 方 法
选择整个表格	将鼠标指针移至表格上方，此时表格左上角将显示“⊞”控制柄，单击该控制柄即可选中整个表格
选择行	将鼠标指针移至所选行左边界的外侧，待指针变成“↗”形状后单击鼠标，如果此时按住鼠标左键上下拖动，可选中多行
选择列	将鼠标指针移至所选列的顶端，待指针变成“↓”形状后单击鼠标，如果此时按住鼠标左键并左右拖动，可选中多列
选择单个单元格	将鼠标指针移至单元格左边框，待指针变成“➚”形状后单击鼠标可选中该单元格，若此时双击可选中该单元格所在的一整行
选择连续的单元格区域	方法 1：在所选单元格区域的第 1 个单元格中单击，然后按住 Shift 键的同时单击所选单元格区域的最后一个单元格 方法 2：将鼠标指针移至所选单元格区域的第 1 个单元格中，按住鼠标左键不放向其他单元格拖动，则鼠标指针经过的单元格均被选中
选择不连续的单元格或单元格区域	按住 Ctrl 键，然后使用上述方法依次选择单元格或单元格区域

三、编辑表格

根据实际制作需要，我们会要在表格中插入或删除行、列，合并或拆分单元格，以及调整单元格的行高和列宽、设置表格属性等。

方法 1：通过“布局”选项卡来完成。

创建好表格后，将光标放置在表格的任意一个单元格中，在功能区中将出现 “表格工具-布局”选项卡，如图 4-30 所示。

①可以实现选择功能，查看表格属性。

②删除光标所在行、列、单元格和整个表格。

③在光标所在的行、列上下左右方插入新的行和列。

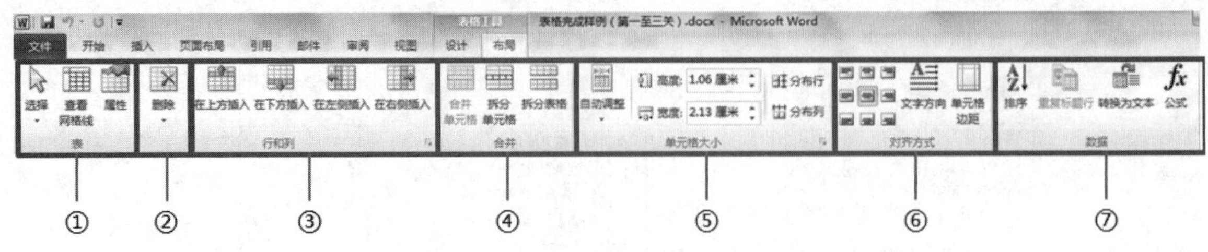

图 4-30 “表格工具-布局”选项卡

④拆分光标所在的单元格或将光标所在的单元格以下部分拆分成另一个表格。

⑤设置行高列宽，平均分行和列。

⑥设置单元格对齐方式（单元格中的对齐方式包括靠上两端对齐、靠上居中对齐、靠上右对齐、中部两端对齐、中部居中、中部右对齐、靠下两端对齐、靠下居中对齐和靠下右对齐），调整文字方向（横向、纵向），设置单元格内容和边框线的距离。

⑦对表格中的数据进行排序，可以利用公式计算表格中的数值，设置跨页重复标题行，将表格转换为文本。

方法 2：通过快捷菜单来操作。

将光标放置在表格的任意一个单元格中，右击鼠标，在快捷菜单中也可对表格进行编辑操作，如图 4-31 所示。

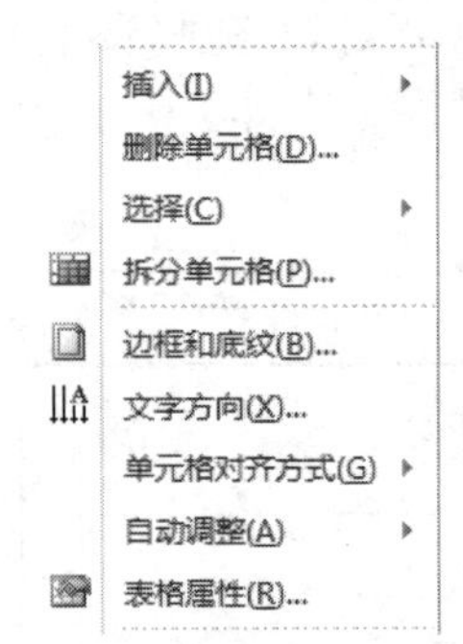

图 4-31 “表格工具”快捷菜单

四、美化表格

表格创建和编辑完成后，还可进一步对表格进行美化操作，如设置单元格或整个表格的边框和底纹等。创建好表格后，将光标放置在表格的任意一个单元格中，在功能区中将出现“表格工具-设计”选项卡，如图 4-32 所示。

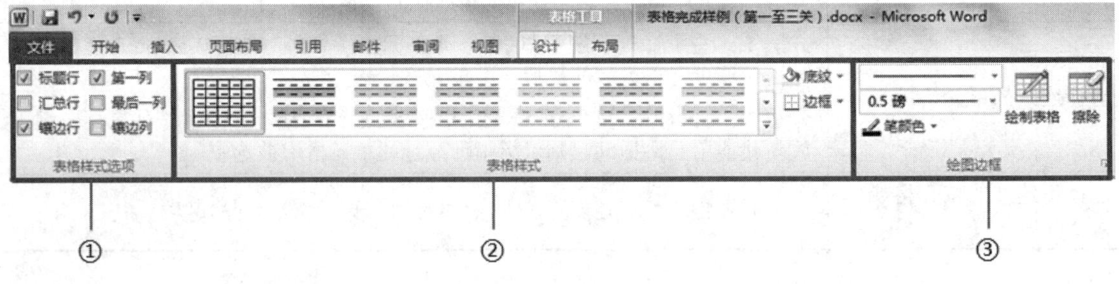

图 4-32 “表格工具-设计”选项卡

①可以设定表格特定的行、列格式不一致。

②设定表格、行、列、单元格的底纹、边框等。

③绘制表格的各项参数。

任务实现

第一关任务：表格打底

步骤 1：新建保存文档。

新建 Word 文档“个人简历.docx”，并保存在 D 盘下的“姓名 WORD 作品”文件夹中。

步骤 2：插入表格。

插入一个 12 行 7 列的表格，单击“插入”→“表格”→“插入表格”，对话框参数如图 4-33 所示。

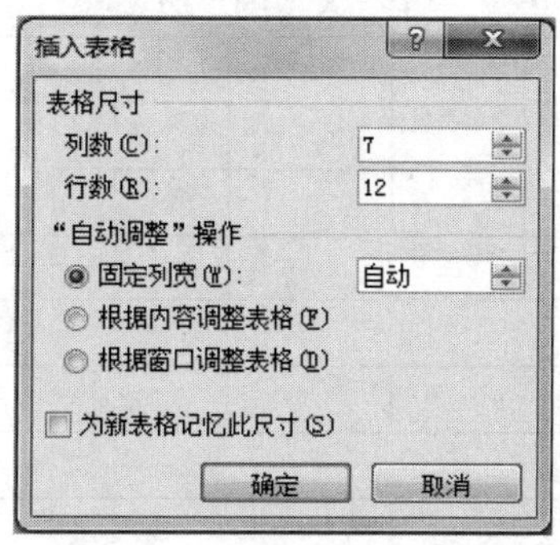

图 4-33　“插入表格”对话框

步骤 3：合并单元格。

对照案例，将部分单元格进行合并。

步骤 4：输入文字。

对照样例输入相应的文字，本关操作后如图 4-34 所示。

姓名		性别		出生年月		照片
民族		政治面貌		身高		
学制		学历		户籍		
专业		毕业学校				
技能、特长或爱好						
外语等级			计算机			
奖励情况						
联系方式						
通讯地址				联系电话		
E-mail				邮编		
主要家庭成员及社会关系	关系	姓名	所在单位		职务	联系电话

图 4-34　第一关完成效果

第二关任务：编辑表格

步骤 1：设置行高和列宽。

（1）设置照片单元格列宽为 3 厘米，行高为 4 厘米。

（2）设置第 5～7 行、9～11 行行高为 1 厘米，第 8 行行高为 4 厘米。

方法：将光标定位在要设置的单元格，在“表格工具-布局”选项卡的“单元格大小”功能组中，输入行高和列宽。

步骤 2：增加行。

在“主要家庭成员及社会关系”下增加四行。

方法：单击“插入”→“表格”→“绘制表格”，在最后一行绘制出 4 行，选中最后 5 行，设置行高为 1 厘米。

步骤 3：平均分行。

将 1～4 行平均分。

方法：选中 1～4 行，单击“表格工具-布局”，选择“⊞”，将行平均分。

本关完成后的效果如图 4-35 所示。

个 人 简 历

姓名		性别		出生年月		照片
民族		政治面貌		身高		
学制		学历		户籍		
专业		毕业学校				
技能、特长或爱好						
外语等级		计算机				
奖励情况						
联系方式						
通讯地址			联系电话			
E-mail			邮编			
主要家庭成员及社会关系	关系	姓名	所在单位	职务	联系电话	

图 4-35 第二关完成效果

第三关任务：美化表格

步骤 1：设置单元格格式。

选择整个表格，右击鼠标，选择单元格格式为“水平居中”。

步骤 2：设置内外边框线。

（1）设置表格外边框线为双实线，内边框线为单实线。

方法：选择整个表格，单击“表格工具-设计”→“边框”→“边框和底纹”，打开对话框。在对话框中选择线型“双实线”，在预览窗口将内边框取消，然后再选择线型为“单实线”，在预览窗口单击内边框，然后单击“确定”按钮。

设置内外边框线操作步骤

（2）设置部分单元格的边线为双实线。

选择要设置的单元格，单击“表格工具-设计”→“边框”→“边框和底纹”，打开对话框，在预览窗口，现将要设置为双实线的边框用鼠标单击取消，然后选择线型“双实线”，在预览窗口单击添加的位置。

步骤 3：单元格添加底纹。

按 Ctrl 键，同时选择需要添加底纹的单元格，单击“表格工具-设计”→“边框”→“边框和底纹”，打开对话框，在“底纹”选项卡下，选择底纹颜色，单击“确定”按钮。

知识拓展

一、表格中的数据排序

在 Word 中同样可以对表格中的数字、文字和日期数据进行排序操作，数字的排序按数据值的大小比较，文本数据按照文本的 ASCII 码值比较，日期按日期的先后顺序比较。需要注意的是，对于多关键字排序的含义是，先按第一个关键字排序，只有在第一个关键字相同的情况下才按第二关键字排序。

二、表格中的公式计算

在 Word 中，用户可以借助 Word 提供的数学公式运算功能对表格中的数据进行数学运算，包括加、减、乘、除以及求和、求平均值等常见运算。用户可以使用运算符号和 Word 提供的函数进行上述运算。

1. 公式的构造

公式计算是表格中经常使用的功能。通常，公式由“=”“单元格名称”和“运算符号”来构造，如=C2+D2+E2+F2；也可以使用“=”“函数”和“单元格或区域名称”来完成计算，如=SUM（C2:F2）。

（1）在 Word 表格中，利用公式或函数完成计算时，会使用单元格或区域的名称来标识将参加运算的数据所在的位置，这些参与运算的单元格或区域称为“参数”。区域是由连续的单元格组成的矩形，所以用“左上角单元格名称:右下角单元格名称”表示区域的名称，如 C2:F2，构造公式=SUM（C2:F2）来表示单元格 C2 到单元格 F2 的区域中的这些数据参与求和的运算。

（2）在公式中，默认的函数为 SUM，表示完成求和的计算，可根据情况，从“粘贴函数”下拉列表中选择相应功能的函数。

（3）通常 Word 会根据当前单元格的上方或左侧是否有数字数据自动生成函数的参数。若当前单元格上方有数字数据，则会自动默认参数 ABOVE；若当前单元格上方无数字数据，左侧有数字数据，则自动默认参数 LEFT。很多时候，默认的参数所表示的区域并不是我们用来计算的区域，此时就需要修改参数，用单元格或区域的名称来指明参数。

表格的数据处理

2. 公式的重算

在更改了 Word 表格中的数据后，相关单元格中的数据并不会自动计算并更新，这是因为 Word 中的“公式”是以域的形式存在于文档之中的，而 Word 并不会自动更新域。更新域的操作方法如下：

（1）选中需要更新的域，右击鼠标选中的域，从弹出的快捷菜单中选择“更新域”命令。

（2）选中需要更新的域，按 F9 键更新域结果。如果选中整张表格后按 F9 键，可一次性地更新所有的域。

任务 3　制作节气海报

任务描述

小明在一家文化传播公司工作，现在他接了一个工作任务，制作一期关于中国节气的宣传海报。通过查阅资料，小明发现海报的形式多种多样，但都和图文离不开，他准备利用 Word 2010 图文混排的技巧设计海报。

任务分析

小明设计了三种不同类型的海报，如图 4-36 所示，涉及图片、形状、文本框以及文字的合理排版和格式编辑，要完成任务，需要了解图形对象的相关知识，并对版面进行合理的规划。

图 4-36　海报案例

知识准备

一、图形对象

用户可利用 Word 2010 功能区“插入”选项卡中的相应按钮，在文档中插入各种图形、文本框、图片、剪贴画、图表、艺术字和 SmartArt 图形等对象，以丰富文档内容和方便排版，使文档更加精彩。

1. 图片

单击“插入”→“图片”，打开图片工具（图 4-37），可以选择本地计算机上的图片进行插入，插入图片后，可以对图片进行编辑。

①“调整”功能组：可以删除图片的背景，调整图片的颜色、艺术效果等。

②“图片版式”功能组：为图片快速添加样式、边框、版式等。

图 4-37　图片工具

③“排列”功能组：调整图片的环绕方式、层次、快速对齐等。

④“大小”功能组：裁剪图片，快速调整图片的宽度和高度。

2. 形状

单击“插入”→“形状”，单击下三角形箭头，选择一种形状，在编辑区绘制出形状。要对形状进行编辑，可以选择形状，打开绘图工具形状工具组（图 4-38），进行编辑。

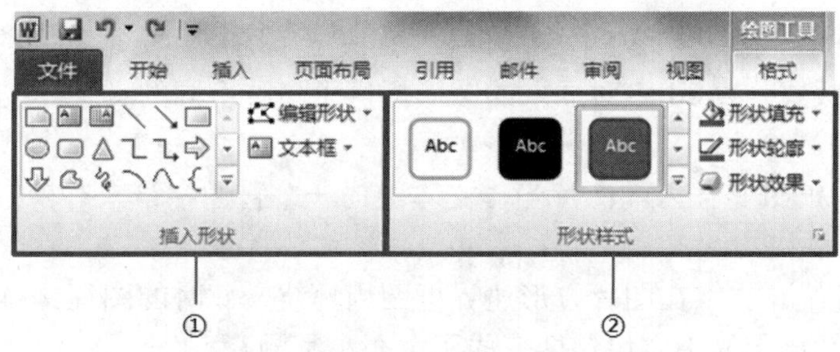

图 4-38　绘图工具形状工具组

①“插入形状”功能组：可以快速插入形状，修改已插入形状的样式。

②“形状样式”功能组：为形状快速添加样式，设置形状的填充颜色、边框颜色以及效果。

3. 文本框

单击“插入”→“文本框”，单击下三角形箭头，选择“绘制文本框”（横向文字）或者“绘制竖排文本框”（纵向文字）。在编辑区绘制出文本框的形状，然后输入文字。要对文本框进行编辑，可以选择文本框，打开绘图工具文本框工具组（图 4-39），进行编辑。

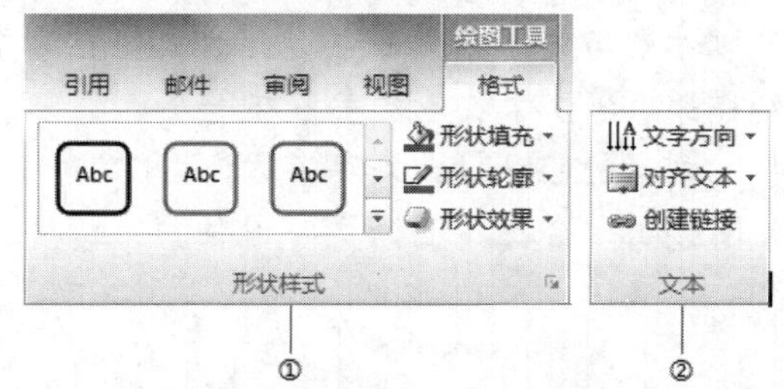

图 4-39　绘图工具文本框工具组

①“形状样式”功能组：对文本框的填充颜色、边框颜色以及文本框效果进行设置。

②“文本”功能组：调整文本框内文字的方向和文本的段落对齐方式。“创建链接”可以让创建文本框链接以后，上一个文本框中的文字输满以后会自动输入到链接的下一个文本框中。

4. 艺术字

单击“插入”→“艺术字”，单击下三角形箭头，选择一种样式，在编辑区出现的文本框内输入文字。要对艺术字进行编辑，可以选择艺术字，打开绘图工具艺术字工具组（图 4-40），可以对文字填充颜色、文字边框和效果进行编辑。

插入和编辑艺术字

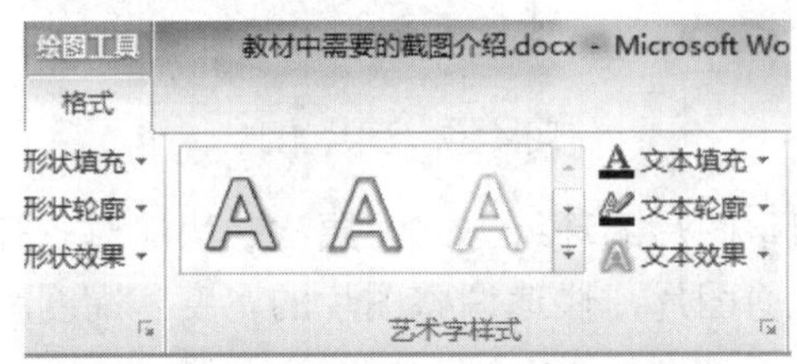

图 4-40 绘图工具艺术字工具组

二、版式

在 Word 文档中插入图形对象的文字环绕方式决定了图形和文本之间的位置关系、叠放次序和组织形式，即版式。Word 中对插入的图形提供了多种不同的文字环绕方式，主要包括以下几种。

（1）嵌入型。Word 将嵌入的图片当作文本中的一个普通字符来对待，图片将跟随文本的变动而变动。

（2）四周型环绕。文字在图片方形边界框四周环绕，此时的图片具有浮动性，可以在文档中自由移动，图片周围的小方块句柄变成了空心小圆圈。

（3）紧密型环绕。文字紧密环绕在实际图片的边缘（按实际的环绕顶点环绕图片），而不是环绕于图片边界。

（4）衬于文字下方。此时的图片就像文字的背景图案，文字在图片的上层。

图片版式

（5）衬于文字上方。文字位于图片的下层，图片挡住了下面的文字。

（6）上下型环绕。文字位于图片的上部、下部，图片和文字泾渭分明，版面显得很整洁。

（7）穿越型环绕。文字沿着图片的环绕顶点环绕图片，且穿越凹进的图形区域。

提示：在 Word 中无论是哪种图形对象，都要随时注意它跟周围文字的关系。通常，需要掌握一点“层”的概念；图形对象与文字在同一层，此时文字在对象的周围，称作“绕排”，有些排版软件称为“文本绕图”；图形对象与文字不在一层，此时图形对象可以浮在文字上方，也可以衬在文字下方，当图形对象在文字上方时，如果不透明，会把下面的文字遮住。

三、首字下沉

首字下沉是段落第一行第一个字的字体变大，并且下沉一定的距离。将光标选中需要下沉的字，选择“插入”选项卡“文本”组中“首字下沉”，单击下三角，选择“首字下沉”选项，打开“首字下沉”对话框（图 4-41）。可以设置下沉的行数、字体和其他文字的对齐方式。

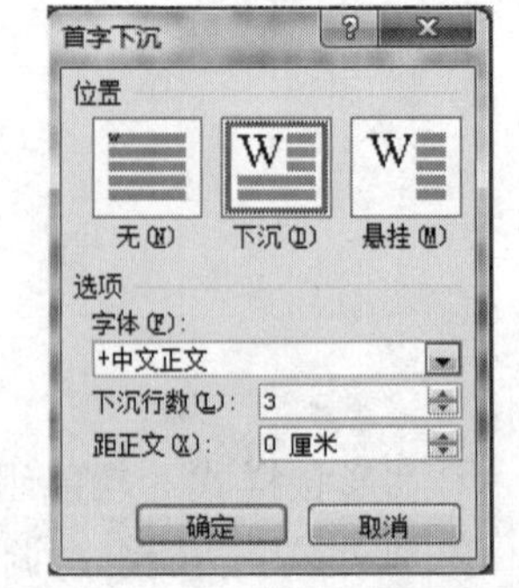

图 4-41 “首字下沉”对话框

四、分栏

分栏是文档排版中常用的一种版式，在各种报纸和杂志中广泛运用。分栏可以使页面在水平方向分为几个栏，文字是逐栏排列的，填满一栏后才转到下一栏，文档内容分列于不同的栏中。要将文档分栏或设置分栏选项，可在选中文本后，在“分栏”下拉列表底部选择“更多分栏”项，打开“分栏”对话框进行操作。

设置段落分栏

知识拓展

如果文档进行分栏的段落是前面或中间的段落，一般分栏的结果都很正常。但如果是全文或包括最后一段要分栏，选择文本的时候，不能选中最后一个段落标记，否则，将出现左右不平衡的情况。

任务实现

第一关任务：“小满”节气海报

步骤 1：插入背景图片。单击“插入”→“图片”，找到“小满背景图片”，单击“确定”按钮。

步骤 2：将图片设置为“衬于文字下方”。选择图片，单击“图片工具”→“格式”→“自动换行”→“衬于文字下方”。

步骤 3：插入一个 2 行 1 列的表格，逐行输入文字“小满”，设置字体为“楷体”，字号为 80，颜色为“黑色”。

步骤 4：设置表格边框线和填充颜色。选中表格，单击“表格工具”→“设计”→“边框和底纹”，在对话框内，设置边框颜色为“橄榄色”。将光标定位在第二个单元格，单击“表格工具”→“设计”→“底纹”，将填充颜色设为“橄榄色，淡色 60%”。

步骤 5：插入文本框。单击“插入”→“文本框”→“绘制竖排文本框”，在编辑区绘制一个文本框，并输入文字“二十四节气”。调整字体为“楷体”，字号为“四号”，颜色为“白色”。

步骤 6：设置文本框格式。选中文本框，单击“绘图工具”→“格式”→“形状填充”，将文本框颜色填充为“红色”，设置无边框。

“小满”节气海报操作步骤

步骤 7：调整文本框至合适位置。

第二关任务：“芒种”节气海报

步骤 1：插入形状做背景。单击“插入”→“形状”，选择“矩形”，在编辑区拖拽出一个 A4 大小的矩形框，设置边框颜色无，填充颜色为“橄榄色，淡色 60%”，设置形状“衬于文字下方”。

步骤 2：插入形状。单击“插入”→“形状”，选择“椭圆形”，按住 Shift 键，在编辑区正中心拖拽出正圆形。

步骤 3：设置形状背景图片。选择形状，单击“绘图工具”→“格式”→“形状填充”→“图片”，选择“芒种背景图片”，单击“确定”按钮。

步骤 4：插入文本框。单击“插入”→“文本框”→“绘制竖排文本框”，在编辑区图片上方绘制一个文本框，并输入文字“芒种”。调整字体为“隶书”，字号为 50，颜色为“黑色”，文本框填充颜色和边框均为无。

“芒种”节气海报操作步骤

步骤 5：复制上个文本框，拖拽到图片下方，输入芒种古诗内容，设置字体为“楷体”，字号为“小二”。

第三关任务：“秋分”节气海报

步骤 1：插入形状做背景。单击“插入”→“形状”，选择“矩形”，在编辑区拖拽出一个 A4 大小的矩形框，设置边框颜色无，填充效果为“新闻纸纹理填充”，设置形状“衬于文字下方”。

步骤 2：插入图片。单击“插入”→“图片”，选择“秋分图片”，单击“确定”按钮，设置图片为“衬于文字上方”。

步骤 3：形状分割图片。单击“插入”→“形状”，选择“矩形”，在编辑区图片上方，绘制出一个和图片同等宽度，高为 0.13 厘米的长条矩形，矩形无轮廓，填充效果为“新闻纸纹理填充”。同时按住 Ctrl 键和 Shift 键，选中长条矩形拖拽至图片下方。效果如图 4-42 所示。

“秋分”节气海报
步骤 1～3 演示

图 4-42 步骤 1～3 完成后效果

步骤 4：制作古诗句。单击“插入”→“形状”→“直线”，在编辑区绘制出高度为 3.86 厘米的直线，单击“绘图工具”→“格式”→“形状效果”→“阴影”，设置线条阴影效果外部右下斜偏移。插入竖排文本框，输入文字“凫雁终高去”，调整字体为“楷体”，字号为“小三”，颜色为“黑色”，文本框填充颜色和边框均为无。

步骤 5：将文本框和直线调整为同一高度，同时选择两个对象，右键组合，将两个对象组合成一个对象。按住 Ctrl 键复制出 3 个出来，将文字修改。调整至合适的位置。

步骤 6：制作章印。单击“插入”→“文本框”→“绘制文本框”，在编辑区绘制一个文本框，分两行输入文字“杜甫晚晴”。调整字体为“宋体”，字号为“小五”，颜色为“白色”。

步骤 7：设置文本框格式。选中文本框，单击“绘图工具”→“格式”→“形状填充”，将文本框颜色填充为“红色”，设置无边框。

步骤 8：插入图片“飞燕”，设置为“衬于文字上方”，调整至合适位置。效果如图 4-43 所示。

“秋分”节气海报
步骤 4～8 演示

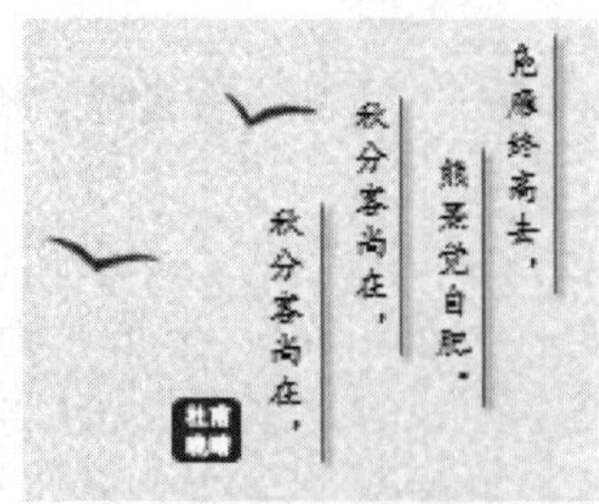

图 4-43 步骤 4～8 完成后效果

步骤 9：插入一大一小两个矩形框，边框线为“灰色”，填充颜色为“灰色”。

步骤 10：插入长短线条，将矩形框进行分割。分割后效果如图 4-44 所示。

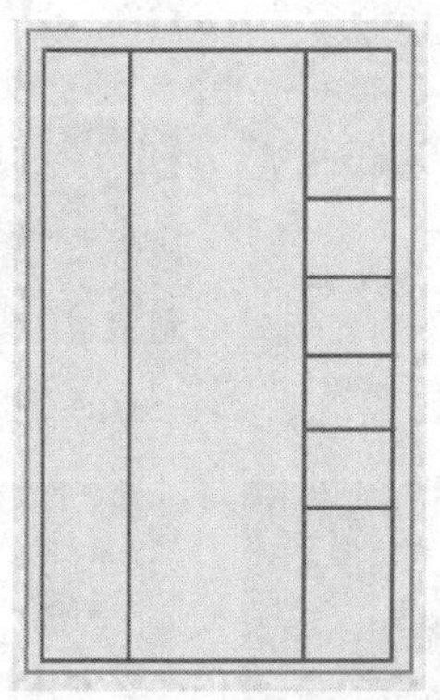

图 4-44　分割后效果

步骤 11：插入文本框，输入文字“秋”，设置字体为“华文行楷”，字号为 50，按住 Ctrl 键，拖拽出另一个文本框，修改文字“分”。同样的方法，制作出“传统节气”四个字，并放到相应的位置。

步骤 12：制作拼音。选择“秋”字，单击“开始”→“拼音指南”，复制拼音，在编辑区，单击插入文本框，将拼音粘贴到文本框内，设置字体为“Arial Unicode MS”，字号为“二号”。按照同样的方法，制作出“分”的拼音，放到相应的位置。

步骤 13：插入一个竖型的矩形框和两个小三角形。三角形轮廓设为无，填充颜色为“红色”，分别放在矩形框的对角上。矩形框轮廓和填充颜色均设为无。

步骤 14：插入竖型文本框，输入文字“初候，凉风至，二候，白霜降，三候，寒蝉鸣”，设置字体为“楷体”，字号为“六号”。

步骤 15：在“秋”和“分”之间插入“枫叶”图片。完成效果如图 4-45 所示。

图 4-45　步骤 9～15 完成后效果

“秋分”节气海报
步骤 9～15 演示

步骤 16：对照样例，利用文本框，插入其他的文字内容。

任务拓展

完成图 4-46 海报的制作。

图 4-46　24 节气海报

任务 4　制作社会主义核心价值观宣传手册

任务描述

十九大报告中指出，要培育和践行社会主义核心价值观。公司要求全体员工都熟悉价值观的内容，把社会主义核心价值观融入工作的各方面，转化为员工们的情感认同和行为习惯。小明需要制作一本宣传手册，可以让员工们随身携带，随时学习。

任务分析

社会主义核心价值观的宣传手册涵盖的内容广泛，要随身携带方便阅读，就要像一本书一样设置目录、页眉、页码等，最终生成图 4-47 的效果。

知识准备

一、样式

样式是一组已经命名的字符格式或段落格式。样式的方便之处在于可把它应用于一个段落或者是段落中选定的字符中，按照样式定义的格式，能批量地完成段落或字符格式的设置。在 Word 中的样式有 3 类：一类是段落样式，一类是字符样式，还有一类是链接段落和字符样式。

字符样式：只包含字符格式，如字体、字号、字形等，用来控制字符的外观。要应用字符样式，需要先选中要应用样式的文本。

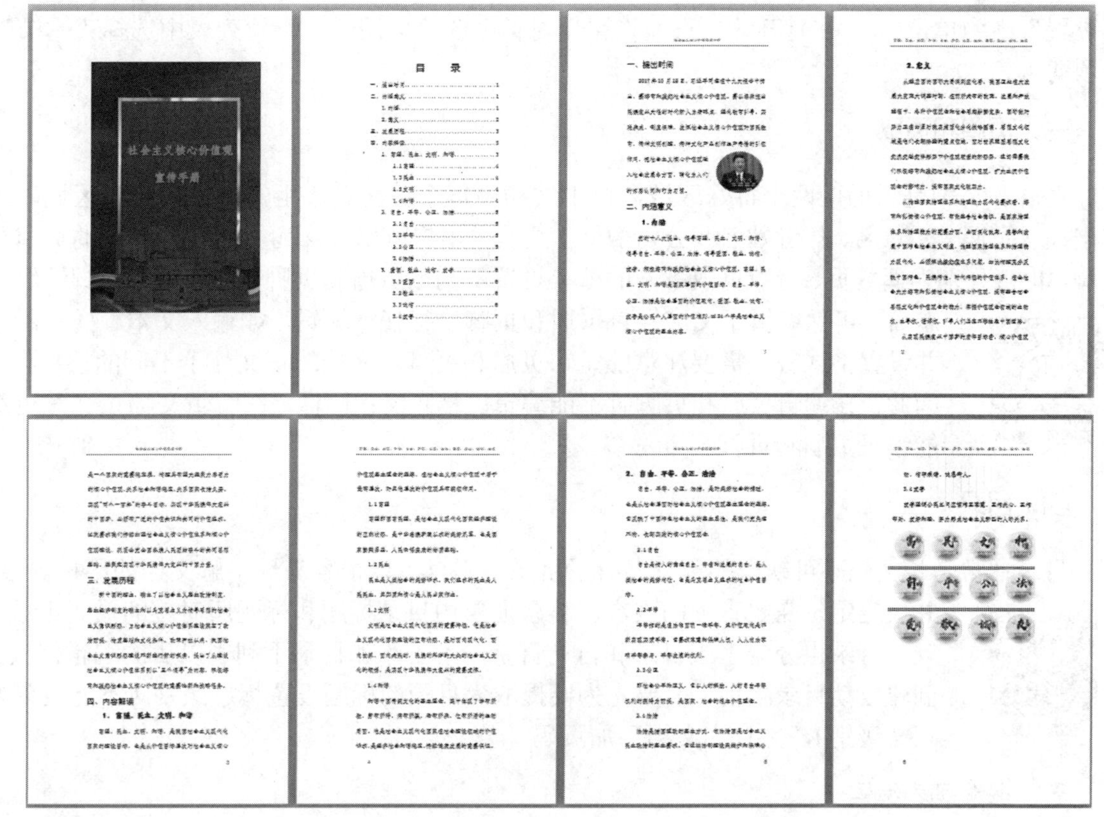

图 4-47　宣传手册完成效果

段落样式：既可包含字符格式，也可包含段落格式，用来控制段落的外观。段落样式可以应用于一个或多个段落。当需要对一个段落应用段落样式时，只需将光标置于该段落中即可。

链接段落和字符样式：这类样式包含字符格式和段落格式设置，它既可用于段落，也可用于选定字符。

样式解析

二、节

节是 Word 用来划分文档的一种方式。引入节的概念是为了实现在同一文档中设置不同的页面格式，例如不同的页眉和页脚、不同的页码、不同的页边距、不同的页面边框、不同的分栏等。建立新文档时，Word 将整篇文档视为一节，此时整篇文档只能采用统一的页面格式，因此，为了在同一文档中设置不同的页面格式就必须将文档划分为若干节。节可小至一个段落，也可大至整篇文档，节用分节符标识。

单击“页面布局”→“分隔符”旁的小三角箭头，我们可以看到在“分节符类型”中有以下几种：

下一页：分节符后的文本从新的一页开始。

连续：新节与其前面一节同处于当前页中。

偶数页：分节符后面的内容转入下一个偶数页。

奇数页：分节符后面的内容转入下一个奇数页。

分节符的使用

插入“分节符”后，要使当前节的页面设置与其他节不同，只要在“页面布局”选项卡“页面设置”组中单击 ，在打开的“页面设置”对话框的“应用于”下拉列表中选择“本节”选项即可。

三、页眉和页脚

页眉和页脚是页面的两个特殊区域，位于文档中每个页面页边距的顶部和底部区域，常用来插入页码、文章名、作者姓名或公司徽标等内容。用户可以统一为文档设置相同的页眉和页脚，也可分别为偶数页、奇数页或不同的节等设置不同的页眉和页脚。进入页眉页脚编辑状态后，可像编辑正文一样对页眉和页脚进行任意编辑，如输入文本、插入图片并设置格式等。需要注意的是，页眉和页脚与文档的正文处于不同的层次上，因此，在编辑页眉和页脚时不能编辑文档正文；同样，在编辑文档正文时也不能编辑页眉和页脚。

页眉页脚解析

四、目录

目录通常是长文档不可缺少的部分，有了目录，用户可以很容易地了解文档的结构内容，并快速定位需要查询的内容。目录通常由目录标题和标题所对应的页码组成。

添加目录

目录也分为手工目录和自动目录。手工添加目录不利于以后的编辑修改。创建自动目录之前，需要先为要提取为目录的标题设置标题级别（不能设置为正文级别），并且为文档添加页码。

五、多级列表编号

生成多级列表的三种方法

多级列表编号与添加项目符号或编号列表相似，但是多级列表中每段的项目符号或编号会根据段落的缩进范围而变化。Word 多级列表编号是在段落缩进的基础上使用 Word 格式中项目符号和编号菜单的多级列表功能，自动地生成最多达九个层次的符号或编号。

任务实现

第一关任务：基本格式设置

步骤 1：新建文档。单击“页面布局”→“页面设置”，设置纸张大小如图 4-48 所示。

步骤 2：插入素材文件。单击“插入”→“对象”→“文件中的文字”，选择文件“社会主义核心价值观宣传册文字素材”，单击“插入”。素材中的所有文字就直接插入到文件中来了。

技巧：通过插入文件中的文字快速地插入文档，省去了复制粘贴文字的麻烦，新插入的文件和原文件的格式一致。

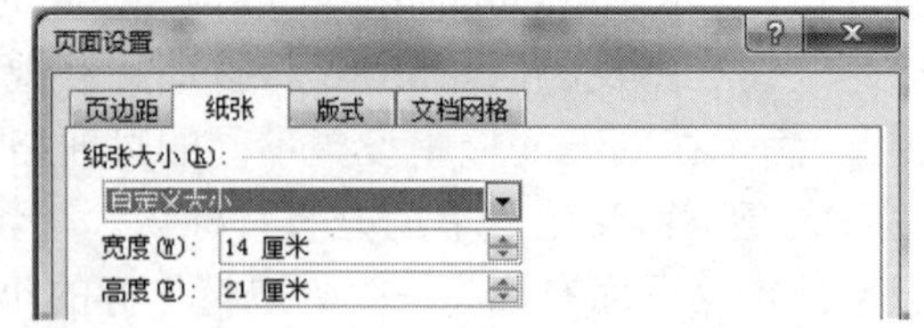

图 4-48 纸张大小

第二关任务：设置应用样式

步骤 1：单击“开始”→“样式”，找到“标题 1”样式，右键修改，在“修改样式”对话框中，将字体设为“黑体”，字号为“四号”。单击左下角“格式”，修改段落格式，段前段后 0 行，1.5 倍行距，设置编号样式为“一、二、三……”如图 4-49 所示。

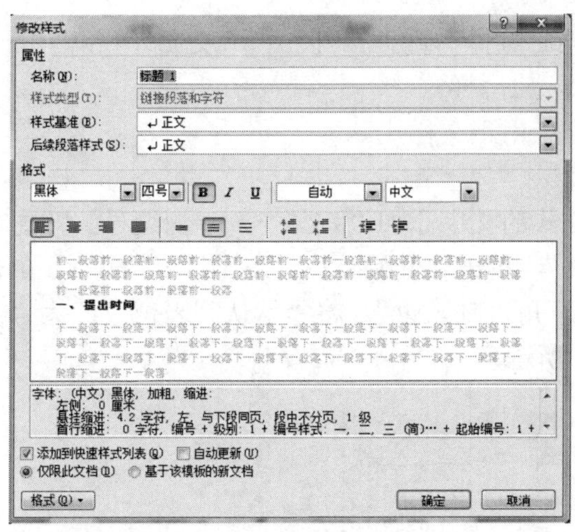

图 4-49　“修改样式”对话框

步骤 2：用同样的方法修改“标题 2”“正文”样式。

标题 2 样式：仿宋、五号、加粗，首行缩进 2 字符，段前段后 0 行，1.5 倍行距，段落无缩进。

正文样式：仿宋、五号，首行缩进 2 字符，段前段后 0 行，1.5 倍行距。

步骤 3：新建标题 3 样式。单击“开始”→“样式”，单击右边小箭头，弹出“样式”对话框，单击新建样式，在弹出的对话框中将样式名称改为“标题 3”，设置字体仿宋、五号，首行缩进 2 字符，段前段后 0 行，1.5 倍行距，如图 4-50 所示。

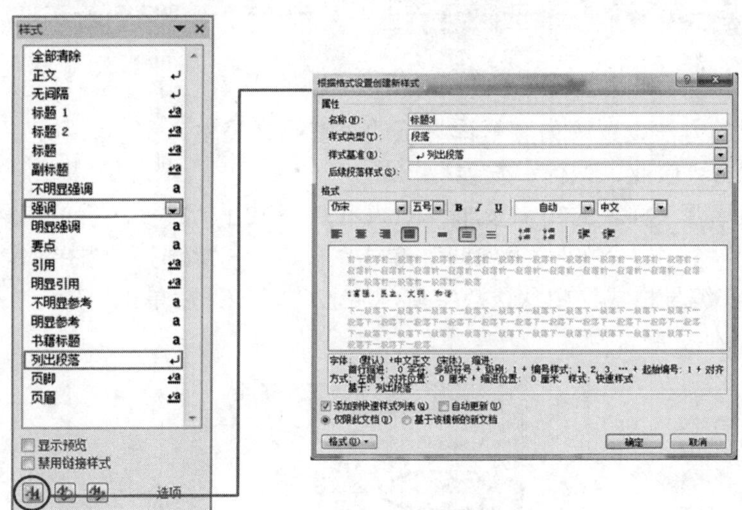

图 4-50　新建样式

步骤 4：应用样式。

（1）按住 Ctrl 键，同时选择“提出时间”“内涵意义”“发展历程”“内容解读”四个标题，单击“样式”→“标题 1”，应用样式。

（2）按住 Ctrl 键，同时选择“内涵意义”下的“内涵”“意义”，“内容解读”下的“富强、民主、文明、和谐”“自由、平等、公正、法治”“爱国、敬业、诚信、友善”，单击“样式”→“标题 2”，应用样式。

（3）按住 Ctrl 键，同时选择“富强”“民主”“文明”“和谐”……“友善”12 个主题，单击“样式”→“标题 3”，应用样式。

（4）为其他正文内容应用正文样式。

步骤 5：添加编号。

（1）为应用标题 2 样式的文字添加“1.2.3……”的编号。按住 Ctrl 键，同时选择“内涵意义”下的“内涵”“意义”，单击“开始”→“编号”，选择。单击“段落”旁箭头，打开“段落”对话框，单击左下角“制表位”，将“默认制表位”改为“0.5 字符”，缩短编号和标题之间的距离，如图 4-51 所示。

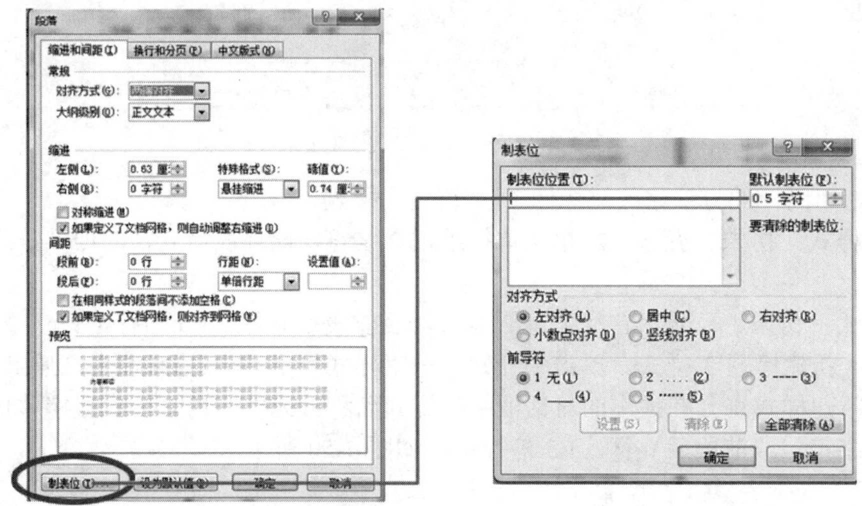

图 4-51　修改默认制表位

（2）用同样的方法设置“内容解读”下的“富强、民主、文明、和谐”“自由、平等、公正、法治”“爱国、敬业、诚信、友善”。

（3）为应用标题 3 样式的文字添加“1.1 、1.2……2.1、2.2……”的编号。按住 Ctrl 键，同时选择 “富强”“民主”“文明”“和谐”，单击“开始”→“编号”，选择“定义新编号格式”，如图 4-52 所示。在编号格式栏中默认数字前，加上“1.”，然后单击“确定”按钮。用同样的方法，设置文中其他三级标题。

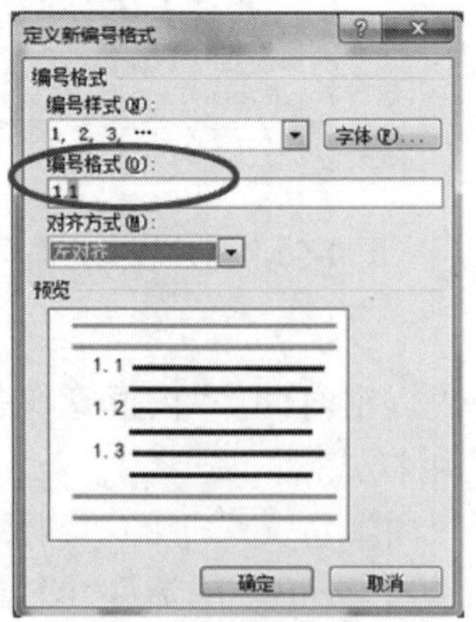

图 4-52　定义新编号格式

样式设置操作步骤

第三关任务：设置页眉页码

步骤 1：新建封面。

（1）将光标定位在文档最前面，单击“页面布局”→“插入分页符和分节符”→“分节符→下一页”。

（2）在增加的页面中，插入图片“宣传册背景图”，将图片设置为“衬于文字下方”，插入艺术字“社会主义核心价值观宣传册”，调整封面布局。

步骤 2：新建目录页。

（1）将光标定位在封面页的最下方，单击“页面布局”→“插入分页符和分节符”→“分节符→下一页”。

（2）在插入的页面上，写上“目录”，黑体 ，二号。

步骤 3：从正文页开始插入页眉和页码，奇、偶页内容不同。

（1）插入页眉。单击“插入”→“页眉”→“空白”，编辑区显示为页眉页脚编辑状态。将光标定位在正文页的页眉上，将功能区“设计”下的“链接到前一条页眉”按钮取消，勾选“页眉页脚工具栏”下的“奇偶页不同”，在正文奇数页页眉上输入“社会主义核心价值观宣传册”，单击“开始”菜单下的 ，清除页眉的下划线；在偶数页页眉上输入“富强、民主、文明、和谐、自由、平等、公正、法治、爱国、敬业、诚信、友善”。调整页眉字体为“楷体”，字号为“七号”，段落格式为“居中”。

（2）插入页码。将光标定位在正文页的页脚上，将功能区“设计”下的“链接到前一条页眉”按钮取消，单击“页码”→“设置页码格式”，将页码编码起始页设为“1”，如图 4-53 所示。将封面页和目录页的页码删除。

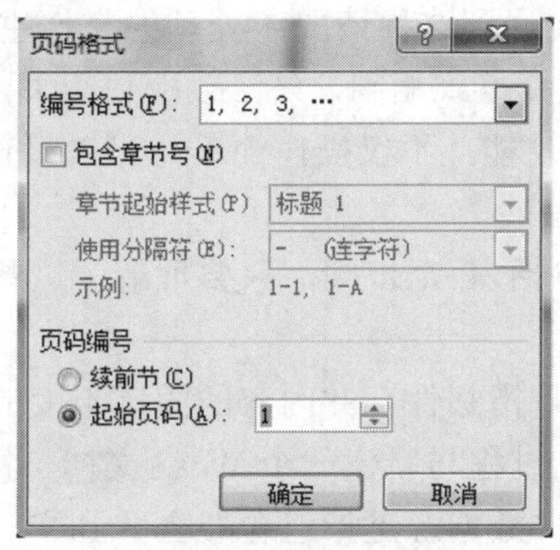

图 4-53　页码格式

设置页眉页脚操作步骤

第四关任务：生成目录

步骤 1：将光标定位在目录页，单击“引用”→“插入目录”，弹出“目录”对话框。

步骤 2：单击对话框中的“选项”，确认标题 1、标题 2、标题 3 后面的级别分别为 1、2、3，单击“确定”按钮。

步骤 3：选择生成的目录，调整字符格式和段落格式。

提示：如果对正文部分进行了修改导致了页码发生变化，选择生成的目录，右键“更新域”，可以对目录进行更新。

生成目录操作步骤

第五关任务：整体修饰美化

步骤 1：在第一自然段的末尾插入图片，裁剪为椭圆形，设置环绕方式为紧密型。

步骤 2：在文档末尾，插入 12 个主题的图片。

修饰美化操作步骤

（1）插入 3 行 4 列的表格。

（2）在每一个单元格中插入对应的图片，统一调整图片大小为 2*2 厘米。

（3）将表格的外边框和内竖边框设为无，内横向线设为双实线，红色。

（4）表格居中。

任务 5　制作校园诗词大赛参赛证

任务描述

学校即将举办校园诗词大赛，经过各二级学院的选拔，共有 8 名选手参加学校的决赛，现在小明需要制作 10 份评委邀请函和 8 位选手带照片的参赛证，他希望用最快的办法在决赛前完成这些工作。

任务分析

通过分析参赛证和邀请函可以发现，每个人收到的参赛证和邀请函模板是一样的，只有个人信息不一样，我们可以利用 Word 提供的邮件合并来帮助小明完成这些工作。

知识准备

在日常工作中，我们经常会遇到这种情况：处理的文件主要内容基本都是相同的，只是具体数据有变化而已。在填写大量格式相同，只修改少数相关内容，其他文档内容不变时，我们可以灵活运用 Word 邮件合并功能，不仅操作简单，可以设置各种格式，而且打印效果好，能够满足许多客户不同的需求。

邮件合并的基本过程主要包括 4 个步骤，只要理解了这些过程，就可以得心应手地利用邮件合并来完成批量作业。

（1）建立主文档。主文档是指邮件合并内容的固定不变的部分，如信函中的通用部分、信封上的落款等。建立主文档的过程与新建一个 Word 文档一样。

（2）准备数据源。邮件合并数据源是指包含要合并到文档中的信息的文件，如要在邮件合并中使用的名称和地址列表。数据源就是数据记录表，其中包含着相关的字段和记录内容。必须连接到数据源，才能使用数据源中的信息。Word 邮件合并的数据源文件有 Microsoft Outlook 联系人列表、Microsoft Office 地址列表、Excel 工作表、Access 数据库、其他数据库文件、HTML 文件等。

域是什么？

（3）向主文档中添加域。将主文档连接到数据源文件之后，可以开始添加域。在主文档中，单击要插入域的位置，插入数据源中提供的姓名、地址或其他信息域。

（4）完成邮件合并。利用邮件合并工具，可以将数据源合并到主文档中，得到我们的目标文档。合并完成文档的份数取决于数据表中记录的条数。

任务实现

第一关任务：制作邀请函

步骤 1：制作主文档。

新建一个 Word 文档，设置上、下、左、右页边距均为 1.0 厘米，纸张大小为 18 厘米×18 厘米，插入图片“邀请函背景图”，设置为“衬于文字下方”。利用文本框输入文档内容，设置文本框填充颜色和线框均为无，如图 4-54 所示，将文档保存为“邀请函（主文档）”。

图 4-54　邀请函主文档

步骤 2：创建数据源。

要批量制作邀请函，除了要有主文档外，还需要有评委姓名、性别等信息，即创建数据源。本例使用一个现成的 Excel 电子表格作为数据源，如图 4-55 所示。

序号	姓名	性别
1	尹光明	先生
2	刘凯	先生
3	卢燕	女士
4	张小红	女士
5	周燕	女士
6	蓝天民	先生
7	李红	女士
8	张博	先生
9	余健	先生
10	陈兰	女士

图 4-55　数据源

步骤 3：邮件合并。

（1）打开已创建的主文档，单击“邮件”→“选择收件人”→“使用现有列表”，如图 4-56 所示。

图 4-56　选择数据源

（2）在“选取数据源”对话框中选中“邀请函评委名单”文件，弹出“选择表格”对话框，选择要使用的 Excel 工作表，然后单击“确定”按钮。

（3）将光标放置在文档中要插入合并域的位置，即“尊敬的”后面，然后单击“插入合并域”按钮，插入“姓名”“性别”，插入后效果如图 4-57 所示。

图 4-57　插入域后效果

提示：将邮件合并域插入主文档时，域名称由尖括号« »括住。这些尖括号不会显示在合并文档中，它们只是帮助将主文档中的域与普通文本区分开来。

（4）单击“完成”组中的“完成并合并”按钮，在展开的列表中选择“编辑单个文档”选项，在打开的“合并到新文档”对话框中选择“全部”单选钮，合并生成的文档将产生一个新文档（图 4-58），将新文档保存为“合并后的邀请函”。

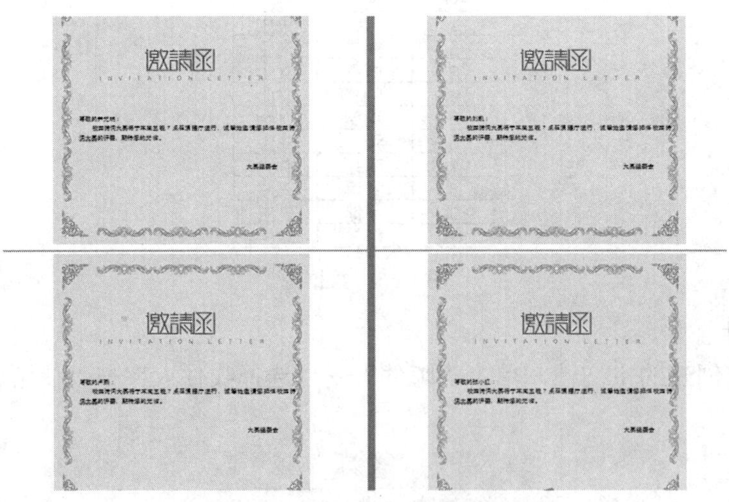

制作邀请函操作步骤

图 4-58　合并后的邀请函

第二关任务：制作带照片的参赛证

步骤 1：制作主文档。

（1）新建一个 Word 文档，设置上、下、左、右页边距均为 1.0 厘米，纸张大小为宽

8 厘米、高 10 厘米，插入图片“参赛证背景图”，设置为“衬于文字下方”。

（2）插入艺术字，输入“校园诗词大赛参会牌”，调整格式。

（3）插入 3 行 2 列的表格，在表格属性里，设置表格文字环绕，拖拽到页面中下方位置，在第一列三个单元格里分别输入“姓名”“性别”“学院”，将第二列单元格合并，设置列宽为 2.5 厘米。将文档保存为“参会牌（主文档）”。效果如图 4-59 所示。

图 4-59　参赛证主文档

步骤 2：制作数据源。

本例使用一个现成的 Excel 电子表格作为数据源，如图 4-60 所示。

序号	编号	姓名	性别	学院	照片
1	WT0001	涂新丽	女	经管	E:\\操作素材\\邮件合并\\照片\\WT0001.jpg
2	WT0002	方生	男	车运	E:\\操作素材\\邮件合并\\照片\\WT0002.jpg
3	WT0003	高盼	女	经管	E:\\操作素材\\邮件合并\\照片\\WT0003.jpg
4	WT0004	吴延栋	男	车工	E:\\操作素材\\邮件合并\\照片\\WT0004.jpg
5	WT0005	汪晓丹	男	信息	E:\\操作素材\\邮件合并\\照片\\WT0005.jpg
6	WT0006	孙敏	男	车工	E:\\操作素材\\邮件合并\\照片\\WT0006.jpg
7	WT0007	王婕	女	艺术	E:\\操作素材\\邮件合并\\照片\\WT0007.jpg
8	WT0008	汪凯	男	机电	E:\\操作素材\\邮件合并\\照片\\WT0008.jpg

图 4-60　参赛证数据源

说明：照片栏下面的数据是照片所在的路径，因为带照片的邮件合并需要调用照片的地址才能呈现。

步骤 3：邮件合并。

（1）打开已创建的主文档，单击“邮件”→“选择收件人”→“使用现有列表”。

（2）在“选取数据源”对话框，选中“参赛选手信息表”文件，弹出“选择表格”对话框，选择要使用的 Sheet1 工作表，然后单击“确定”按钮。

（3）将光标放置在文档中“姓名”“性别”“学院”后面，依次插入合并域。

（4）将光标放在表格第二列，单击“插入”→“文档部件”→“域”，在左边域名列表内选择“IncludePicture”，域属性输入“1”，如图 4-61 所示。

（5）确定后，会出现图 4-62 所示的界面，这时按 Alt+F9 快捷键，将代码调出来，如图 4-63 所示。

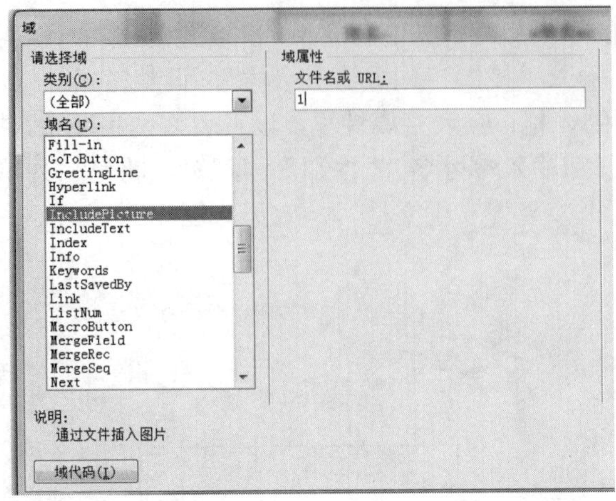

图 4-61 插入图片域

图 4-62 无法显示链接的图像

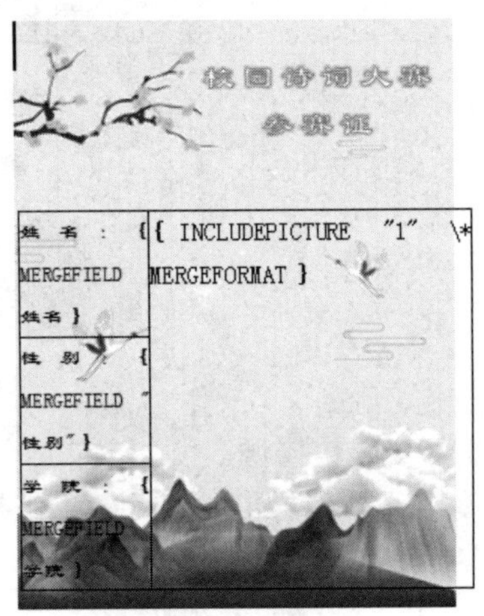

图 4-63 调出代码

（6）选中代码中的“1”，单击“邮件”→“插入合并域”→“照片”，为“照片”添加英文状态的双引号，如图 4-64 所示。

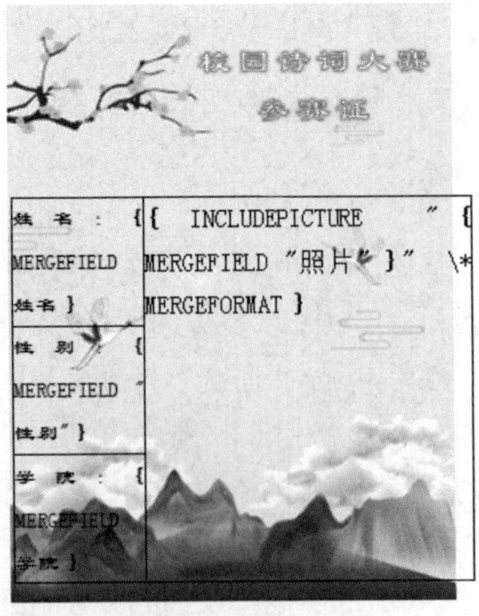

图 4-64 插入合并域

（7）单击“完成并合并”→“编辑单个文档”→“合并全部记录”。生成了一个新的 Word 文档。在生成的文档中，按 Ctrl+A 快捷键全选，然后同时按住 Alt+F9 快捷键，之后再按 F9 键刷新，就可以看到带照片的参赛证了，如图 4-65 所示。

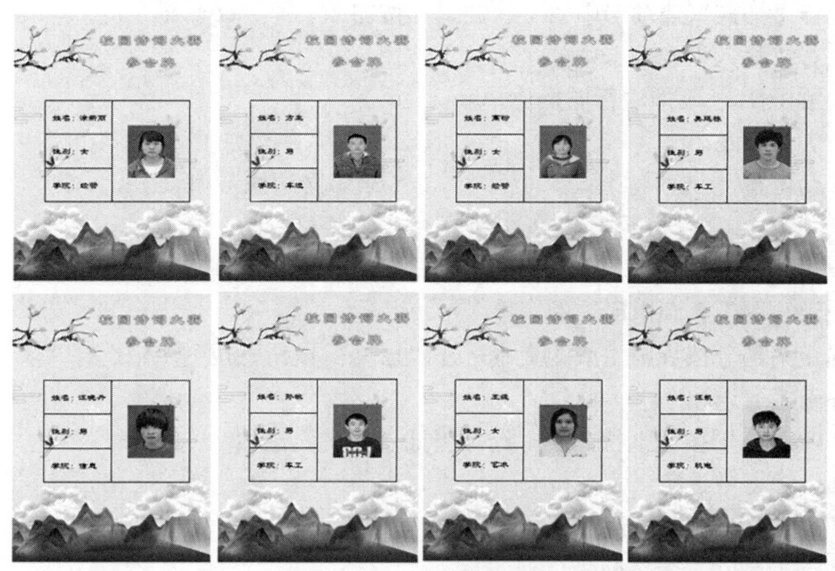

参赛证操作步骤

图 4-65　合并后的参赛证

习　题

一、选择题

1．假设当前正在编辑一个新建文档“文档 1”，当执行“保存”命令后，（　　）。

A．该文档采用系统给定的文件名存盘

B．该文档以“文档 1”为名存盘

C．弹出“另存为”对话框，供进一步操作

D．不能将该文档存盘

2．假设已经打开了一个文档，编辑后进行“保存”操作，该文档（　　）。

A．被保存在原文件夹下　　B．被保存在其他文件夹下

C．被保存在新建文件夹下　　D．保存后文档被关闭

3．执行“粘贴”命令后，（　　）。

A．被选定的内容移动到光标处

B．剪贴板中的某一项内容移动到光标处

C．被选定的内容移到剪贴板

D．剪贴板中的某一项内容复制到光标处

4．删除一个段落标记符后，前、后两段将合并成一段，原段落格式的编排（　　）。

A．没有变化　　B．后一段将采用前一段的格式

C．后一段格式未定　　D．前一段将采用后一段的格式

5．下列操作中，执行（　　）不能在 Word 文档中插入图片。

A．单击“插入”选项卡中的“图片”按钮

B．使用剪贴板粘贴其他文件中的图片

C．执行“插入”选项卡中的“剪贴画”按钮

D．执行“插入”选项卡中的“形状”按钮

6．对插入的图片，不能进行的操作是（　　）。

A．放大或缩小　　B．在图片中添加文本

C．移动位置　　D．从矩形边缘裁剪

7．下列操作中，（　　）不能在 Word 文档中生成表格。

A．单击“插入”选项卡中的“表格”按钮，再用鼠标拖动

B．使用绘图工具画出所需的表格

C．选定某部分按规则生成的文本，在“表格”按钮下拉列表中选择“文本转换成表格”选项

D．在“表格”按钮下拉列表中选择“插入表格”选项

8．在 Word 表格中选定一列，按 Delete 键，则（　　）；如选择“表格工具 布局”选项卡“删除”按钮列表中的“删除列”选项，则（　　）。

A．将该列删除，表格减少一列

B．将该列单元格中的内容删除，变为空白

C．将该列单元格中的内容改为 0

D．分成两个表格

9．在 Word 中，Ctrl+A 快捷键的作用，等效于鼠标在文档选定区中（　　）。

A．单击一下　　B．连击两下　　C．连击三下　　D．连击四下

10．在 Word 软件中，下列操作中不能建立一个新文档的是（　　）。

A．打开“文件”选项卡，选择“新建”

B．按 Ctrl+N 快捷键

C．在桌面空白部分右击鼠标，选择新建 Word 文档

D．在菜单中选择“新建/打开”

11．在 Word 中，页眉和页脚的建立方法相似，都使用（　　）菜单中的“页眉和页脚”命令进行设置。

A．编辑　　B．工具　　C．插入　　D．视图

12．将插入点定位于句子“飞流直下三千尺”中的“直”与“下”之间，按一下 Delete 键，则该句子（　　）。

A．变为“飞流下三千尺”　　B．变为“飞流直三千尺”

C．整句被删除　　D．不变

13．Word 的页边距可以通过（　　）设置。

A．“开始”选项卡中的“页边距”

B．“开始”选项卡中的“段落”

C．“页面布局”选项卡中的“页边距”

D．“页面布局”选项卡中的“段落”

14．能显示页眉和页脚的方式是（　　）。

A．普通视图　　B．页面视图

C．大纲视图　　D．全屏幕视图

15．下列是关于脚注和尾注叙述正确的是（　　）。

A．脚注出现在文档中每一页的首部，尾注一般位于文件的首部

B．脚注出现在文档中每一页的末尾，尾注一般位于文档的末尾

C．脚注出现在文档中每一页的末尾，尾注一般位于文档的首部

D．脚注出现在文档中每一页的首部，尾注一般位于文档的末尾

16．使图片按比例缩放应选用（　　）。

A．拖动图片正中间的控制点　　B．拖动图片四角的控制点

C．拖动图片边框线　　D．拖动图片边框线的控制点

17．在 Word 中要对某一单元格进行拆分，应单击表格工具的（　　）按钮。

A．“设计”选项卡中的“拆分表格”

B．“设计”选项卡中的“拆分单元格”

C．“布局”选项卡中的“拆分表格”

D．“布局”选项卡中的“拆分单元格”

18．在 Word 中要删除表格中的某单元格，应执行（　　）操作。

A．选定待删除的单元格，选择“布局”选项卡中的“删除”→“删除单元格”

B．选定待删除的单元格，选择“布局”选项卡中的“删除”→“删除列”

C．选定待删除的单元格所在列，选择“布局”选项卡中的“删除”→“删除单元格”

D．选定待删除的单元格所在列，选择“布局”选项卡中的“删除”→“删除列”

19．以下关于 Word 使用的叙述中，正确的是（　　）。

A．被隐藏的文字可以打印出来

B．双击“格式刷”可以复制一次

C．直接单击“右对齐”按钮而不用选定，就可以对插入点所在行进行设置

D．若选定文本后，单击“粗体”按钮，则选定部分文字全部变成粗体或常规字体

20．在 Word 编辑状态，进行中英文输入状态间切换的快捷键是（　　）。

A．Ctrl+空格键　　B．Alt+Ctrl

C．Shift+Ctrl　　D．Alt+空格键

二、简答题

1．常用的选择文本的方法有哪几种？

2．如何利用拖动方式复制文档中的文本、图片等对象？

3．假设有 2 个文档 A 和 B，现需要将 A 文档中第 2 段、第 3 段内容复制到 B 文档的第 3 段后，并清除复制过来的内容的格式，该如何操作？

4．要将某文档中的“英语”统一替换为“英文”，该如何操作？

5．要将某文档中的中文字体统一设为楷体，西文字体统一设为 Times New Roman，该如何操作？

6．要将某文档所有正文段落的首行缩进设为 2 字符，有哪几种方法？

7．某文档共 30 页，现需要将其第 3 页至第 10 页打印 5 份，该如何操作？

8．要绘制一个心形图形，并设置图形的边框为 1.5 磅的红色虚线，填充为蓝色，该如何操作？

9．要选择和移动文本框，该如何操作？可以为文本框设置边框和填充吗？

10．要在文档中插入一张外部图片，并调整图片大小，以及让文档中的文本环绕在图片周围，该如何操作？

项目五　数据处理软件 Excel 2010

1. 熟练掌握工作表的基本操作与设置
2. 能熟练进行各类数据的输入、填充
3. 能熟练使用 Excel 的公式函数
4. 会使用排序、筛选等统计数据
5. 能灵活地构造和使用图表来满足各种需要的数据结果的显示要求

任务 1　制作公司员工信息表

任务描述

某公司长沙分公司有职工 12 人，办公室文员小王需要制作一张员工信息表，里面包含公司所有员工的基本信息，如图 5-1 所示。

	A	B	C	D	E	F
2	1	王睿钦	市场部	主管	经济师	本科
3	2	文路南	物流部	项目主管	高级工程师	硕士
4	3	钱新	财务部	财务总监	高级会计师	本科
5	4	英冬	市场部	业务员	无	大专
6	5	令狐颖	行政部	内勤	无	高中
7	6	柏国力	物流部	部长	高级工程师	硕士
8	7	白俊伟	市场部	外勤	工程师	本科
9	8	夏蓝	市场部	业务员	无	高中
10	9	段齐	物流部	项目主管	工程师	本科
11	10	李莫薷	财务部	出纳	助理会计师	本科
12	11	林帝	行政部	副部长	经济师	本科
13	12	牛婷婷	市场部	主管	经济师	硕士

图 5-1　员工的基本信息表

任务分析

本任务主要考查工作簿的基本操作，数据类型及各类数据的输入、填充，工作表的基本操作与设置，单元格、列、行的操作。

知识准备

1. 工作簿与工作表的基本概念

（1）工作簿。工作簿是包含一个或多个工作表的文件，该文件可用来组织各种相关信息，可同时在多张工作表上输入并编辑数据，并且可以对多张工作表的数据进行汇总、分析计算。

（2）工作表。工作表是在 Excel 2010 中用于存储和处理数据的主要文档，也称为电子表格。工作表由排列成行、列的单元格组成，列号按字母排列（A～XFD 共 16384 列），行号按阿拉伯数字自然排列（1～1048576 行），可以视作无限大，远大于 Excel 2003 的列、行数。工作表总是存储在工作簿中。

（3）单元格。工作表行和列交叉的矩形框称为单元格。单元格的使用是通过引用单元格地址来实现的。单元格地址由列号和行号共同组成，如 B8，列号在前，行号在后。

2. 创建工作簿

（1）利用菜单命令创建空白工作簿：打开“文件”选项卡，单击“新建”按钮。

（2）选择“可用模板”中“空白工作簿”，双击“空白工作簿”或单击右下角“创建”按钮，即可创建一个新的空白工作簿。

3. 打开工作簿

可以用以下三种方式打开工作簿：

（1）找到要打开的工作簿文件，直接双击打开。

（2）找到要打开的工作簿文件，右击，在弹出的快捷菜单中选择“打开”选项。

（3）启动 Excel 2010 应用程序后，利用菜单打开工作簿：打开“文件”选项卡，单击 打开 按钮，弹出“打开”对话框，选择要打开的工作簿文件，单击 打开(O) 按钮。

4. 添加工作表

打开 Excel 2010，系统会默认创建一个工作簿，其中包含三个工作表，可以用以下三种方法添加单张工作表。

（1）在选择的工作表的标签上右击，然后在弹出的快捷菜单中选择“插入”命令，弹出“插入”对话框，在“常用”选项卡下选择“工作表”选项，单击“确定”按钮，即可在所选工作表前插入一张新的工作表。

（2）在“开始”选项卡“单元格”组单击“插入”下拉按钮，在弹出的下拉列表中选择“插入工作表”选项，同样可以在选中的工作表前插入一张新的工作表。

（3）单击 Sheet3 旁边的“插入工作表”按钮 Sheet3 ，即可在所选工作表后面插入一张新的工作表。

增减工作表

5. 删除工作表

如果已不再需要某个工作表，可以将该表删除。常用方法有以下两种：

（1）选定要删除的工作表，在“开始”选项卡“单元格”组单击“删除”下拉按钮，在弹出的下拉列表中选择“删除工作表”选项。

（2）右击要删除的工作表标签，从弹出的快捷菜单中选择“删除”选项。

6. 数据的输入

在 Excel 工作表中可以输入文本、数字、日期、时间与公式等数据类型的数据。在输入数据时，首先激活相应的单元格，然后输入数据。

（1）输入文本数据。单击需要输入数据的单元格，输入所需的文本数据，输入完成后，按 Tab 键可使相邻右侧的单元格成为活动单元格，按 Enter 键可使相邻下方的单元格成为活动单元格。文本数据在单元格中的默认对齐方式是左对齐。

常规数据输入

（2）输入数字数据。单击需要输入数字的单元格，输入具体的数值。在 Excel 中，数字是仅包含下列字符的常量数值：0、1、2、3、4、5、6、7、8、9、+、-、(、)、/、$、￥、%、,、.、E、e。数字数据在单元格中的默认对齐方式是右对齐。

（3）输入时间和日期。日常编辑表格数据时，往往要涉及日期和时间。用户可以使用多种格式来输入日期。

（4）输入公式。使用公式有助于分析工作表中的数据。选定要输入公式的单元格-在单元格中输入一个等号“=”，然后输入公式的内容，输入完毕后，按 Enter 键。

特殊数据输入

7. 数据的编辑

（1）编辑、修改单元格数据。双击被编辑或修改数据的单元格，对数据内容进行修改或编辑，按 Enter 键确认所做编辑或修改。

若要取消所做编辑或修改，按 Esc 键即可。

（2）删除单元格数据。先选定相应的单元格或单元格区域，然后按 Delete 键。

（3）有选择地删除单元格中的相关内容、格式以及批注等。选定被删除数据的单元格区域，在“开始”选项卡“编辑”组中单击“清除”下拉按钮，弹出下拉列表，从下拉列表中选择相应的清除选项，其中各选项的功能如表 5-1 所示。

表 5-1　清除选项

选 项	功 能
全部清除	清除单元格中的全部内容，如格式、批注和超链接等
清除格式	仅清除单元格的格式，单元格的内容、批注和超链接均不改变
清除内容	仅清除单元格的内容，单元格的格式和批注均不改变
清除批注	仅清除单元格中包含的附注，单元格的内容、格式和超链接均不改变
清除超链接	仅清除文本中的超链接，单元格的内容、格式和批注均不改变

8. 移动单元格数据

移动单元格数据是指将某个单元格中的数据从一个位置移到另一个位置，原位置的数据会消失。

（1）双击被移动数据的单元格。

（2）在单元格中选择要移动的数据。

（3）在“开始”选项卡“剪贴板”组中单击“剪切”按钮；或者右击，在弹出的快捷菜单中选择“剪切”选项。

（4）单击需要粘贴数据的单元格。

（5）在“开始”选项卡“剪贴板”组中单击“粘贴”按钮；或者右击，在弹出的快捷菜单中选择“粘贴”选项。

9. 复制单元格数据

复制单元格数据是指将某个单元格或区域中的数据复制到指定位置，原位置的数据依然存在。

（1）双击被复制数据的单元格。

（2）在单元格中选择要复制的数据。

（3）在“开始”选项卡“剪贴板”组中单击“复制”按钮；或者右击，在弹出的快捷菜单中选择“复制”选项。

快速填充数据

（4）单击需要粘贴数据的单元格。

（5）在“开始”选项卡“剪贴板”组中单击“粘贴”按钮；或者右击，在弹出的快捷菜单中选择“粘贴”选项。

任务实现

1. Excel 2010 的启动

启动中文 Excel 2010 的方法以下三种，用户可根据自己的习惯和具体情况，采取其中的任何一种方法。

（1）通过“开始”菜单启动：单击“开始”→“所有程序”→“Microsoft Office”→“Microsoft Excel 2010”。

（2）通过桌面快捷方式启动：双击桌面上的 Excel 2010 快捷方式图标。

（3）通过“文档”启动：双击存储计算机的某个 Excel 2010 文档。

Excel 2010 工作界面由标题栏、快速访问工具栏、功能区、名称框、编辑栏、工作表编辑区和状态栏组成，如图 5-2 所示。

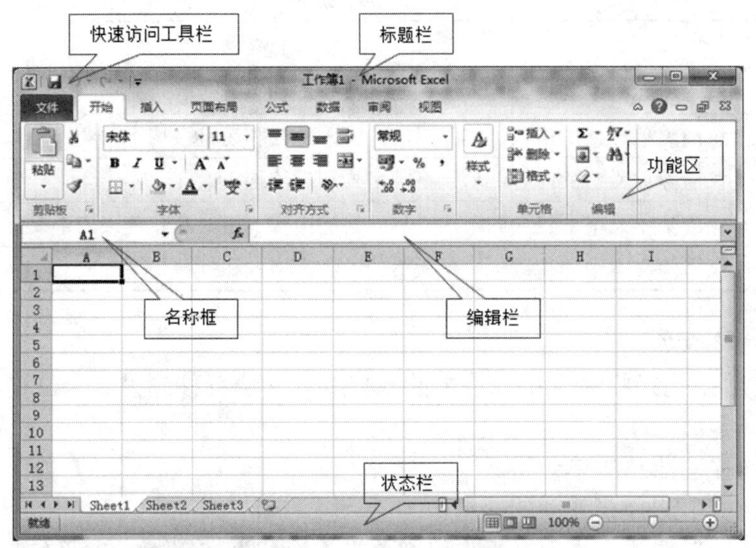

图 5-2　Excel 2010 工作界面

2. 数据录入

（1）录入表格标题行。从单元格 A1 开始输入标题行的“序号”“姓名”“部门”“职务”“职称”“学历”，如图 5-3 所示。

	A	B	C	D	E	F	G
1	序号	姓名	部门	职务	职称	学历	
2							
3							
4							

图 5-3　录入表格标题行

（2）录入所有员工的信息。输入每个人的信息，即在表格中横向输入，直到所有职工的信息输入完成，如图 5-4 所示。

	A	B	C	D	E	F
1	序号	姓名	部门	职务	职称	学历
2		王睿钦	市场部	主管	经济师	本科
3		文路南	物流部	项目主管	高级工程师	硕士
4		钱新	财务部	财务总监	高级会计师	本科
5		英冬	市场部	业务员	无	大专
6		令狐颖	行政部	内勤	无	高中
7		柏国力	物流部	部长	高级工程师	硕士
8		白俊伟	市场部	外勤	工程师	本科
9		夏蓝	市场部	业务员	无	高中
10		段齐	物流部	项目主管	工程师	本科
11		李莫蒿	财务部	出纳	助理会计师	本科
12		林帝	行政部	副部长	经济师	本科
13		牛婷婷	市场部	主管	经济师	硕士

图 5-4　录入所有员工的信息

提示：①在工作表中的 A2 单元格输入数字 1。②按住 Ctrl 键的同时，拖动 A2 单元格的填充柄至 A13 单元格即可快速填充序列。

（3）调整表格行高和列宽。若单元格内容没有完全显示出来或者输入的数字显示为“#”，在增加列宽后可以正常显示了。

如需将 E 列列宽调宽。鼠标指针移到列标 E 和 F 之间的竖线位置，当鼠标指针变成✚时，按住鼠标左键不放向右拖拽。

调整行高也是用类似的方法，直接将鼠标指针指向需要调整高度的行号下方，按住鼠标左键不放，上下拖拽即可。

提示：快速调整行高、列宽：在行、列边框线上双击，可将行高、列宽调整到与其中内容相适应。

（4）表格中的文字居中对齐。选中 A1:F1 单元格区域，单击“格式”工具栏上“居中”按钮≡。

（5）工作表命名。

1）将鼠标指针指向工作表标签 Sheet1，右击，选择“重命名”快捷菜单命令。如图 5-5 所示。

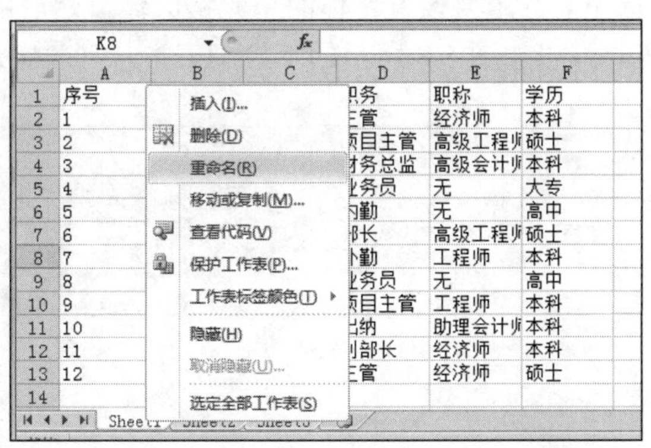

图 5-5　工作表标签重命名

2）在 Sheet1 被高亮度显示的状态下，输入“员工信息表”后，按 Enter 键。

（6）保存员工信息表。

1）单击“文件”选项卡中的“保存”命令，此时屏幕上弹出“另存为”对话框。

2）在“另存为”对话框的“保存位置”指定为“E:\人力资源”文件夹，在“文件名”右边的文本框中输入“员工信息表.xlsx”，如图 5-6 所示。

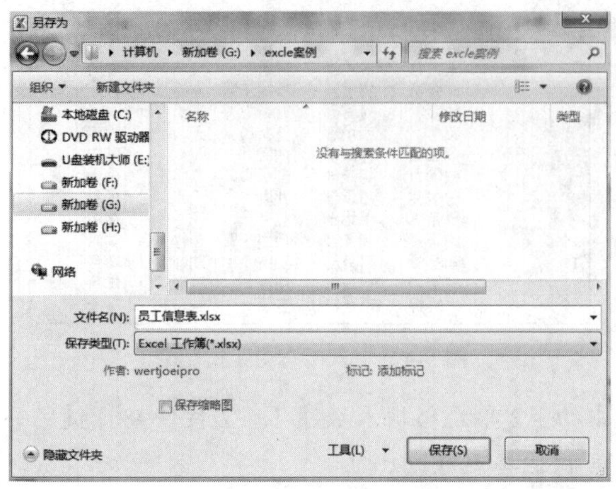

图 5-6 “另存为”对话框

3. 工作表的格式化

编辑好工作表内容后，需要对工作表进行格式化，使表格更加形象、整齐、美观、一目了然。

（1）设置文字格式。

使用“开始”选项卡“字体”组设置。

Excel 2010 的“开始”选项卡如图 5-7 所示。

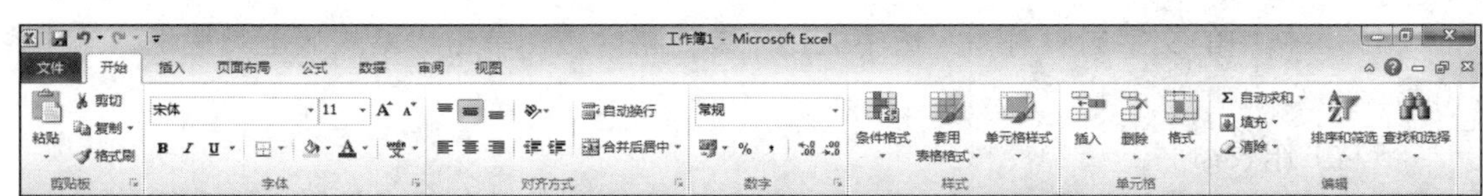

图 5-7 “开始”选项卡

1）设置字体格式：首先需选定要设置字体的单元格区域，然后单击如图 5-7 所示的“字体”组“字体”下拉按钮，弹出如图 5-8 所示的下拉列表，从列表中选择所需的字体即可。

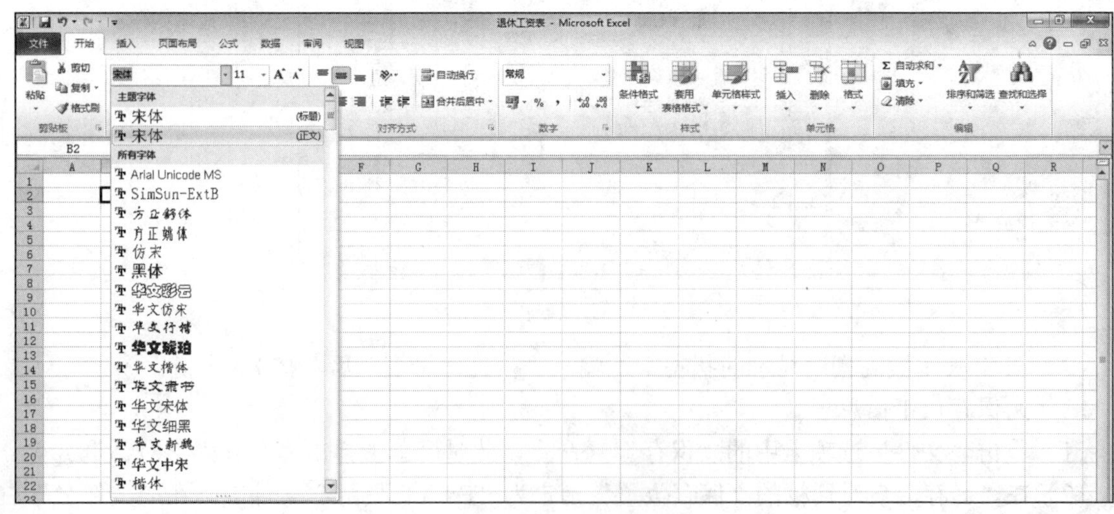

图 5-8 选择字体

2）设置文本的字号：需先选定要改变字号的单元格区域，然后单击“字体”组“字号”下拉按钮，弹出“字号”下拉列表，从列表中选择所需的字号即可。

3）设置文本的字形：“字体”组具有三个设置文本字形的按钮，即“加粗” B、“倾斜” I 和“下划线” U，这三个选项可以同时选择，也可以只选一项。

4）设置文本的颜色：需先选定要设置文本颜色的单元格区域，然后单击“字体”组中的“字体颜色”下拉按钮，弹出颜色调色板，在颜色调色板中选择所需的颜色即可。

将标题行的内容设置为黑体，18 号字；其他文字设置为宋体，14 号。调整行高和列宽，使所有内容全部显示出来。如图 5-9 所示。

	A	B	C	D	E	F
1	序号	姓名	部门	职务	职称	学历
2	1	王睿钦	市场部	主管	经济师	本科
3	2	文路南	物流部	项目主管	高级工程师	硕士
4	3	钱新	财务部	财务总监	高级会计师	本科
5	4	英冬	市场部	业务员	无	大专
6	5	令狐颖	行政部	内勤	无	高中
7	6	柏国力	物流部	部长	高级工程师	硕士
8	7	白俊伟	市场部	外勤	工程师	本科
9	8	夏蓝	市场部	业务员	无	高中
10	9	段齐	物流部	项目主管	工程师	本科
11	10	李莫薷	财务部	出纳	助理会计师	本科
12	11	林帝	行政部	副部长	经济师	本科
13	12	牛婷婷	市场部	主管	经济师	硕士

图 5-9　文字设置效果图

提示：

1）使用“开始”选项卡“单元格”组设置。

①选择要进行文本格式设置的单元格区域。

②在“开始”选项卡“单元格”组中单击“格式”下拉按钮，弹出如图 5-10 所示的下拉列表。

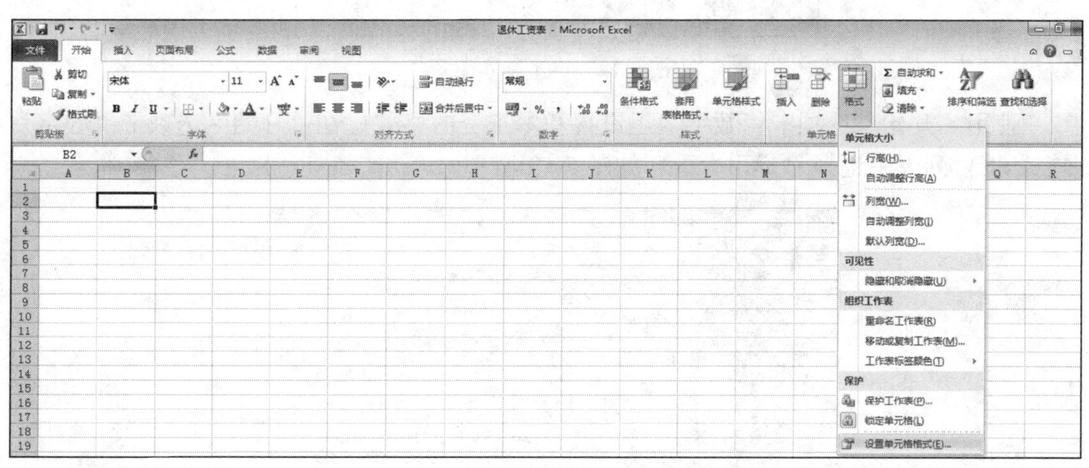

图 5-10　“单元格”组“格式”下拉列表

③单击其中的“设置单元格格式”，弹出如图 5-11 所示的“设置单元格格式”对话框。在此可以进行“字体”“字形”“字号”“下划线”“颜色”等文本属性的设置。

④单击“确定”按钮。

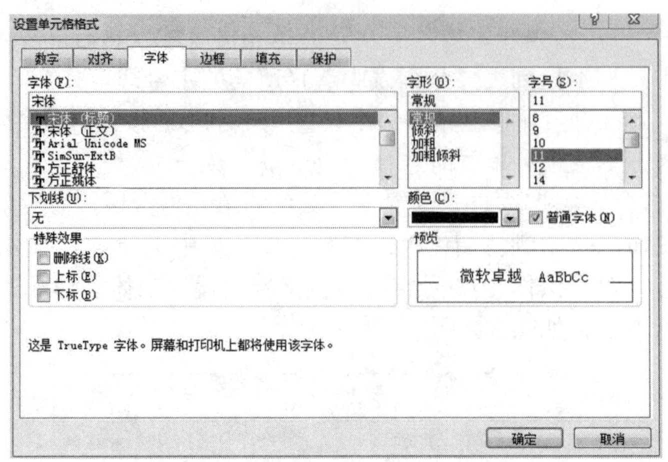

图 5-11 “设置单元格格式”对话框

2）使用快捷菜单设置。

选中要设置格式的单元格，右击，在弹出的快捷菜单中选择“设置单元格格式”，弹出“设置单元格格式”对话框，在该对话框中即可设置。

（2）设置数字格式。

1）在 G 列添加“基本工资”，按照图 5-12 输入员工的基本工资。

	A	B	C	D	E	F	G
1	序号	姓名	部门	职务	职称	学历	基本工资
2	1	王睿钦	市场部	主管	经济师	本科	3150
3	2	文路南	物流部	项目主管	高级工程师	硕士	2800
4	3	钱新	财务部	财务总监	高级会计师	本科	2800
5	4	英冬	市场部	业务员	无	大专	1500
6	5	令狐颖	行政部	内勤	无	高中	1350
7	6	柏国力	物流部	部长	高级工程师	硕士	2600
8	7	白俊伟	市场部	外勤	工程师	本科	2200
9	8	夏蓝	市场部	业务员	无	高中	1300
10	9	段齐	物流部	项目主管	工程师	本科	2100
11	10	李莫薷	财务部	出纳	助理会计师	本科	1400
12	11	林帝	行政部	副部长	经济师	本科	2100
13	12	牛婷婷	市场部	主管	经济师	硕士	3200

图 5-12 员工基本工资

2）使用“开始”选项卡“数字”组设置基本工资的格式。在“开始”选项卡“数字”组“常规”下拉列表中选择“货币”。如图 5-13 所示。

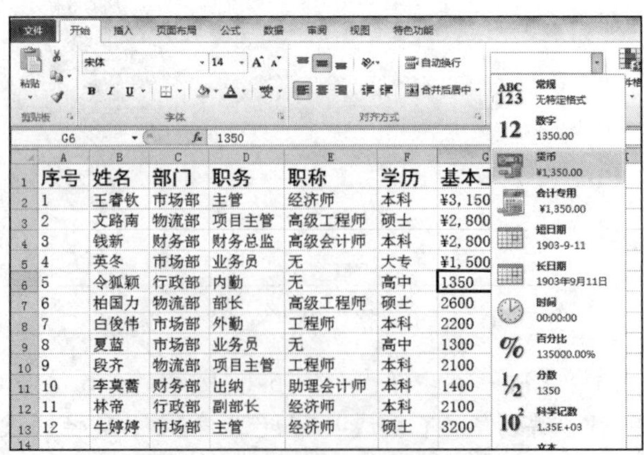

图 5-13 设置基本工资的格式

提示：“开始”选项卡“数字”组中有 6 个格式化数字的按钮设置：“常规”下拉列表、“货币样式”下拉按钮、“百分比样式”按钮、“千分分隔样式”按钮、“增加小数位数”按钮和“减少小数位数”按钮。它们的功能分别是：

①“常规”下拉列表：在列表中根据需要设置数字格式。

②“货币样式”下拉按钮：在弹出的下拉列表中根据需要在数字前面插入货币符号，并且保留两位小数。

③“百分比样式”按钮：将选定单元格区域的数字乘以 100，在该数字的末尾加上百分号。

④“千位分隔样式”按钮：将选定单元格区域的数字从小数点向左每三位整数之间用千分号分隔。

⑤“增加小数位数”按钮：将选定单元格区域的数字增加一位小数。

⑥“减少小数位数”按钮：可以将选定单元格区域的数字减少一位小数。

（3）设置对齐方式。

1）将标题行的内容设置为水平居中。利用“开始”选项卡“对齐方式”组中“居中”按钮进行设置，如图 5-14 所示。

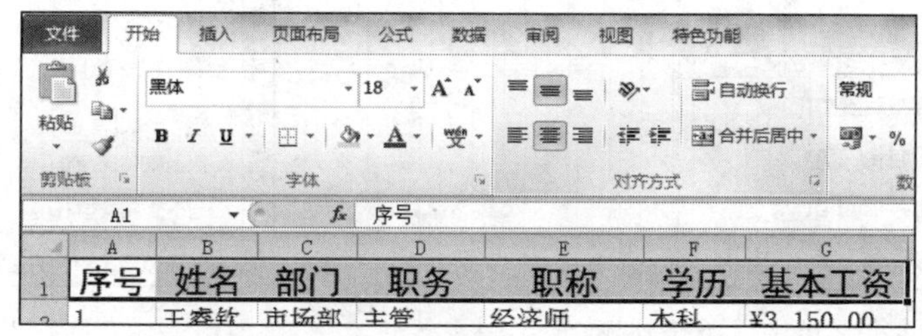

图 5-14　标题行的内容设置

2）按住 Ctrl 键的同时，选择“序号”“职务”“学历”列，设置为水平居中和垂直居中。如图 5-15 所示。

序号	姓名	部门	职务	职称	学历	基本工资
1	王睿钦	市场部	主管	经济师	本科	¥3,150.00
2	文路南	物流部	项目主管	高级工程师	硕士	¥2,800.00
3	钱新	财务部	财务总监	高级会计师	本科	¥2,800.00
4	英冬	市场部	业务员	无	大专	¥1,500.00
5	令狐颖	行政部	内勤	无	高中	¥1,350.00
6	柏国力	物流部	部长	高级工程师	硕士	¥2,600.00
7	白俊伟	市场部	外勤	工程师	本科	¥2,200.00
8	夏蓝	市场部	业务员	无	高中	¥1,300.00
9	段齐	物流部	项目主管	工程师	本科	¥2,100.00
10	李莫薷	财务部	出纳	助理会计师	本科	¥1,400.00
11	林帝	行政部	副部长	经济师	本科	¥2,100.00
12	牛婷婷	市场部	主管	经济师	硕士	¥3,200.00

图 5-15　设置为水平居中和垂直居中

提示：如图 5-16 所示，“开始”选项卡“对齐方式”组中有以下对齐格式按钮：“顶端对齐”“垂直居中”“底端对齐”“文本左对齐”“居中”“文本右对齐”“增加缩进量”“减少缩进量”“自动换行”及“方向”下拉按钮、“合并后居中”下拉按钮。它们的功能分别为：

①“顶端对齐”按钮：可以将选定的单元格区域中的内容沿单元格顶边缘对齐。

图 5-16 “对齐方式”组

②“垂直居中”按钮：可以将选定的单元格区域中的内容沿单元格垂直方向居中对齐。

③“底端对齐”按钮：可以将选定的单元格区域中的内容沿单元格底边缘对齐。

④“文本左对齐”按钮：可以将选定的单元格区域中的内容沿单元格左边缘对齐。

⑤“文本右对齐”按钮：可以将选定的单元格区域中的内容沿单元格右边缘对齐。

⑥“居中”按钮：可以将选定的单元格区域中的内容居中。

⑦“合并后居中”下拉按钮：单击即可弹出如图 5-17 所示的下拉列表，从中选择选项。

⑧“自动换行”按钮：可以将选定单元格中超出列宽的内容自动换到下一行。

⑨“方向”下拉按钮：单击即可弹出如图 5-18 所示的下拉列表，从中选择选项。

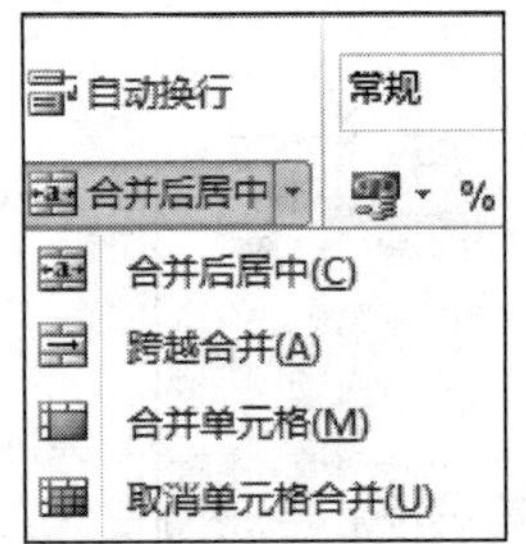

图 5-17 “合并后居中”下拉列表

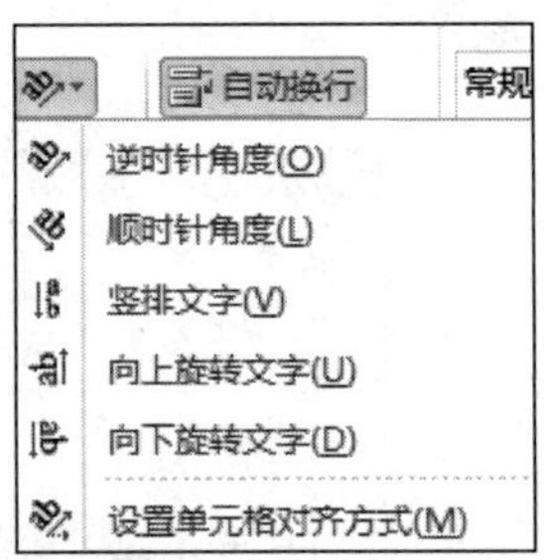

图 5-18 “方向”下拉列表

（4）单元格与行、列的操作。

1）在第一行之前插入表格标题“公司员工信息表”。

①选定第一行单元格。

②在“开始”选项卡“单元格”组中单击“插入”下拉按钮，单击“插入工作表行”，如图 5-19 所示。

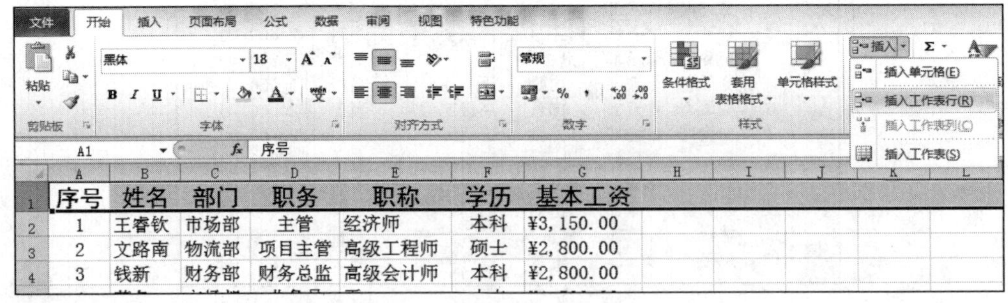

图 5-19 插入表格标题

③选择 A1:G1 范围的单元格，在“开始”选项卡“对齐方式”组中单击“合并后居中”，输入表格标题“公司员工信息表”。

2）对表格标题进行字体格式设置。

设置标题字体为“隶书”，28 号。如图 5-20 所示。

公司员工信息表

序号	姓名	部门	职务	职称	学历	基本工资
1	王春钦	市场部	主管	经济师	本科	¥3,150.00
2	文路南	物流部	项目主管	高级工程师	硕士	¥2,800.00
3	钱新	财务部	财务总监	高级会计师	本科	¥2,800.00
4	英冬	市场部	业务员	无	大专	¥1,500.00
5	令狐颖	行政部	内勤	无	高中	¥1,350.00
6	柏国力	物流部	部长	高级工程师	硕士	¥2,600.00
7	白俊伟	市场部	外勤	工程师	本科	¥2,200.00
8	夏蓝	市场部	业务员	无	高中	¥1,300.00
9	段齐	物流部	项目主管	工程师	本科	¥2,100.00
10	李莫薷	财务部	出纳	助理会计师	本科	¥1,400.00
11	林帝	行政部	副部长	经济师	本科	¥2,100.00
12	牛婷婷	市场部	主管	经济师	硕士	¥3,200.00

图 5-20　字体格式设置

知识拓展

1. 插入单元格、整行或整列

（1）在需要插入单元格的位置选定单元格。

（2）在“开始”选项卡“单元格”组中单击“插入”下拉按钮，弹出如图 5-21 所示的下拉列表，单击“插入工作表行”（或“插入工作表列”），则在工作表中插入整行（或整列）；如单击“插入单元格”选项，则弹出如图 5-22 所示的“插入”对话框。

或者右击选定单元格，在弹出的快捷菜单中选择“插入”选项，也弹出“插入”对话框。

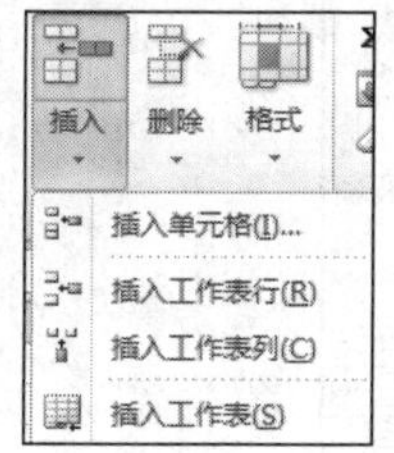

图 5-21　“插入”下拉列表

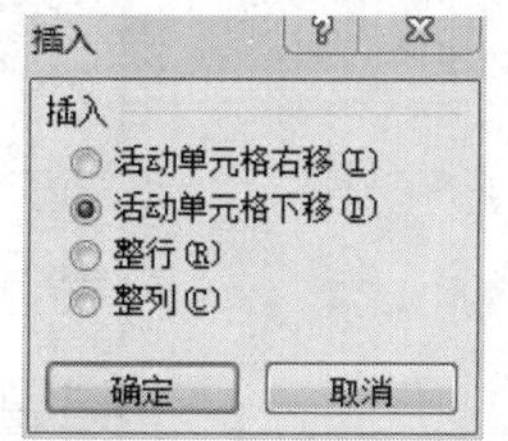

图 5-22　“插入”对话框

（3）在“插入”对话框中选择合适的选项。

（4）单击“确定”按钮。

2. 删除整行

（1）单击所要删除的行号。

（2）在“开始”选项卡“单元格”组中单击“删除”下拉按钮，弹出如图 5-23 所示的下拉列表，单击“删除工作表行”，则选定的行被删除，其下方的行整体向上移动。或者右击选定的行或单元格，在弹出的快捷菜单中选择“删除”选项，则会弹出如图 5-24 所示的“删除”对话框，选择“整行”，则选定的行被删除，其下方的行整体向上移动。

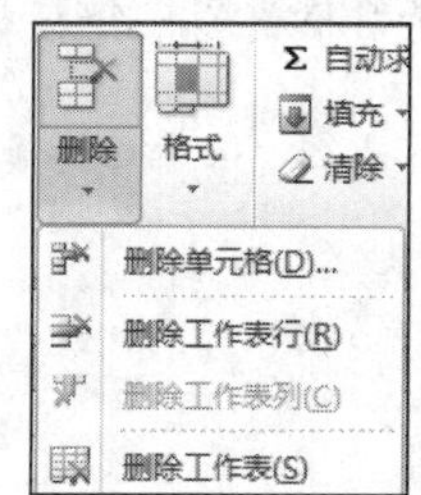

图 5-23　“删除”下拉列表

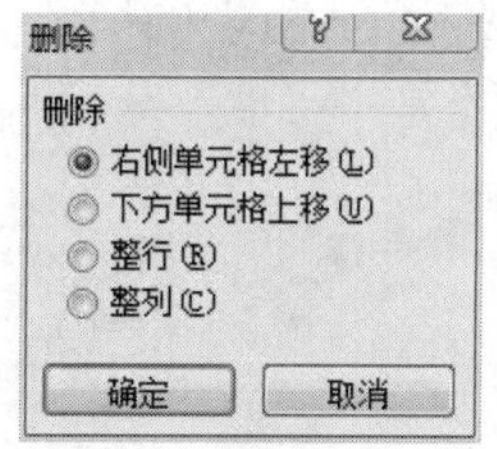

图 5-24　“删除”对话框

3. 删除整列

（1）单击所要删除的列标。

（2）在“开始”选项卡“单元格”组中单击“删除”下拉按钮，弹出“删除”下拉列表，选择“删除工作表列”，或者右击选定的列或单元格，在弹出的快捷菜单中选择“删除”选项，则会弹出如图 5-24 所示的“删除”对话框，选择“整列”，则被选定的列被删除，其右方的列整体向左移动。

4. 删除单元格

（1）单击所要删除的单元格或单元格区域。

（2）在“开始”选项卡“单元格”组中单击“删除”下拉按钮，弹出“删除”下拉列表，选择“删除单元格”，弹出如图 4-13 所示的“删除”对话框。

或者右击选定的单元格，在弹出的快捷菜单中选择“删除”选项，弹出“删除”对话框。

（3）在“删除”对话框中选择合适的选项。

（4）单击“确定”按钮。

插入删除单元格

5. 表格修饰

（1）选择除表格标题以外的所有单元格。

（2）在“开始”选项卡“样式”组中单击“套用表格格式”下拉按钮，在弹出的如图 5-25 所示的下拉列表中选择表格样式。

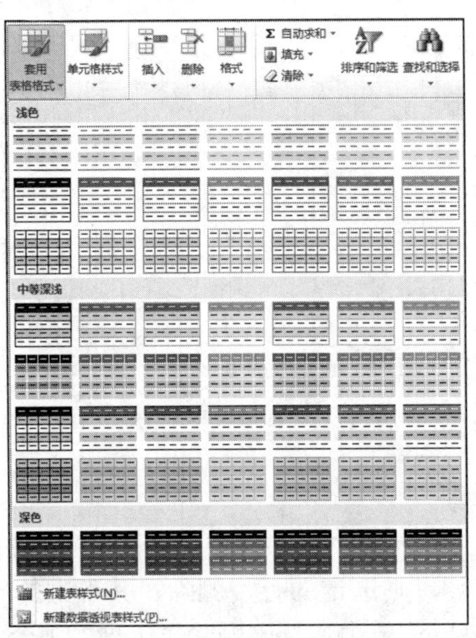

图 5-25 套用表格样式

（3）单击某一表格样式，弹出如图 5-26 所示的“套用表格式”对话框，选中“表包含标题”复选框，单击“确定”按钮，即可应用预设的表格样式。

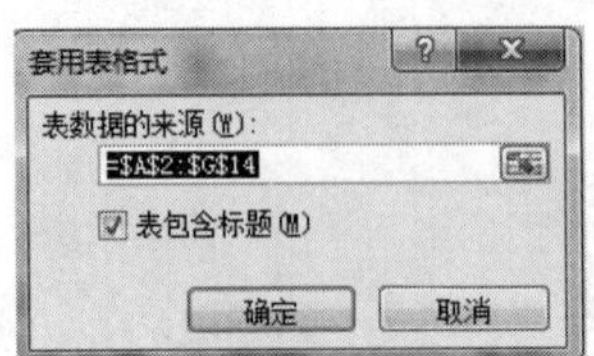

图 5-26 “套用表格式”对话框

表格套用样式后如图 5-27 所示。

公司员工信息表

序号	姓名	部门	职务	职称	学历	基本工资
1	王睿钦	市场部	主管	经济师	本科	¥3,150.00
2	文路南	物流部	项目主管	高级工程师	硕士	¥2,800.00
3	钱新	财务部	财务总监	高级会计师	本科	¥2,800.00
4	英冬	市场部	业务员	无	大专	¥1,500.00
5	令狐颖	行政部	内勤	无	高中	¥1,350.00
6	柏国力	物流部	部长	高级工程师	硕士	¥2,600.00
7	白俊伟	市场部	外勤	工程师	本科	¥2,200.00
8	夏蓝	市场部	业务员	无	高中	¥1,300.00
9	段齐	物流部	项目主管	工程师	本科	¥2,100.00
10	李莫薷	财务部	出纳	助理会计师	本科	¥1,400.00
11	林帝	行政部	副部长	经济师	本科	¥2,100.00
12	牛婷婷	市场部	主管	经济师	硕士	¥3,200.00

图 5-27　表格套用样式效果图

6. 设置边框

利用“边框”选项自动设置。

（1）选择要进行边框设置的单元格区域。

（2）在“开始”选项卡“字体”组中单击“所有框线”下拉按钮，弹出如图 5-28 所示的下拉列表，在“边框”选项中选择所需边框。

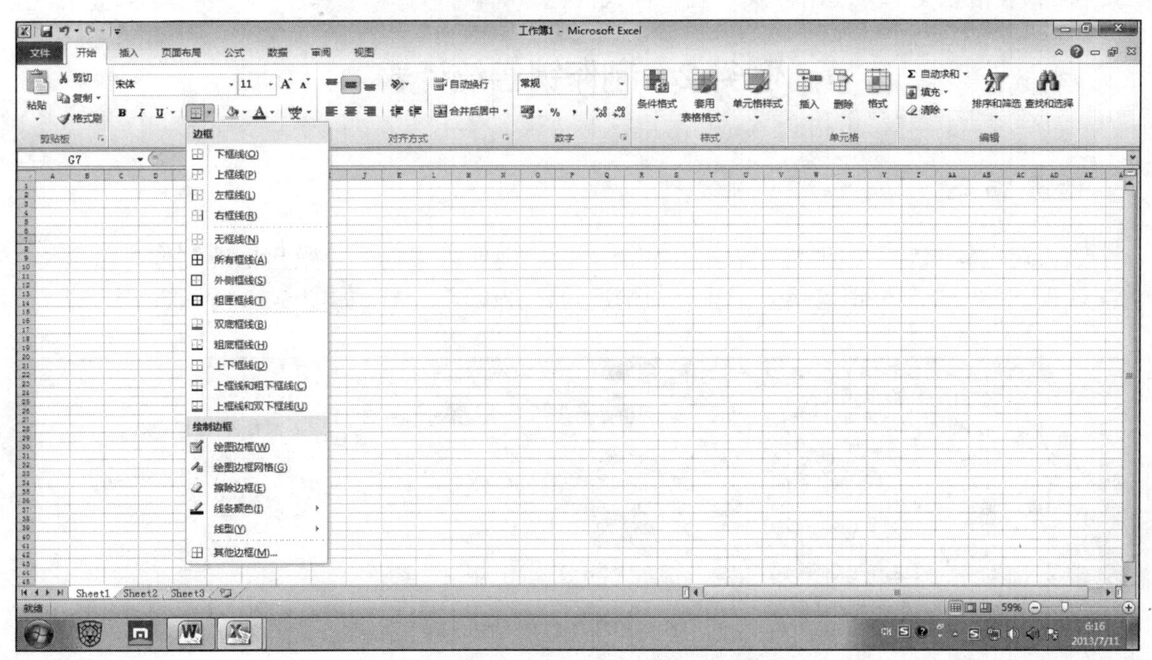

图 5-28　“所有框线”下拉列表

7. 设置底纹

美化工作表

（1）选择要进行底纹设置的单元格区域。

（2）通过“格式”下拉按钮打开“设置单元格格式”对话框，选择“填充”选项卡，在该选项卡中可以对所选区域进行颜色和图案的设置。

课后练习

参照图 5-29，制作一份产品销售情况统计表。

产品销售情况统计表						
销售地区	商品名称	品牌	规格	单价	数量	销售金额
北京	彩电	SN	40寸液晶	7500	90	￥675,000.00
杭州	空调	HR	KFR-26GW/27BP	2619	300	￥785,700.00
上海	彩电	FLP	42寸液晶	8990	100	￥899,000.00
天津	冰箱	HX	BCD-197T	1613	120	￥193,560.00
北京	冰箱	HR	BCD-215KA	2106	200	￥421,200.00
天津	彩电	SH	PT42600NHD	6999	50	￥349,950.00
天津	空调	HR	KF-23GW/Z8	1799	210	￥377,790.00
杭州	冰箱	HR	BCD-215KA	2148	30	￥64,440.00
上海	空调	HX	KFR-26GW/27BP	2599	450	￥1,169,550.00
杭州	彩电	SN	40寸液晶	7650	170	￥1,300,500.00
北京	空调	HR	KFRD-23GW	3979	370	￥1,472,230.00
上海	冰箱	SMZ	KK20V71TI	2268	200	￥453,600.00
北京	空调	HX	KFR-26GW/27BP	2490	160	￥398,400.00

图 5-29 产品销售情况统计表效果图

操作提示：

（1）表格标题文字为黑体，18 号。

（2）表格正文部分套用样式“表格样式浅色 14”。

任务 2 制作销售统计表

任务描述

该公司销售部对于各销售代表进行年度评价，现要求根据去年销售情况制作一份全年销售统计表，并结合各位销售代表销售完成情况给定业绩奖。样表如图 5-30 所示。

	A	B	C	D	E	F	G	H	I	J	K	L	M	N	O	P	Q
1	“为食家”大排档啤酒销售情况表																
2	销售员	品牌	进价（元）	进货（瓶）	售价（元）	一周销售情况							本周销量（瓶）	日平均销量(瓶)	周利润	业绩评定	业绩奖励
3						日	一	二	三	四	五	六					
4	孟凯	蓝带	3.5	300	7.00	53	22	25	31	36	29	46	242	35	847	优	127.05
5	辛旺	珠江	3	300	6.00	62	25	26	35	31	28	50	257	37	771	良	77.1
6	马洪涛	蓝妹	4.5	250	8.00	55	18	21	26	34	22	39	215	31	753	良	75.25
7	张平	生力	5	250	8.00	50	20	23	28	33	18	42	214	31	642	良	64.2
8	杨洋	纯生	2	300	4.00	68	26	24	30	33	23	56	260	37	520	合格	26
9	陆路	山水	1.8	350	3.50	73	28	30	33	39	26	67	296	42	503	合格	25.16
10																	

图 5-30 样表效果图

任务分析

本任务主要考查如何应用 Excel 软件的公式和函数进行汇总、统计，数据格式的设置，条件格式的应用，利用排序实现显示数据的降序或者升序排列，灵活使用条件格式突出显示数据结果。

知识准备

1. 常用函数介绍

（1）求和函数：SUM()。

功能：计算所有参数数值的和。

使用格式：SUM(Number1,Number2,…)

参数说明：Number1、Number2……为 1～255 个需要求和的参数，代表需要计算的值，参数可以是数字、文本、逻辑值，也可以是单元格引用等。如果参数是单元格引用，那么引用中的空白单元格、逻辑值、文本值和错误值将被忽略，即取值为 0。

（2）有条件的求和函数：SUMIF()。

功能：对满足指定条件的单元格求和。

使用格式：SUMIF(Range,Criteria,Sum_Range)

参数说明：Range 为条件判断的单元格区域；Criteria 为指定条件表达式；Sum_Range 为需要计算的数值所在单元格区域。

（3）求平均值函数：AVERAGE()。

功能：求出所有参数的算术平均值。

使用格式：AVERAGE(Number1,Number2,…)

参数说明：Number1、Number2……为需要求平均值的数值或引用单元格（区域），参数不超过 255 个。

（4）求最大值函数：MAX()。

功能：求出一组数中的最大值。

使用格式：MAX(Number1,Number2,…)

参数说明：Number1、Number2……为需要求最大值的数值或引用单元格（区域），参数不超过 255 个。

（5）求最小值函数：MIN()。

功能：求出一组数中的最小值。

使用格式：MIN(Number1,Number2,…)

参数说明：Number1、Number2……为需要求最小值的数值或引用单元格（区域），参数不超过 255 个。

（6）绝对值函数：ABS()。

函数使用

功能：求出相应数字的绝对值。

使用格式：ABS(Number)

参数说明：Number 为需要求绝对值的数值或引用的单元格。

（7）取整函数：INT()。

功能：将数值向下取整为最接近的整数。

使用格式：INT(Number)

参数说明：Number 表示需要取整的数值或包含数值的引用单元格。

（8）求余函数：MOD()。

功能：求出两数相除的余数。

使用格式：MOD(Number,Divisor)

参数说明：Number 为被除数；Divisor 为除数。

（9）判断函数：IF()。

功能：根据对指定条件的逻辑判断的真假结果，返回相对应的内容。

使用格式：IF(Logical,Value_if_true,Value_if_false)

参数说明：Logical 为逻辑判断表达式；Value_if_true 表示当判断条件为逻辑“真（TRUE）”时的显示内容，如果忽略返回“TRUE”；Value_if_false 表示当判断条件为逻辑“假（FALSE）”时的显示内容，如果忽略返回“FALSE”。

（10）计数函数：COUNT()。

功能：统计参数表中的数字参数和包含数字的单元格个数。

使用格式：COUNT(Value1,Value2,…)

参数说明：Value1、Value2……为 1～255 个可以包含或引用各种不同类型数据的参数，但只对数字型数据进行计算。

（11）有条件的计数函数：COUNTIF()。

功能：统计某个单元格区域中符合指定条件的单元格数目。

使用格式：COUNTIF(Range,Criteria)

参数说明：Range 为要统计的单元格区域；Criteria 为指定的条件表达式。

任务实现

1. 打开工作簿和表

在 Excel 中，打开一个名为“任务 2.xlsx”工作簿。该工作簿 Sheet1 中有如图 5-31 所示的内容。

	A	B	C	D	E	F	G	H	I	J	K	L	M	N	O	P	Q
1	“为食家”大排档啤酒销售情况表																
2		品牌	进价	进货	售价	一周销售情况							本周销量	日平均销	周利润	业绩评定	业绩奖励
3	销售员		(元)	(瓶)	(元)	日	一	二	三	四	五	六	(瓶)	量(瓶)			
4	张平	生力	5	250	8.00	50	20	23	28	33	18	42					
5	辛旺	珠江	3	300	6.00	62	25	26	35	31	28	50					
6	杨洋	纯生	2	300	4.00	68	26	24	30	33	23	56					
7	陆路	山水	1.8	350	3.50	73	28	30	33	39	26	67					
8	孟凯	蓝带	3.5	300	7.00	53	22	25	31	36	29	46					
9	马洪涛	蓝妹	4.5	250	8.00	55	18	21	26	34	22	39					

图 5-31　打开工作簿

2. 计算“本周销量（瓶）”值

（1）计算“生力”品牌的本周销量。选定 M4 单元格，直接输入公式“=SUM(F4:L4)”，按回车键确定。数据值计算结果如图 5-32 所示。

	A	B	C	D	E	F	G	H	I	J	K	L	M	N	O	P	Q
1	“为食家”大排档啤酒销售情况表																
2		品牌	进价	进货	售价	一周销售情况							本周销量	日平均销	周利润	业绩评定	业绩奖励
3	销售员		(元)	(瓶)	(元)	日	一	二	三	四	五	六	(瓶)	量(瓶)			
4	张平	生力	5	250	8.00	50	20	23	28	33	18	42	214				
5	辛旺	珠江	3	300	6.00	62	25	26	35	31	28	50					
6	杨洋	纯生	2	300	4.00	68	26	24	30	33	23	56					
7	陆路	山水	1.8	350	3.50	73	28	30	33	39	26	67					
8	孟凯	蓝带	3.5	300	7.00	53	22	25	31	36	29	46					
9	马洪涛	蓝妹	4.5	250	8.00	55	18	21	26	34	22	39					

图 5-32　数据值计算结果

（2）计算其他商品的本周销量。选定 M4 单元格后，将鼠标指向该单元格右下角的填充柄，按住左键不松，拖拽到 M9 单元格即可。数据值计算结果如图 5-33 所示。

	A	B	C	D	E	F	G	H	I	J	K	L	M	N	O	P	Q
1	“为食家”大排档啤酒销售情况表																
2	销售员	品牌	进价（元）	进货（瓶）	售价（元）	一周销售情况							本周销量（瓶）	日平均销量（瓶）	周利润	业绩评定	业绩奖励
3						日	一	二	三	四	五	六					
4	张平	生力	5	250	8.00	50	20	23	28	33	18	42	214				
5	辛旺	珠江	3	300	6.00	62	25	26	35	31	28	50	257				
6	杨洋	纯生	2	300	4.00	68	26	24	30	33	23	56	260				
7	陆路	山水	1.8	350	3.50	73	28	30	33	39	26	67	296				
8	孟凯	蓝带	3.5	300	7.00	53	22	25	31	36	29	46	242				
9	马洪涛	蓝妹	4.5	250	8.00	55	18	21	26	34	22	39	215				

图 5-33　填充的结果

3. 计算“日平均销量（瓶）”值

（1）计算“生力”品牌的日平均销量。选定 N4 单元格，在“公式”选项卡“函数库”组单击“插入函数”按钮，如图 5-34 所示。

在弹出的“插入函数”对话框中，在“选择函数”列表框中选择 AVERAGE，如图 5-35 所示，然后单击“确定”按钮。

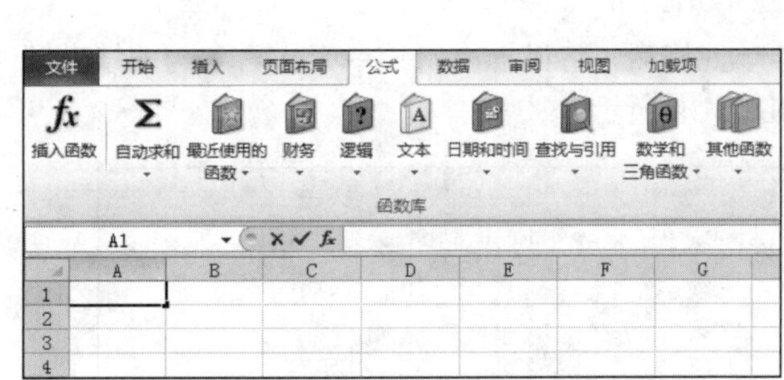

图 5-34　选定单元格

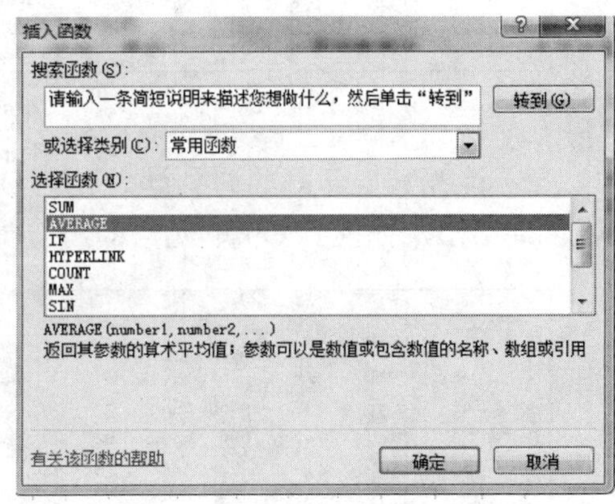

图 5-35　“插入函数”对话框

在弹出的“函数参数”对话框中，在 Number1 文本框中输入“F4:L4”，如图 5-36 所示，然后单击“确定”按钮。

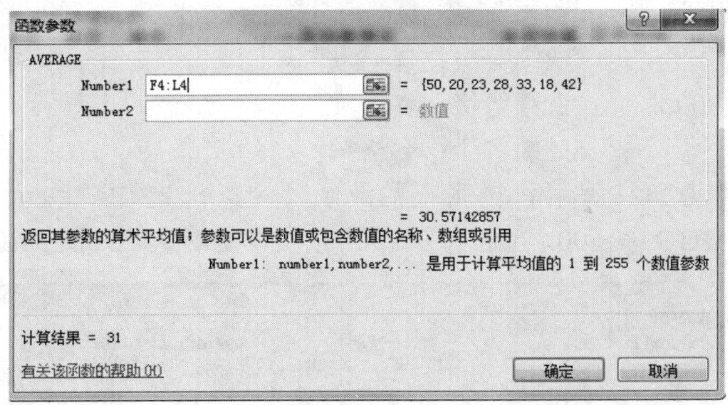

图 5-36　“函数参数”对话框

（2）计算其他商品的日平均销量。选定 N4 单元格后，将鼠标指向该单元格右下角的填充柄，按住左键不松，拖拽到 N9 单元格即可。如图 5-37 所示。

	A	B	C	D	E	F	G	H	I	J	K	L	M	N	O	P	Q
1	"为食家"大排档啤酒销售情况表																
2		品牌	进价（元）	进货（瓶）	售价（元）	一周销售情况							本周销量（瓶）	日平均销量（瓶）	周利润	业绩评定	业绩奖励
3	销售员					日	一	二	三	四	五	六					
4	张平	生力	5	250	8.00	50	20	23	28	33	18	42	214	31			
5	辛旺	珠江	3	300	6.00	62	25	26	35	31	28	50	257	37			
6	杨洋	纯生	2	300	4.00	68	26	24	30	33	23	56	260	37			
7	陆路	山水	1.8	350	3.50	73	28	30	33	39	26	67	296	42			
8	孟凯	蓝带	3.5	300	7.00	53	22	25	31	36	29	46	242	35			
9	马洪涛	蓝妹	4.5	250	8.00	55	18	21	26	34	22	39	215	31			

图 5-37 计算日平均销量

4. 计算"周利润"值

（1）计算"生力"品牌的周利润。计算机公式为：周利润=本周销量×（售价-进价）。选定 O4 单元格，在单元格中输入"=M4*(E4-C4)"，按回车键确认。如图 5-38 所示。

	A	B	C	D	E	F	G	H	I	J	K	L	M	N	O	P	Q
1	"为食家"大排档啤酒销售情况表																
2		品牌	进价（元）	进货（瓶）	售价（元）	一周销售情况							本周销量（瓶）	日平均销量（瓶）	周利润	业绩评定	业绩奖励
3	销售员					日	一	二	三	四	五	六					
4	张平	生力	5	250	8.00	50	20	23	28	33	18	42	214	31	642		
5	辛旺	珠江	3	300	6.00	62	25	26	35	31	28	50	257	37			
6	杨洋	纯生	2	300	4.00	68	26	24	30	33	23	56	260	37			
7	陆路	山水	1.8	350	3.50	73	28	30	33	39	26	67	296	42			
8	孟凯	蓝带	3.5	300	7.00	53	22	25	31	36	29	46	242	35			
9	马洪涛	蓝妹	4.5	250	8.00	55	18	21	26	34	22	39	215	31			

图 5-38 公式计算

（2）计算其他商品的周利润。选定 O4 单元格后，将鼠标指向该单元格右下角的填充柄，按住左键不松，拖拽到 O9 单元格即可。如图 5-39 所示。

	A	B	C	D	E	F	G	H	I	J	K	L	M	N	O	P	Q
1	"为食家"大排档啤酒销售情况表																
2		品牌	进价（元）	进货（瓶）	售价（元）	一周销售情况							本周销量（瓶）	日平均销量（瓶）	周利润	业绩评定	业绩奖励
3	销售员					日	一	二	三	四	五	六					
4	张平	生力	5	250	8.00	50	20	23	28	33	18	42	214	31	642		
5	辛旺	珠江	3	300	6.00	62	25	26	35	31	28	50	257	37	771		
6	杨洋	纯生	2	300	4.00	68	26	24	30	33	23	56	260	37	520		
7	陆路	山水	1.8	350	3.50	73	28	30	33	39	26	67	296	42	503		
8	孟凯	蓝带	3.5	300	7.00	53	22	25	31	36	29	46	242	35	847		
9	马洪涛	蓝妹	4.5	250	8.00	55	18	21	26	34	22	39	215	31	753		

图 5-39 计算周利润

5. 计算"业绩评定"值

业绩评定标准如下：

周利润≥800　　　　　业绩等级：优

600<销售业绩<800　　　业绩等级：良

销售业绩≤600　　　　业绩等级：合格

（1）计算"生力"品牌销售员张平的业绩评定。选定 P4 单元格，直接输入公式"=IF(O4>=800,"优",IF(O4<=600,"合格","良"))"，按回车键确认。如图 5-40 所示。

	A	B	C	D	E	F	G	H	I	J	K	L	M	N	O	P	Q
1	"为食家"大排档啤酒销售情况表																
2		品牌	进价（元）	进货（瓶）	售价（元）	一周销售情况							本周销量（瓶）	日平均销量（瓶）	周利润	业绩评定	业绩奖励
3	销售员					日	一	二	三	四	五	六					
4	张平	生力	5	250	8.00	50	20	23	28	33	18	42	214	31	642	良	
5	辛旺	珠江	3	300	6.00	62	25	26	35	31	28	50	257	37	771		
6	杨洋	纯生	2	300	4.00	68	26	24	30	33	23	56	260	37	520		
7	陆路	山水	1.8	350	3.50	73	28	30	33	39	26	67	296	42	503		
8	孟凯	蓝带	3.5	300	7.00	53	22	25	31	36	29	46	242	35	847		
9	马洪涛	蓝妹	4.5	250	8.00	55	18	21	26	34	22	39	215	31	753		

图 5-40 业绩评定

（2）计算其他商品销售员的业绩评定。选定 P4 单元格后，将鼠标指向该单元格右下角的填充柄，按住左键不松，拖拽到 P9 单元格即可。如图 5-41 所示。

	A	B	C	D	E	F	G	H	I	J	K	L	M	N	O	P	Q
1	"为食家"大排档啤酒销售情况表																
2		品牌	进价（元）	进货（瓶）	售价（元）	一周销售情况							本周销量（瓶）	日平均销量（瓶）	周利润	业绩评定	业绩奖励
3	销售员					日	一	二	三	四	五	六					
4	张平	生力	5	250	8.00	50	20	23	28	33	18	42	214	31	642	良	
5	辛旺	珠江	3	300	6.00	62	25	26	35	31	28	50	257	37	771	良	
6	杨洋	纯生	2	300	4.00	68	26	24	30	33	23	56	260	37	520	合格	
7	陆路	山水	1.8	350	3.50	73	28	30	33	39	26	67	296	42	503	合格	
8	孟凯	蓝带	3.5	300	7.00	53	22	25	31	36	29	46	242	35	847	优	
9	马洪涛	蓝妹	4.5	250	8.00	55	18	21	26	34	22	39	215	31	753	良	

图 5-41　业绩评定结果

6. 结合业绩评定，给定业绩奖励

业绩奖励金额计算标准如下：

评定等级=优　　　　业绩奖励=周利润×15%

评定等级=良　　　　业绩奖励=周利润×10%

评定等级=合格　　　业绩奖励=周利润×5%

（1）计算"生力"品牌销售员张平的业绩奖励金额。选定 Q4 单元格，直接输入公式"=IF(P4="优",O4*0.15,IF(P4="良",O4*0.1,IF(P4="合格",O4*0.05)))"，按回车键确认。如图 5-42 所示。

	A	B	C	D	E	F	G	H	I	J	K	L	M	N	O	P	Q
1	"为食家"大排档啤酒销售情况表																
2		品牌	进价（元）	进货（瓶）	售价（元）	一周销售情况							本周销量（瓶）	日平均销量（瓶）	周利润	业绩评定	业绩奖励
3	销售员					日	一	二	三	四	五	六					
4	张平	生力	5	250	8.00	50	20	23	28	33	18	42	214	31	642	良	64.2
5	辛旺	珠江	3	300	6.00	62	25	26	35	31	28	50	257	37	771	良	
6	杨洋	纯生	2	300	4.00	68	26	24	30	33	23	56	260	37	520	合格	
7	陆路	山水	1.8	350	3.50	73	28	30	33	39	26	67	296	42	503	合格	
8	孟凯	蓝带	3.5	300	7.00	53	22	25	31	36	29	46	242	35	847	优	
9	马洪涛	蓝妹	4.5	250	8.00	55	18	21	26	34	22	39	215	31	753	良	

图 5-42　计算业绩奖励金额

（2）计算其他商品销售员的业绩奖励金额。选定 Q4 单元格后，将鼠标指向该单元格右下角的填充柄，按住左键不松，拖拽到 Q9 单元格即可。如图 5-43 所示。

	A	B	C	D	E	F	G	H	I	J	K	L	M	N	O	P	Q
1	"为食家"大排档啤酒销售情况表																
2		品牌	进价（元）	进货（瓶）	售价（元）	一周销售情况							本周销量（瓶）	日平均销量（瓶）	周利润	业绩评定	业绩奖励
3	销售员					日	一	二	三	四	五	六					
4	张平	生力	5	250	8.00	50	20	23	28	33	18	42	214	31	642	良	64.2
5	辛旺	珠江	3	300	6.00	62	25	26	35	31	28	50	257	37	771	良	77.1
6	杨洋	纯生	2	300	4.00	68	26	24	30	33	23	56	260	37	520	合格	26
7	陆路	山水	1.8	350	3.50	73	28	30	33	39	26	67	296	42	503	合格	25.16
8	孟凯	蓝带	3.5	300	7.00	53	22	25	31	36	29	46	242	35	847	优	127.05
9	马洪涛	蓝妹	4.5	250	8.00	55	18	21	26	34	22	39	215	31	753	良	75.25

图 5-43　业绩奖励

提示：工作表中数据的快速计算见本节"知识拓展"内容。

7. 按照周利润值的大小降序排列

选中表格中 A4:Q9 单元格区域，打开"数据"选项卡，在"排序和筛选"组中单击"排序"按钮，打开"排序"对话框，如图 5-44 所示。在"排序"对话框的"主要关键字"下拉列表中选择"列 O"选项，在"排序依据"下拉列表中选择"数值"选项，在"次序"下拉列表中选择"降序"选项。

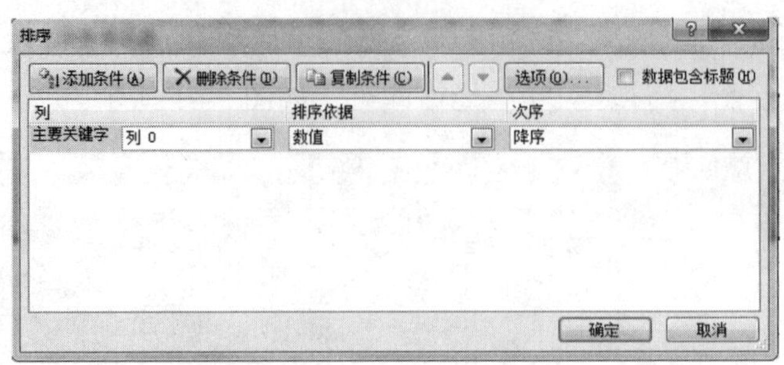

图 5-44 “排序”对话框

单击“确定”按钮，即可完成排序设置，效果如图 5-45 所示。

“为食家”大排档啤酒销售情况表

销售员	品牌	进价（元）	进货（瓶）	售价（元）	一周销售情况 日	一	二	三	四	五	六	本周销量（瓶）	日平均销量（瓶）	周利润	业绩评定	业绩奖励
孟凯	蓝带	3.5	300	7.00	53	22	25	31	36	29	46	242	35	847	优	127.05
辛旺	珠江	3	300	6.00	62	25	26	35	31	28	50	257	37	771	良	77.1
马洪涛	蓝妹	4.5	250	8.00	55	18	21	26	34	22	39	215	31	753	良	75.25
张平	生力	5	250	8.00	50	20	23	28	33	18	42	214	31	642	良	64.2
杨洋	纯生	2	300	4.00	68	26	24	30	33	23	56	260	37	520	合格	26
陆路	山水	1.8	350	3.50	73	28	30	33	39	26	67	296	42	503	合格	25.16

图 5-45 排序结果

8. 用条件格式设置单元格格式

用条件格式对周利润≥700 的数据用“浅红填充色深红色文本”进行设置。选定 P4:P9 单元格区域，在“开始”选项卡“样式”组中单击“条件格式”下拉按钮，选择“突出显示单元格规则”，再选择“大于”，如图 5-46 所示。

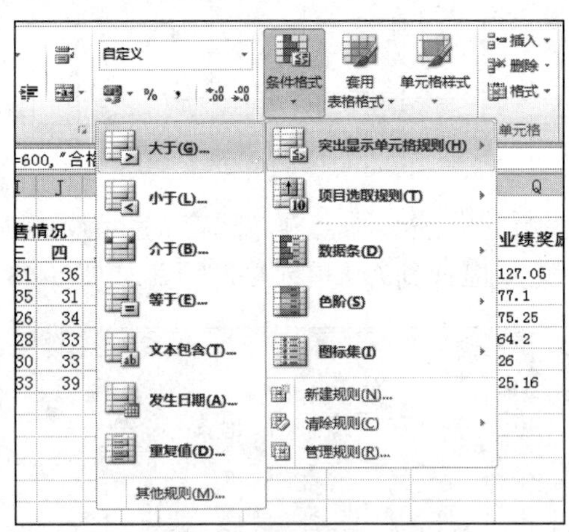

图 5-46 突出显示单元格规则

打开如图 5-47 所示的对话框，输入 700，在“设置为”下拉列表中选择“浅红填充色深红色文本”。如图 5-47 所示。

图 5-47 “大于”对话框

单击“确定”按钮，效果如图 5-48 所示。

	A	B	C	D	E	F	G	H	I	J	K	L	M	N	O	P	Q
1	“为食家”大排档啤酒销售情况表																
2	销售员	品牌	进价（元）	进货（瓶）	售价（元）	一周销售情况							本周销量（瓶）	日平均销量(瓶)	周利润	业绩评定	业绩奖励
3						日	一	二	三	四	五	六					
4	孟凯	蓝带	3.5	300	7.00	53	22	25	31	36	29	46	242	35	847	优	127.05
5	辛旺	珠江	3	300	6.00	62	25	26	35	31	28	50	257	37	771	良	77.1
6	马洪涛	蓝妹	4.5	250	8.00	55	18	21	26	34	22	39	215	31	753	良	75.25
7	张平	生力	5	250	8.00	50	20	23	28	33	18	42	214	31	642	良	64.2
8	杨洋	纯生	2	300	4.00	68	26	24	30	33	23	56	260	37	520	合格	26
9	陆路	山水	1.8	350	3.50	73	28	30	33	39	26	67	296	42	503	合格	25.16

图 5-48　设置后的效果

知识拓展

1. 工作表中数据的快速计算

（1）简单计算。求和、求平均值、计数、求最大值和最小值是常用的简单计算，在“开始”选项卡“编辑”组中提供了这些简单计算的功能，可以快捷完成计算，如图 5-49 所示。

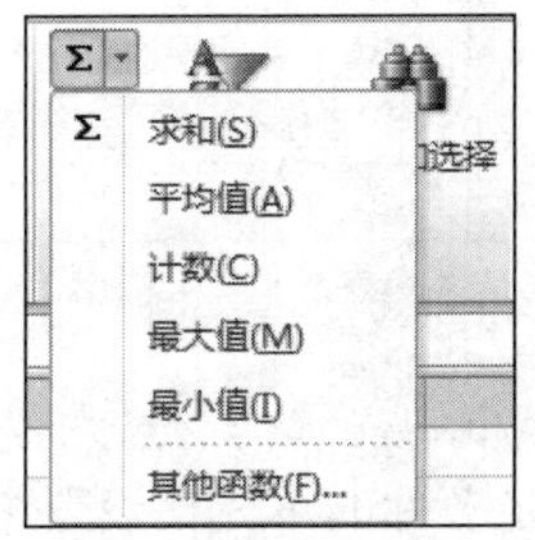

图 5-49　简单计算

（2）自动计算。Excel 2010 提供“自动计算”功能，利用它可以自动计算选定单元格的总和、平均值、计数、最大值和最小值等。如图 5-50 所示，利用“自动计算”功能计算 A1:A5 单元格区域的总和、最大值和平均值。

图 5-50　自动计算

2. 条件格式

Excel 2010 中的条件格式是指在单元格中输入的内容满足预先设置的条件之后，就自动给该单元格预先设置各种样式，并突出显示要检查的动态数据。

条件格式即单元格格式，包括单元格的底纹、字体等。

（1）首先选中要设置格式的单元格区域。

（2）在“开始”选项卡“样式”组中单击“条件格式”下拉按钮，弹出如图 5-51 所示的下拉列表，选择其中的“新建规则”选项，打开如图 5-52 所示的“新建格式规则”对话框。

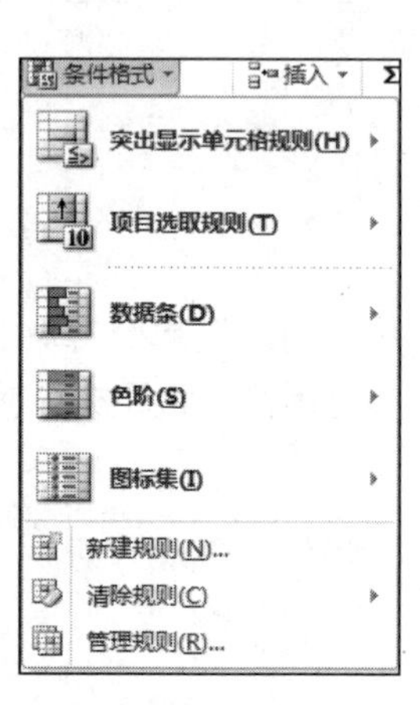

图 5-51 “条件格式”下拉列表

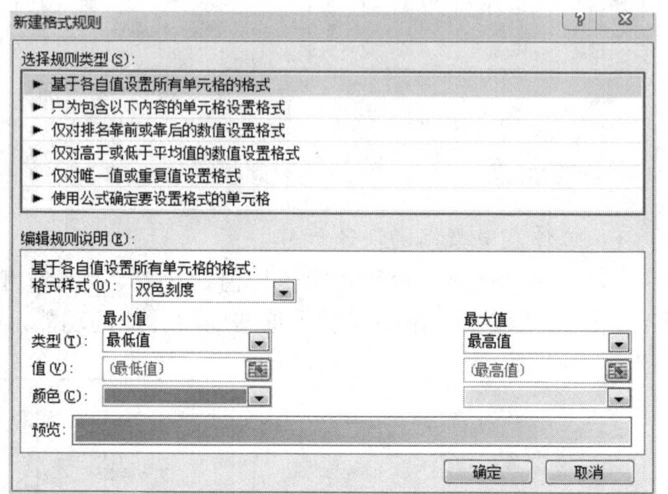

图 5-52 “新建格式规则”对话框

（3）在 “选择规则类型”列表框中，选择“只为包含以下内容的单元格设置格式”，出现如图 5-53 所示对话框，可以为满足条件的单元格设置格式。

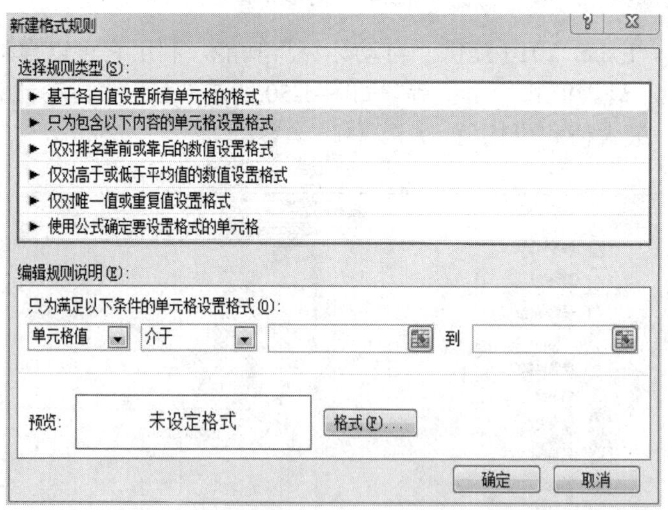

图 5-53 选择“只为包含以下内容的单元格设置格式”

选择“单元格值”选项，在右侧设置格式条件，例如，选择下拉列表中的“介于”选项，后面出现两个文本框，在其中输入数值即可。单击“格式”按钮，打开“设置单元格格式”对话框，其中包含有“数字”“字体”“边框”和“填充”4 个选项卡，在各选项卡中分别设置文本的具体格式。

（4）如果要编辑某个条件，则在图 5-51 中选择“管理规则”，打开如图 5-54 所示的“条件格式规则管理器”对话框，在该对话框中有“新建规则”“编辑规则”和“删除规则”三个按钮，分别可以进行新建规则、编辑规则和删除规则操作。

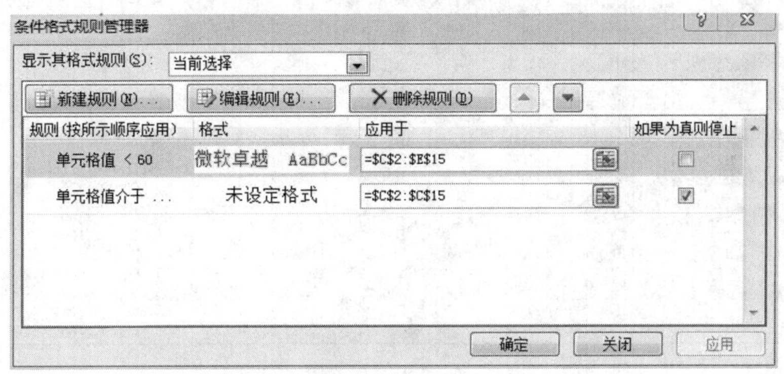

图 5-54　“条件格式规则管理器”对话框

（5）如果要删除规则，首先选择要删除规则的数据区域，单击“条件格式”下拉按钮，弹出下拉列表，选择“清除规则”选项，或在“条件格式规则管理器”对话框中单击“删除规则”按钮，进行相应的删除操作。

课后练习

1．参照图 5-55，制作一份教师积分表。

华信学院教师积分表									
姓名	性别	职称	出勤奖分	评教得分	竞赛奖分	综合分数	其它	年终总分	评级
孔德	男	教授	78	85	78	81.5	8.7	90.2	优
石清	女	教授	74	68	74	71	7.8	78.8	合格
李珍	女	教授	77	78	57	71.5	8.5	80	合格
杨凤	女	副教授	78	96	65	83.1	7.8	90.9	优
石富	男	讲师	70	60	85	69.5	8.6	78.1	合格
张宝	男	讲师	77	88	85	84.9	8.7	93.6	优
刘英	女	副教授	78	87	75	81.6	8.4	90	优
李国	男	讲师	71	85	74	78.9	8.4	87.3	良
叶华	女	副教授	75	87	84	83.7	7.5	91.2	优
李武	男	教授	76	87	74	80.9	7.4	88.3	良

图 5-55　教师积分表效果图

操作提示：

（1）打开“拓展 2_1.xlsx”文档。

（2）用公式计算出综合分数，其中综合分数=出勤奖分×0.2+评价得分×0.5+竞赛奖分×0.3。

（3）用 SUM 函数计算出年终总分，其中年终总分为“综合分数”加上“其他”的和值。

（4）用 IF 函数计算出评级的结果。具体情况为：

年终总分≥90　　　　评级：优

80 < 年终总分 < 90　　　　评级：良

年终总分≤80　　　　评级：合格

（5）将评级结果为“优”和“良”的单元格用“红色”背景进行填充。

2．参照图 5-56，制作一份公司职员工资表。

某公司职员工资表										
部门名称	职员姓名	基本工资	奖金	加班费	补助	应发工资	旷工	水电费	房租费	实发工资
人事部	于飞	1200.00	400.00	130.00	200.00	1930.00	30.00	41.00	120.00	1739.00
人事部	王子奇	1200.00	400.00	30.00	200.00	1830.00	15.00	44.00	120.00	1651.00
后勤部	王宏伟	1000.00	400.00	30.00	200.00	1630.00	0.00	42.00	120.00	1468.00
财务部	周松	1300.00	400.00	40.00	200.00	1940.00	60.00	50.00	120.00	1710.00
后勤部	孙飞	1000.00	400.00	50.00	200.00	1650.00	60.00	48.00	120.00	1422.00
保安部	赵阳	1000.00	400.00	100.00	200.00	1700.00	15.00	46.00	0.00	1639.00
保安部	曾艳芳	1000.00	400.00	40.00	200.00	1640.00	60.00	39.00	120.00	1421.00
财务部	金立	1300.00	400.00	60.00	200.00	1960.00	30.00	40.00	120.00	1770.00
后勤部	王芳	1000.00	400.00	40.00	200.00	1640.00	50.00	42.00	0.00	1548.00
商品部	肖杰	1200.00	400.00	70.00	200.00	1870.00	0.00	40.00	120.00	1710.00
出纳部	刘颖	1400.00	400.00	40.00	200.00	2040.00	30.00	40.00	120.00	1850.00
统计部	杨洋	1400.00	400.00	80.00	200.00	2080.00	30.00	47.00	120.00	1883.00
出纳部	田超	1400.00	400.00	40.00	200.00	2040.00	30.00	47.00	120.00	1843.00
商品部	邹恒	1500.00	400.00	40.00	200.00	2140.00	0.00	55.00	0.00	2085.00
商品部	宋欢	1500.00	400.00	100.00	200.00	2200.00	0.00	36.00	120.00	2044.00
平均值		1226.67	400.00	59.33	200.00	1886.00	27.33	43.80	96.00	1718.87
总计		18400.00	6000.00	890.00	3000.00	28290.00	410.00	657.00	1440.00	25783.00

图 5-56　公司职员工资表效果图

操作提示：

（1）打开“拓展 2_2.xlsx”文档。

（2）用 SUM 函数计算出应发工资。

（3）用公式计算出实发工资，其中实发工资=应发工资－旷工－水电费－房租费。

（4）用函数计算出第 18 行的平均值和第 19 行的总计结果。

（5）将加班费 < 50，旷工扣款 > 50，实发工资 > 2000 的单元格用“红色”背景进行填充。

任务 3　数据分析与处理

任务描述

某高校对英语成绩进行按条件查询，分析并获得同学们的学习效果。处理数据时所要用到的功能主要有自动筛选、高级筛选、分类汇总。样表如图 5-57 所示。

	A	B	C	D	E	F
1	英语成绩表					
2	姓名	性别	系部	听力	口语	作文
5	张玲玲	女	机械系	77	78	57
6	高海	男	机械系	77	88	85
7	任勇	男	机械系	76	87	74
8	李朝	男	计算机系	78	82	78
9	江峰	男	计算机系	88	80	85
10	赵丽娟	女	计算机系	78	87	75
11	杨洋	女	汽车系	78	96	65
12	王硕	男	汽车系	92	85	73

图 5-57　任务效果图

任务分析

本任务主要考查在 Excel 中利用自动筛选和高级筛选实现显示满足条件的数据行，利用分类汇总来分类统计某些字段的汇总函数值，利用数据透视表实现数据简便、快速地重新组织和统计。

知识准备

1．筛选数据

数据筛选功能是指只显示数据清单中符合条件的记录，那些不满足条件的记录暂时被隐藏起来。筛选是一种用于快速查找数据清单中数据的方法。在 Excel 中提供了“自动筛选”和“高级筛选”两种方法来筛选数据。

自动筛选：可以实现较简单的筛选功能。一般情况下，“自动筛选”就能够满足大部分的需要。

高级筛选：用户设定的筛选条件很复杂，这时就需要使用高级筛选。

2．高级筛选操作

在实际应用中，常常涉及更为复杂的筛选条件，此时利用自动筛选有很多局限，甚至无法完成，这时就需要使用高级筛选。

单条件筛选

高级筛选一次将所有条件全部指定，然后在数据清单中找出满足这些条件的记录。它在本质上与自动筛选并无区别，但可以在筛选之前将筛选条件定义在工作表另外的单元格区域中，这些放置筛选条件的单元格区域称为条件区域，利用筛选条件区域的条件便能一次性地将满足多个条件的记录筛选出来。

高级筛选是一种快速高效的筛选方法，它既可将筛选出的结果在源数据清单处显示出来，也可以把筛选出的结果放在另外的单元格区域之中。

多条件筛选

3．分类汇总

在实际工作中，人们常常需要把众多的数据分类汇总，使得这些数据能提供更加清晰的信息。例如，在电脑公司的销售表中，通常需要知道每种产品的销售数量和销售额；在公司每月发放工资时，需要知道各个部门的总工资额、平均工资情况等。Excel 提供了该项功能，可以自动对数据项进行分类汇总。

分类汇总和分级显示是 Excel 中密不可分的两个功能。在进行数据汇总的过程中，常常需要对工作表中的数据进行人工分级，这样就可以更好地将工作表中的明细数据显示出来。

分类汇总的方式有很多，如求和、计数、求平均值等。需要指出的是，在分类汇总之前首先应对数据清单排序。

任务实现

1．打开工作簿

在 Excel 中，打开“任务 3-1.xlsx”工作簿。该工作簿 Sheet1 中为某高校英语课程的原始数据。

2．筛选数据

（1）自动筛选操作。

1）将数据表设置为自动筛选状态。自动筛选具有较简单的筛选功能，通过它可以快速地访问大量数据，从中选出并显示满足条件的记录。

2）单击数据清单的任意一个单元格。

3）打开“数据”选项卡，在“排序和筛选”组中单击“筛选”按钮，在数据清单的每个字段的右侧出现一个如图 5-58 所示的下拉按钮，单击，会出现如图 5-59 所示的选项，即升序、降序、按颜色排序、按颜色筛选和数字筛选等。

	A	B	C	D	E	F
1	英语成绩表					
2	姓名	性别	系部	听力	口语	作文
3	李朝	男	计算机系	78	82	78
4	刘梅	女	电子系	84	68	74
5	张玲玲	女	机械系	77	78	57
6	杨洋	女	汽车系	78	96	65
7	江峰	男	计算机系	88	80	85
8	高海	男	机械系	77	88	85
9	赵丽娟	女	计算机系	78	87	75
10	王硕	男	汽车系	92	85	73
11	许颖	女	电子系	75	87	84
12	任勇	男	机械系	76	87	74

图 5-58　筛选出满足条件的记录

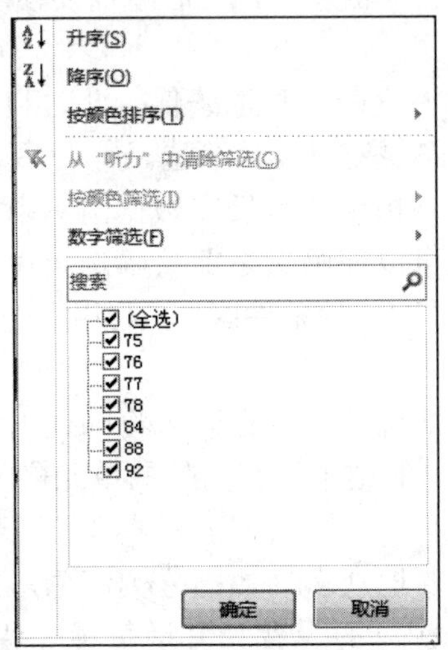

图 5-59　筛选条件

4）填入选项后单击“确定”按钮，即可筛选出满足条件的记录。

（2）查看计算机系学生的英语成绩情况。

1）打开“数据”选项卡，在“排序和筛选”组中单击“筛选”按钮，在数据清单的每个字段的右侧出现下拉按钮。

2）单击“系部”字段的下拉按钮，取消选中“全选”，勾选“计算机系”，单击“确定”按钮即可实现操作。如图 5-60 所示。

	A	B	C	D	E	F
1	英语成绩表					
2	姓名	性别	系部	听力	口语	作文
3	李朝	男	计算机系	78	82	78
7	江峰	男	计算机系	88	80	85
9	赵丽娟	女	计算机系	78	87	75

图 5-60　筛选的结果

（3）查看计算机系口语成绩在 80 分和 90 分（不包括 80 分和 90 分）之间的情况。

1）单击“系部”字段的下拉按钮，选择“计算机系”，操作同上。

2）单击“口语”字段的下拉按钮，在弹出的下拉列表中选择“数字筛选”→“介于”选项，弹出“自定义自动筛选方式”对话框。

3）在“自定义自动筛选方式”对话框中设置“口语”字段的筛选条件为“大于 80”与“小于 90”，如图 5-61 所示。

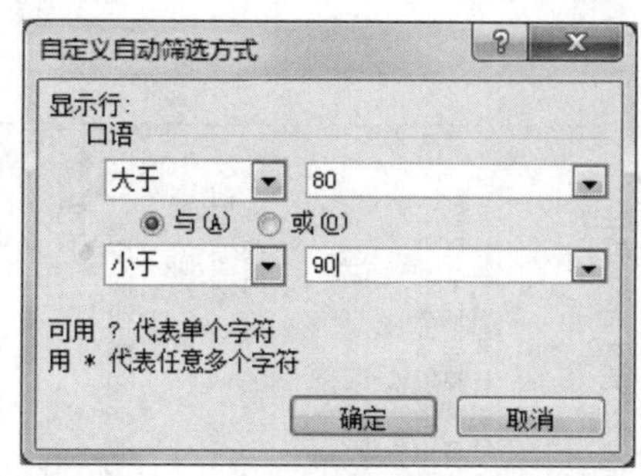

图 5-61　自定义自动筛选方式设置

4）单击“确定”按钮，即可筛选出满足条件的记录，如图 5-62 所示。

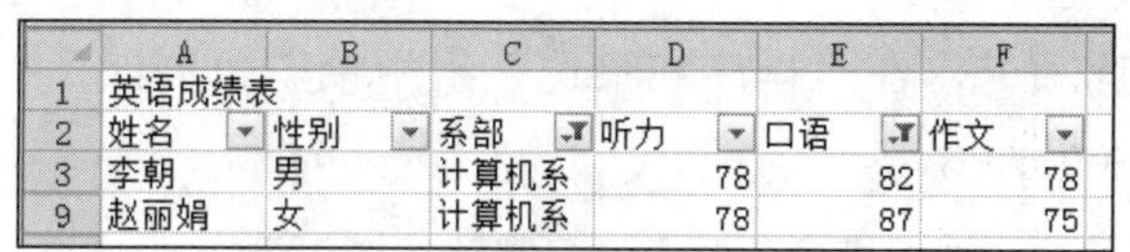

	A	B	C	D	E	F
1	英语成绩表					
2	姓名	性别	系部	听力	口语	作文
3	李朝	男	计算机系	78	82	78
9	赵丽娟	女	计算机系	78	87	75

图 5-62　自定义自动筛选结果

（4）查询姓名中包含“刘”字同学的英语成绩。

1）先取消自动筛选，直接单击“数据”选项卡“排序和筛选”组“筛选”按钮，即可显示所有数据。

2）打开“数据”选项卡，在“排序和筛选”组中单击“筛选”按钮。

3）单击“姓名”字段的下拉按钮，在弹出的下拉列表中选择“文本筛选”→“包含”选项，弹出“自定义自动筛选方式”对话框。

4）在“自定义自动筛选方式”对话框中设置“姓名”字段的筛选条件为“包含 刘”，如图 5-63 所示。

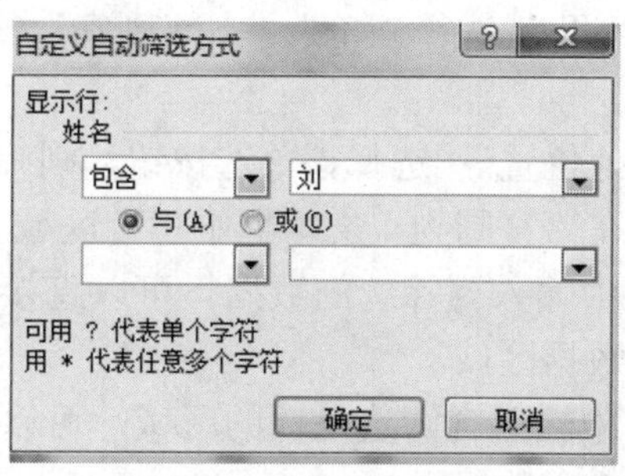

图 5-63　自定义自动筛选方式设置

5）单击“确定”按钮，即可筛选出满足条件的记录，如图 5-64 所示。

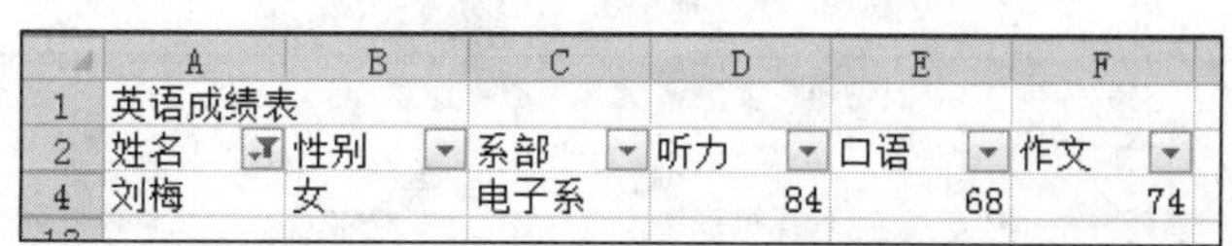

	A	B	C	D	E	F
1	英语成绩表					
2	姓名	性别	系部	听力	口语	作文
4	刘梅	女	电子系	84	68	74

图 5-64　自定义自动筛选结果

3. 高级筛选操作

（1）只显示机械系和计算机系的英语成绩情况。

1）在 G2:G4 单元格区域设置筛选条件，该条件区域至少为两行，第一行为字段名行，以下各行为相应的条件值，如图 5-65 所示。

	A	B	C	D	E	F	G
1	英语成绩表						
2	姓名	性别	系部	听力	口语	作文	系部
3	李朝	男	计算机系	78	82	78	机械系
4	刘梅	女	电子系	84	68	74	计算机系
5	张玲玲	女	机械系	77	78	57	
6	杨洋	女	汽车系	78	96	65	
7	江峰	男	计算机系	88	80	85	
8	高海	男	机械系	77	88	85	
9	赵丽娟	女	计算机系	78	87	75	
10	王硕	男	汽车系	92	85	73	
11	许颖	女	电子系	75	87	84	
12	任勇	男	机械系	76	87	74	

图 5-65　设置筛选条件

2）打开“数据”选项卡，在“排序和筛选”组中单击“高级”按钮，打开“高级筛选”对话框，如图 5-66 所示。

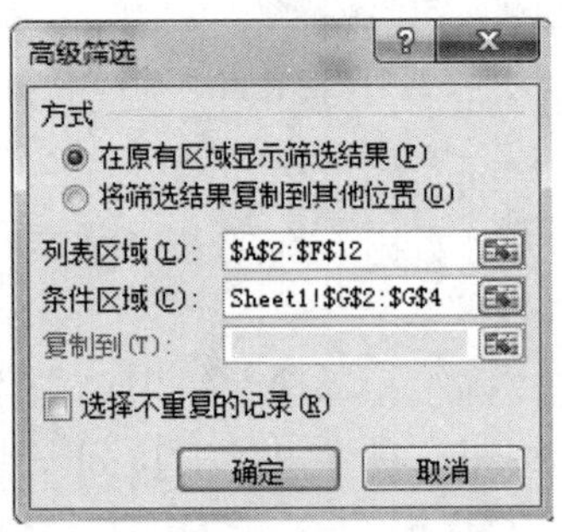

图 5-66　“高级筛选”对话框

3）在该对话框中“方式”选项区，根据需要选择相应的选项：

①“在原有区域显示筛选结果”：选择该单选按钮，则筛选结果显示在原数据清单位置（此例选择此项）。

②“将筛选结果复制到其他位置”：选择该单选按钮，则筛选后的结果将显示在另外的区域，与原工作表并存，但需要在“复制到”文本框中指定区域。

③在“列表区域”文本框中输入要筛选的数据，可以直接在该文本框中输入区域引用，也可以用鼠标在工作表中选定数据区域。

④在“条件区域”文本框中输入含筛选条件的区域，可以直接在该文本框中输入区域引用，也可以用鼠标在工作表中选定数据区域。

⑤如果要筛选掉重复的记录，则应选中“选择不重复的记录”复选框。

4）单击“确定”按钮，高级筛选结果如图 5-67 所示。

	A	B	C	D	E	F	G
1	英语成绩表						
2	姓名	性别	系部	听力	口语	作文	系部
3	李朝	男	计算机系	78	82	78	机械系
5	张玲玲	女	机械系	77	78	57	
7	江峰	男	计算机系	88	80	85	
8	高海	男	机械系	77	88	85	
9	赵丽娟	女	计算机系	78	87	75	
12	任勇	男	机械系	76	87	74	

图 5-67　高级筛选结果

提示：若要重新显示工作表的全部数据内容，则在“数据”选项卡“排序和筛选”组中单击“清除”按钮即可。

（2）高级筛选中带条件的查询。

筛选出计算机系口语成绩在 85 分以上（不包含 85 分）的英语成绩情况。

1）对于单一条件设置可以在条件范围的第一行输入字段名，第二行输入匹配的值“>85”。如图 5-68 所示。

	A	B	C	D	E	F	G	H
1	英语成绩表							
2	姓名	性别	系部	听力	口语	作文	系部	口语
3	李朝	男	计算机系	78	82	78	计算机系	>85
4	刘梅	女	电子系	84	68	74		
5	张玲玲	女	机械系	77	78	57		
6	杨洋	女	汽车系	78	96	65		
7	江峰	男	计算机系	88	80	85		
8	高海	男	机械系	77	88	85		
9	赵丽娟	女	计算机系	78	87	75		
10	王硕	男	汽车系	92	85	73		
11	许颖	女	电子系	75	87	84		
12	任勇	男	机械系	76	87	74		

图 5-68　单一条件设置

2）打开“数据”选项卡，在“排序和筛选”组中单击“高级”按钮，打开“高级筛选”对话框进行相应设置，如图 5-69 所示。

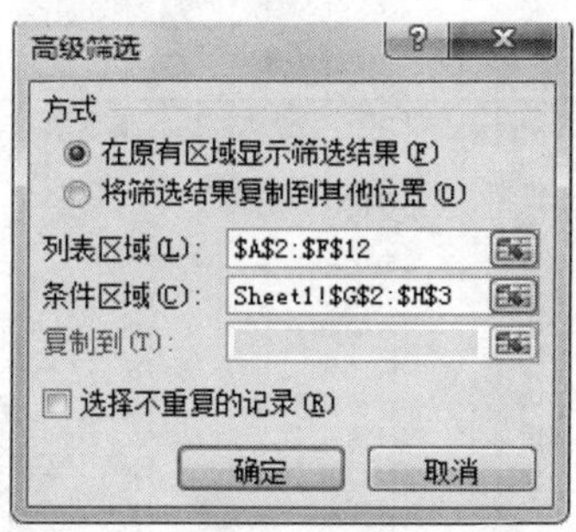

图 5-69　“高级筛选”对话框

3）单击“确定”按钮，结果如图 5-70 所示。

	A	B	C	D	E	F	G	H
1	英语成绩表							
2	姓名	性别	系部	听力	口语	作文	系部	口语
9	赵丽娟	女	计算机系	78	87	75		

图 5-70　高级筛选结果

（3）筛选出计算机系口语和作文成绩都在 80 分以上（包括 80 分）的英语成绩情况。

如果筛选条件有多个，而且条件之间的关系是“与”运算，需要将多个条件的值分别写在同一行上。筛选条件设置如图 5-71 所示（条件写在同一行上），筛选结果如图 5-72 所示。

G	H	I
系部	口语	作文
计算机系	>=80	>=80

图 5-71　含有“与”的高级筛选条件

	A	B	C	D	E	F
1	英语成绩表					
2	姓名	性别	系部	听力	口语	作文
7	江峰	男	计算机系	88	80	85

图 5-72　含有“与”条件的高级筛选结果

（4）筛选出计算机系口语或作文成绩都在 80 分以上（包括 80 分）英语成绩情况。

如果筛选条件有多个，且条件之间的关系是“或”运算，需要将多个条件的值分别写在不同的行上。筛选条件设置如图 5-73 所示（条件写在不同行上），筛选结果如图 5-74 所示。

G	H	I
系部	口语	作文
计算机系	>=80	
计算机系		>=80

图 5-73　含有“或”的高级筛选条件

	A	B	C	D	E	F	G	H	I
1	英语成绩表								
2	姓名	性别	系部	听力	口语	作文	系部	口语	作文
3	李朝	男	计算机系	78	82	78	计算机系	>=80	
7	江峰	男	计算机系	88	80	85			
9	赵丽娟	女	计算机系	78	87	75			

图 5-74　含有“或”条件的高级筛选结果

4. 分类汇总

（1）按系部分别统计英语成绩表中三门课的平均成绩。

1）对分类汇总的字段进行排序。本例需求“系部”的平均成绩，因而分类汇总的字段是“系部”，按照“系部”升序（或降序）进行排序，使得同一系部的记录排列在一起，结果如图 5-75 所示。

	A	B	C	D	E	F
1	英语成绩表					
2	姓名	性别	系部	听力	口语	作文
3	刘梅	女	电子系	84	68	74
4	许颖	女	电子系	75	87	84
5	张玲玲	女	机械系	77	78	57
6	高海	男	机械系	77	88	85
7	任勇	男	机械系	76	87	74
8	李朝	男	计算机系	78	82	78
9	江峰	男	计算机系	88	80	85
10	赵丽娟	女	计算机系	78	87	75
11	杨洋	女	汽车系	78	96	65
12	王硕	男	汽车系	92	85	73

图 5-75　按照“系部”进行升序排序

2）单击数据中的任一单元格，在“数据”选项卡的“分级显示”组中单击“分类汇总”按钮，打开“分类汇总”对话框，如图 5-76 所示。

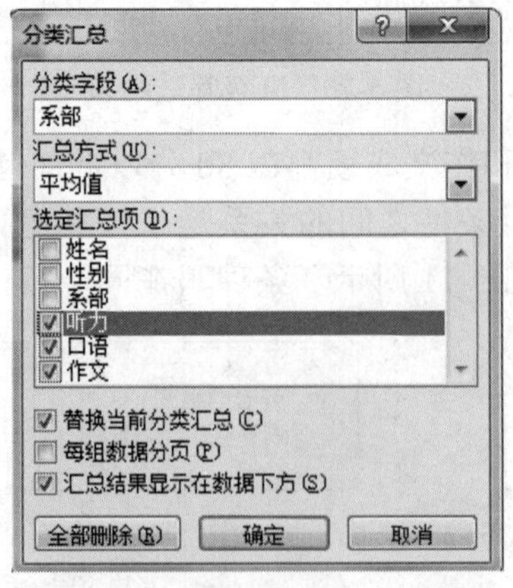

图 5-76　“分类汇总”对话框

①在“分类字段”下拉列表中选择所需字段作为分类汇总的依据，分类字段必须此前已经排序，在此选择“系部”。

②在“汇总方式”的下拉列表中，选择所需的统计函数，有求和、平均值、最大值和计数等多种函数，在此选择“平均值”。

③在“选定汇总项”列表框中，选中需要对其汇总计算的字段，即“口语”“听力”和“作文”三个字段。

选中“替换当前分类汇总”复选框，表示按本次分类要求进行汇总；选中“每组数据分页”复选框，表示每一类分页显示；选中“汇总结果显示在数据下方”复选框，表示将分类汇总数放在本类的最后一行。

3）单击“确定”按钮，即可得到分类汇总结果，调整“平均值”的有效位为小数点后 2 位，如图 5-77 所示。

	A	B	C	D	E	F
1	英语成绩表					
2	姓名	性别	系部	听力	口语	作文
3	刘梅	女	电子系	84.00	68.00	74.00
4	许颖	女	电子系	75.00	87.00	84.00
5			**电子系 平均值**	79.50	77.50	79.00
6	张玲玲	女	机械系	77.00	78.00	57.00
7	高海	男	机械系	77.00	88.00	85.00
8	任勇	男	机械系	76.00	87.00	74.00
9			**机械系 平均值**	76.67	84.33	72.00
10	李朝	男	计算机系	78.00	82.00	78.00
11	江峰	男	计算机系	88.00	80.00	85.00
12	赵丽娟	女	计算机系	78.00	87.00	75.00
13			**计算机系 平均值**	81.33	83.00	79.33
14	杨洋	女	汽车系	78.00	96.00	65.00
15	王硕	男	汽车系	92.00	85.00	73.00
16			**汽车系 平均值**	85.00	90.50	69.00
17			**总计平均值**	80.30	83.80	75.00
18						

图 5-77 分类汇总结果图

为了方便查看数据，可将分类汇总后暂时不需要使用的数据隐藏起来，使界面简洁、直观，单击分类汇总工作表左边列表树中的+按钮即可。当需要查看隐藏的数据时，单击分类汇总工作表左边列表树中的-按钮即可。

提示：若要删除分类汇总，则可在“分类汇总”对话框中单击“全部删除”按钮即可。

课后练习

1．某调研公司对不同地区和不同城市的消费水平进行调查，要求制作成数据透视表，样表如图 5-78 所示。

操作步骤：

（1）在 Excel 中，打开“任务 3-2.xlsx”工作簿。该工作簿 Sheet1 中为不同地区和城市的消费原始数据。如图 5-79 所示。

（2）数据透视表创建。数据透视表是一种对大量数据快速汇总且建立交叉列表的交互式工作表，它集合了排序、筛选和分类汇总的功能，用于对已有的数据清单、表和数据库中的数据进行汇总和分析，使用户简便、快速地在数据清单中重新组织和统计数据。

1）单击图 5-79 中的任一单元格，打开“插入”选项卡，在“表格”组中单击“数据透视表”按钮，在弹出的下拉列表中选择“数据透视表”选项，打开“创建数据透视表”对话框，如图 5-80 所示。

	A	B	C	D	E	F
3		列标签				
4	行标签	东北	华北	华东	西北	总计
5	哈尔滨					
6	最大值项:服装	98.3				98.3
7	最大值项:食品	90.2				90.2
8	最大值项:消费总水平	376.3				376.3
9	最大值项:日常生活用品	92.1				92.1
10	最大值项:耐用消费品	95.7				95.7
11	济南					
12	最大值项:服装			93.3		93.3
13	最大值项:食品			85		85
14	最大值项:消费总水平			362		362
15	最大值项:日常生活用品			93.6		93.6
16	最大值项:耐用消费品			90.1		90.1
17	兰州					
18	最大值项:服装				87.7	87.7
19	最大值项:食品				83	83
20	最大值项:消费总水平				343.3	343.3
21	最大值项:日常生活用品				87.6	87.6
22	最大值项:耐用消费品				85	85
23	南京					
24	最大值项:服装			97		97
25	最大值项:食品			87.35		87.35
26	最大值项:消费总水平			373.4		373.4
27	最大值项:日常生活用品			95.5		95.5
28	最大值项:耐用消费品			93.55		93.55
29	沈阳					
30	最大值项:服装	97.7				97.7
31	最大值项:食品	89.5				89.5
32	最大值项:消费总水平	371.5				371.5
33	最大值项:日常生活用品	91				91
34	最大值项:耐用消费品	93.3				93.3

图 5-78　任务效果图

	A	B	C	D	E	F	G
1	大中城市人均消费统计表						
2	地区	城市	食品	服装	日常生活用品	耐用消费品	消费总水平
3	东北	沈阳	89.5	97.7	91	93.3	371.5
4	东北	哈尔滨	90.2	98.3	92.1	95.7	376.3
5	东北	长春	85.2	96.7	91.4	93.3	366.6
6	华北	天津	84.3	93.3	89.3	90.1	357
7	华北	唐山	82.7	92.3	89.2	87.3	351.5
8	华北	郑州	84.4	93	90.9	90.07	358.37
9	华北	石家庄	82.9	92.7	89.1	89.7	354.4
10	华东	济南	85	93.3	93.6	90.1	362
11	华东	南京	87.35	97	95.5	93.55	373.4
12	西北	西安	85.5	89.76	88.8	89.9	353.96
13	西北	兰州	83	87.7	87.6	85	343.3

图 5-79　原始数据

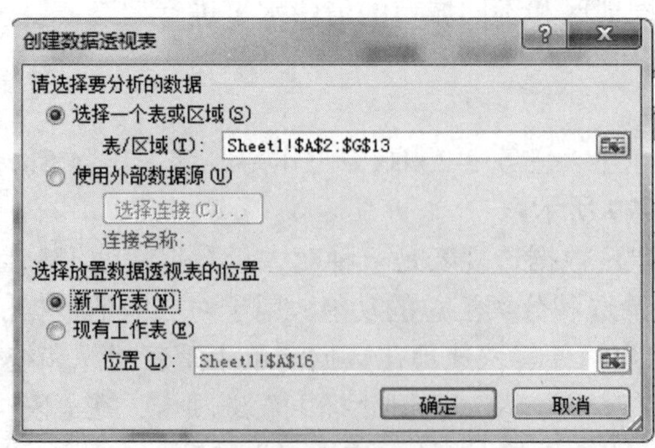

图 5-80　“创建数据透视表”对话框

2）在“请选择要分析的数据”区域中，选中“选择一个表或区域”单选按钮，然后单击“表/区域”后的按钮，选定数据区域，即 A2:G13；在“选择放置数据透视表的位置”选项区域中选中“新工作表”按钮。

3）单击“确定”按钮，此时在工作簿中添加一个新工作表，同时插入数据透视表，并将新工作表命名为“数据透视表”，如图 5-81 所示。

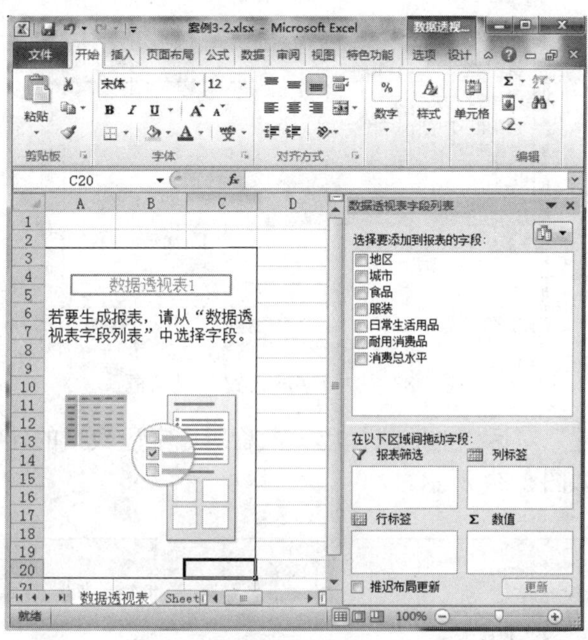

图 5-81　创建数据透视表

4）在创建的“数据透视表”中，右侧显示“数据透视表字段列表”窗格，将“城市”字段拖放到“行标签”区域中，“地区”字段拖放到“列标签”区域中，将“地区”下面的“数值”拖放到“行标签”区域中，将“食品”“服装”“日常生活用品”“耐用消费品”拖放到“数值”区域中，如图 5-82 所示。

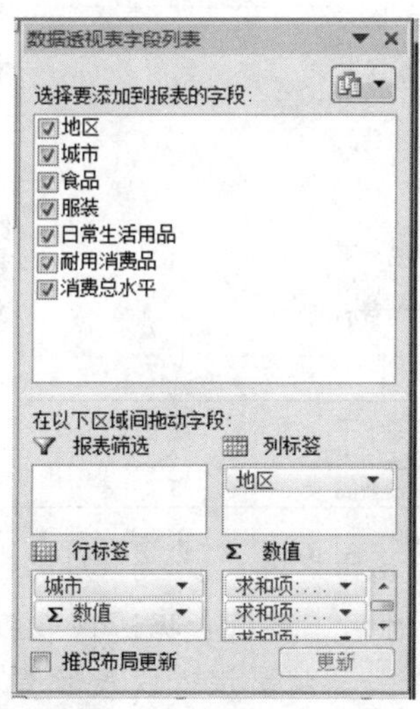

图 5-82　数据透视表设置

5）要求透视表每页按最大值统计消费数据，因此汇总方式应选择“最大值”，在此右击“求和项：食品”，单击“值字段设置”命令，弹出“值字段设置”对话框，如图 5-83 所示。

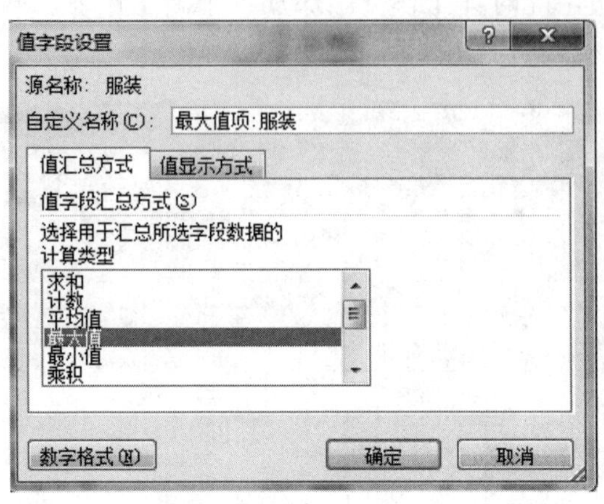

图 5-83 “值字段设置”对话框

6）在“值字段设置”对话框的“选择用于汇总所选字段数据的计算类型”列有框中选择“最大值”。最终效果如图 5-84 所示。

	A	B	C	D	E	F
3		列标签				
4	行标签	东北	华北	华东	西北	总计
5	哈尔滨					
6	最大值项:服装	98.3				98.3
7	最大值项:食品	90.2				90.2
8	最大值项:消费总水平	376.3				376.3
9	最大值项:日常生活用品	92.1				92.1
10	最大值项:耐用消费品	95.7				95.7
11	济南					
12	最大值项:服装			93.3		93.3
13	最大值项:食品			85		85
14	最大值项:消费总水平			362		362
15	最大值项:日常生活用品			93.6		93.6
16	最大值项:耐用消费品			90.1		90.1
17	兰州					
18	最大值项:服装				87.7	87.7
19	最大值项:食品				83	83
20	最大值项:消费总水平				343.3	343.3
21	最大值项:日常生活用品				87.6	87.6
22	最大值项:耐用消费品				85	85
23	南京					
24	最大值项:服装			97		97
25	最大值项:食品			87.35		87.35
26	最大值项:消费总水平			373.4		373.4
27	最大值项:日常生活用品			95.5		95.5
28	最大值项:耐用消费品			93.55		93.55
29	沈阳					
30	最大值项:服装	97.7				97.7
31	最大值项:食品	89.5				89.5
32	最大值项:消费总水平	371.5				371.5
33	最大值项:日常生活用品	91				91
34	最大值项:耐用消费品	93.3				93.3

图 5-84 数据透视表

提示：在选择数据透视表位置时，若要将数据透视表放置在新工作表中，并以单元格 A1 为起始位置，可选择“新工作表”；若要将数据透视表放置在现有工作表中，可选择“现有工作表”，然后在“位置”框中指定放置数据透视表的单元格区域的第一个单元格。

2．对某建筑公司全年销售盈利统计表中的数据进行筛选和分类汇总。效果图如图 5-85 所示。

	A	B	C	D	E	F
1	某建筑公司全年销售盈利统计表					
2	销售月份	产品名称	销售地区	销售价	成本价	盈利
3	7月	塑料	东北	2183	1200	983
4	9月	钢材	东北	1324	950	374
5	10月	塑料	东北	2850	1000	1850
6			东北 平均值			1069
7	5月	木材	华北	1800	1150	650
8	8月	木材	华北	1355	1150	205
9			华北 平均值			427.5
10	2月	钢材	华南	1540	950	590
11	3月	木材	华南	2678	1150	1528
12			华南 平均值			1059
13	1月	塑料	西北	2324	1200	1124
14	11月	钢材	西北	2013	950	1063
15	12月	钢材	西北	1350	950	400
16			西北 平均值			862.3333
17	4月	木材	西南	2220	1150	1070
18	6月	钢材	西南	1902	950	952
19			西南 平均值			1011
20			总计平均值			899.0833

图 5-85　课后练习效果图

操作提示：

（1）打开“拓展 3_1.xlsx”文档。

（2）筛选出销售价格≥2000 的所有商品。

（3）筛选出成本价<1000 的所有商品。

（4）筛选出西北地区销售价<2000 并且盈利<1000 的所有产品。

（5）筛选出东北地区销售价>2000 或者盈利>1000 的所有产品。

（6）按照“销售地区”字段升序排序，以盈利的平均值进行分类汇总。

（7）将“销售地区”字段拖放到“行标签”区域中，“产品名称”拖放到“列标签”区域中，对“成本价”“盈利”字段进行求和计算。效果如图 5-86 所示。

	列标签			
行标签	钢材	木材	塑料	总计
东北				
求和项:成本价	950		2200	3150
求和项:盈利	374		2833	3207
华北				
求和项:成本价		2300		2300
求和项:盈利		855		855
华南				
求和项:成本价	950	1150		2100
求和项:盈利	590	1528		2118
西北				
求和项:成本价	1900		1200	3100
求和项:盈利	1463		1124	2587
西南				
求和项:成本价	950	1150		2100
求和项:盈利	952	1070		2022
求和项:成本价汇总	**4750**	**4600**	**3400**	**12750**
求和项:盈利汇总	**3379**	**3453**	**3957**	**10789**

图 5-86　数据透视表效果图

任务4 制作产品销售图

任务描述

该公司销售部每个季度根据产品销售情况生成一个产品销售图，利用销售图可直观查看每个产品的销售情况。样图如图 5-87 所示。

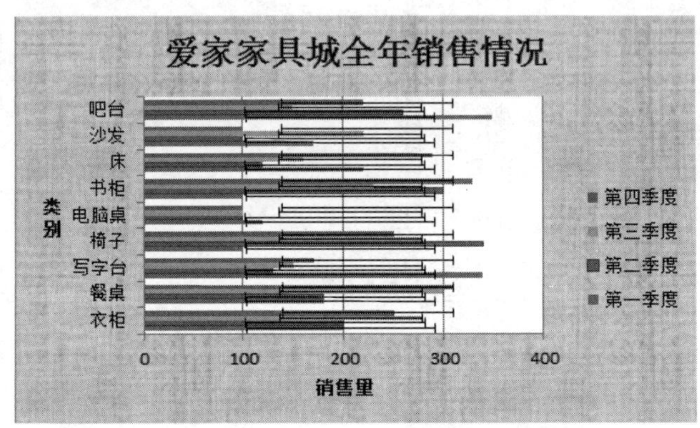

图 5-87 任务效果图

任务分析

本任务主要考查图表的创建方法，学会图表的编辑，以及灵活地构造和使用图表来满足各种需要的数据结果的显示要求。

知识准备

1. 图表

Excel 图表的基本类型与选择

图表是分析数据最直观的方式，这是因为图形可以比数据更加清晰易懂，它表示的含义更加形象直观，并且易于通过图表直接了解到数据之间的关系，分析预测数据的变化趋势。Excel 2010 提供了强大的用图形表示数据的功能，可以将工作表中的数据自动生成各种类型的图表，且各种图表之间可以方便地转换。

2. 创建基本图表

在 Excel 2010 中，可根据已有的数据建立一个标准类型或自定义类型的图表，在图表创建完成后，仍然可以修改其各种属性，以使整个图表更趋于完善。

3. 图表的编辑

选择一个能够充分表现数据特征的最佳图表类型，有助于更清晰地反映数据的差异和变化，有益于从这些数据中获取尽可能多的信息。图表生成后，如果觉得不够理想，可以对其进行更改。这些图表和原数据表之间有一种动态的联系，当修改工作表的数据时，这些图表都会随之发生变化，反之亦然。

4. 图表布局

Excel 2010 提供了多种预定义布局供用户选择，也可以手动更改各个图表元素的布局。

5. 设置图表样式

设置图表样式与设置图表布局方法相似。先选中要设置的图表区的任意位置，在“图表工具”的“设计”选项卡的“图表样式”组中，单击要使用的图表样式，即可完成预定义图表样式的设置。

6. 更改图表元素格式

对图表区的“填充”“边框颜色”“样式”“阴影”“属性”等格式进行设置。

7. 添加误差线

运用图表进行回归分析时，如果需要描绘数据的潜在误差，可以为图表添加误差线。

8. 创建迷你图

迷你图是一个微型图表，可提供数据的直观表示，它还可以显示一系列数值的趋势，或者突出显示最大值和最小值。与 Excel 工作表上的图表不同，迷你图不是对象，而是单元格背景中的一个微型图表。此外，在打印包含迷你图的工作表时将会把迷你图也打印出来。

任务实现

1. 打开工作簿

在 Excel 中，打开“任务 4.xlsx”工作簿。该工作簿 Sheet1 中为该公司每个季度的各种产品销售统计数据。如图 5-88 所示。

	A	B	C	D	E
1	爱家家具城全年销售情况表（万元）				
2	名称	第一季度	第二季度	第三季度	第四季度
3	衣柜	200	200	280	250
4	餐桌	180	180	300	310
5	写字台	340	130	150	170
6	椅子	100	340	280	250
7	电脑桌	120	100	100	100
8	书柜	100	300	230	330
9	床	220	120	160	290
10	沙发	170	100	220	100

图 5-88　任务原始数据表

2. 使用默认图表类型创建柱状图表

在工作表上选定用于生成图表的数据，按 F11 键生成如图 5-89 所示的柱状图表，它是一张单独的工作表（在工作簿中生成 Chart1 的工作表）。

3. 创建基本图表

在 Excel 2010 中，可根据已有的数据建立一个标准类型或自定义类型的图表，在图表创建完成后，仍然可以修改其各种属性，以使整个图表更趋于完善。

（1）插入图表。

1）选择用于创建图表的工作表数据（即 A2:E10 单元格区域）。

2）在“插入”选项卡的“图表”组中单击“柱形图”按钮，单击“二维柱形图”选项区域中的“簇状柱形图”样式，如图 5-90 所示；若要查看所有可用的图表类型，单击“图表”组右下角的图标，弹出如图 5-91 所示的“插入图表”对话框，浏览图表类型，选择一种后单击“确定”按钮。

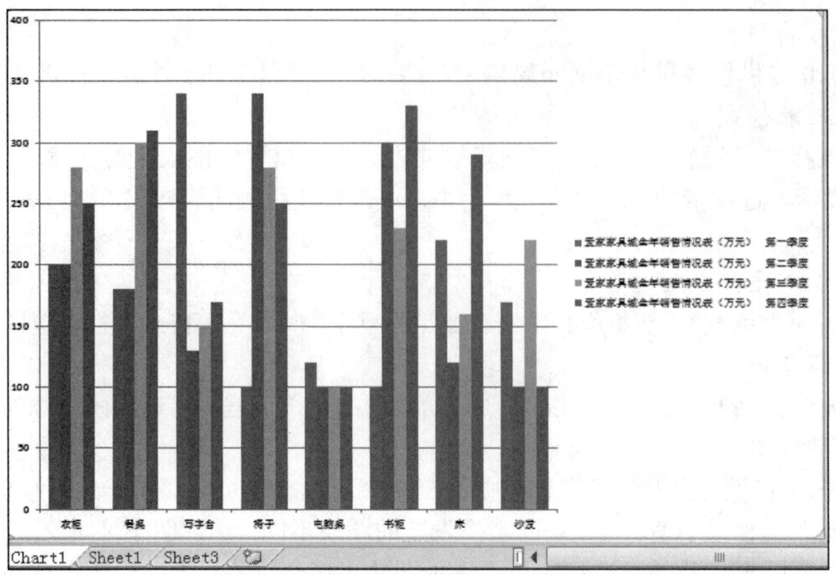

图 5-89 柱状图

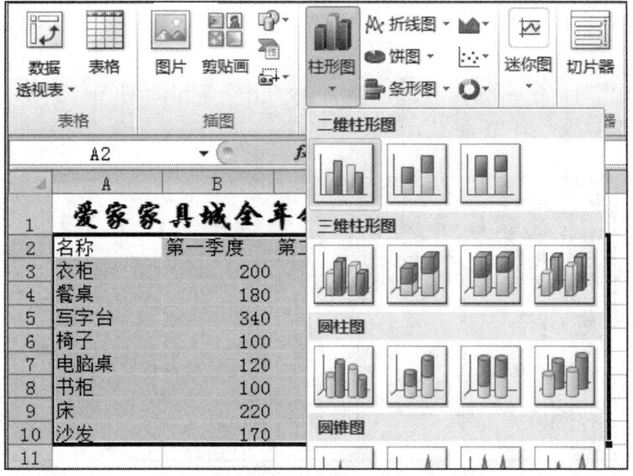

图 5-90 图表类型

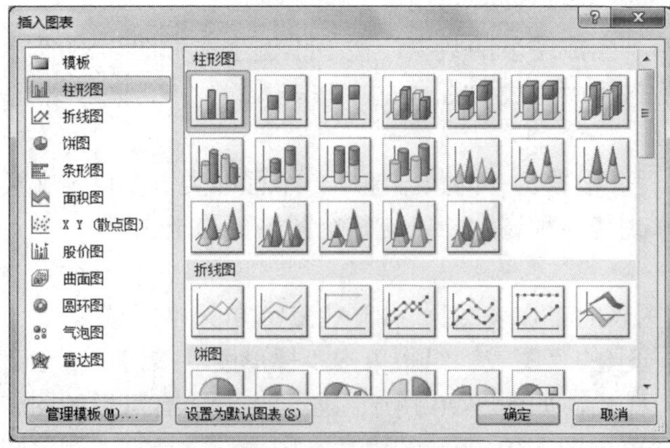

图 5-91 “插入图表”对话框

3）此时二维簇状柱形图将插入到工作表中，如图 5-92 所示。

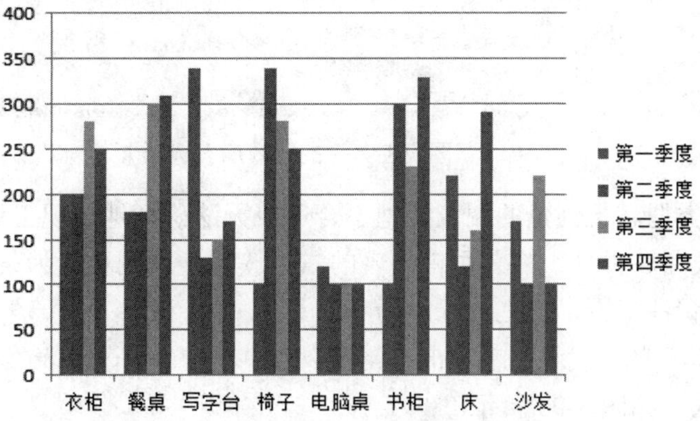

图 5-92　二维簇状柱形图

（2）确定图表位置。

1）嵌入图表。嵌入图表是数据源和图表在同一工作表中的图表。当要在一个工作表中查看或打印图表、数据透视图及其源数据等信息时使用此类型。默认情况下，图表作为嵌入图表放在工作表中。

2）图表工作表。图表工作表是工作簿中只包含图表的工作表。当单独查看图表或数据透视图时使用此类图表。

如果需要将图表放在单独的图表工作表中，更改嵌入图表的位置，可单击嵌入图表中的任何位置以将其激活，在“图表工具”的“设计”选项卡“位置”组中单击“移动图表”，弹出如图 5-93 所示的“移动图表”对话框，在“选择放置图表的位置”选项中单击“新工作表”，并为工作表命名，图表即移动到新的工作表中。

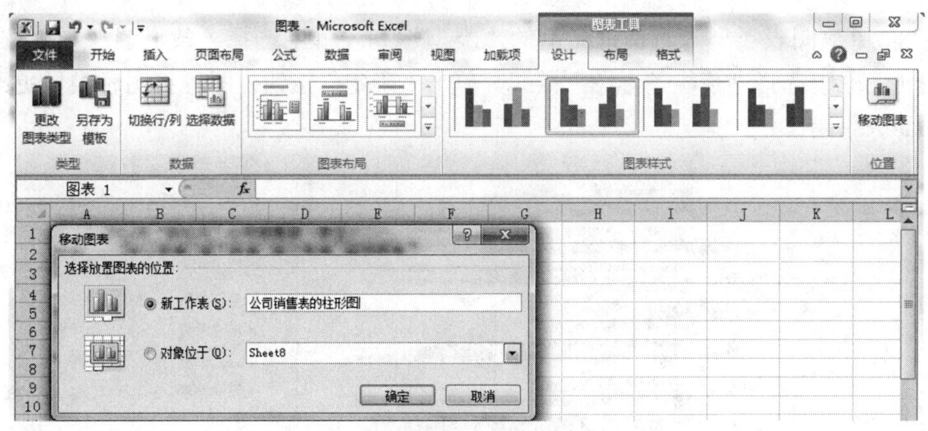

图 5-93　“移动图表”对话框

4. 图表的编辑

图表创建完成后，Excel 2010 会自动打开“图表工具”的“设计”“布局”和“格式”选项卡，如图 5-94 所示，在其中可以设置图表类型、图表位置和大小、图表样式和图表布局等参数，还可以为图表添加趋势线或误差线。

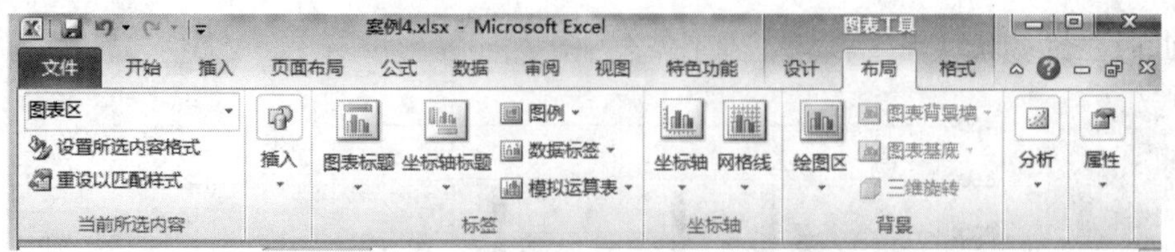

图 5-94 “图表工具”的“布局”选项卡

（1）更改图表类型。当创建的图表类型不合适或无法确切地展现工作表数据所包含的信息的时候，需要更改图表类型。将公司销售表的二维簇状柱形图更改为条形图。

1）单击二维簇状柱形图，使之处于激活状态。

2）在“图表工具”的“设计”选项卡“类型”组中单击“更改图表类型”按钮，弹出“更改图表类型”对话框，如图 5-95 所示。

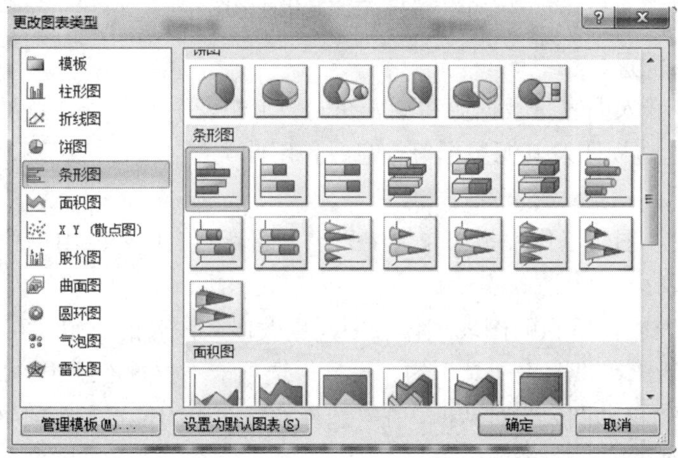

图 5-95 “更改图表类型”对话框

3）在“更改图表类型”对话框左侧的“类型”列表框中选择“条形图”，然后在右侧的“样式”列表框中选择“簇状条形图”样式，单击“确定”按钮，即可将图表类型更改为条形图，如图 5-96 所示。

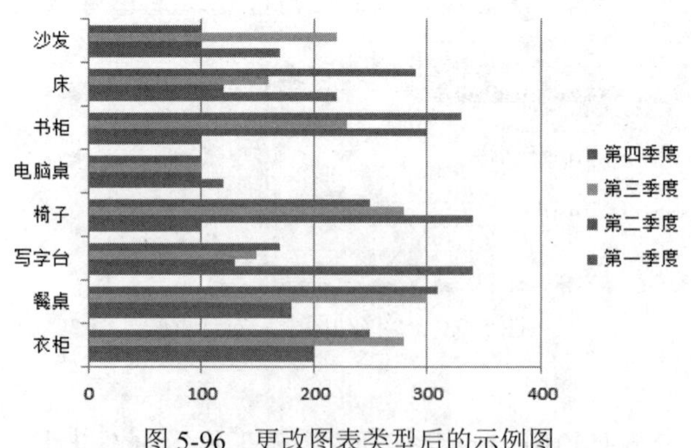

图 5-96 更改图表类型后的示例图

（2）更新数据图表。在创建图表后，往往有行或列要添加或删除，需要在原有的图表上体现出来。

1）在原数据表中增添吧台的销售情况，如图 5-97 所示。

	A	B	C	D	E
1	爱家家具城全年销售情况表（万元）				
2	名称	第一季度	第二季度	第三季度	第四季度
3	衣柜	200	200	280	250
4	餐桌	180	180	300	310
5	写字台	340	130	150	170
6	椅子	100	340	280	250
7	电脑桌	120	100	100	100
8	书柜	100	300	230	330
9	床	220	120	160	290
10	沙发	170	100	220	100
11	吧台	350	260	150	220

图 5-97　添加数据的公司销售表

2）添加了销售数据后，更新此图表。单击要更新数据的图表，使之处于激活的状态。打开“图表工具”的“设计”选项卡，在“数据”组中单击“选择数据”按钮，弹出“选择数据源”对话框，如图 5-98 所示。

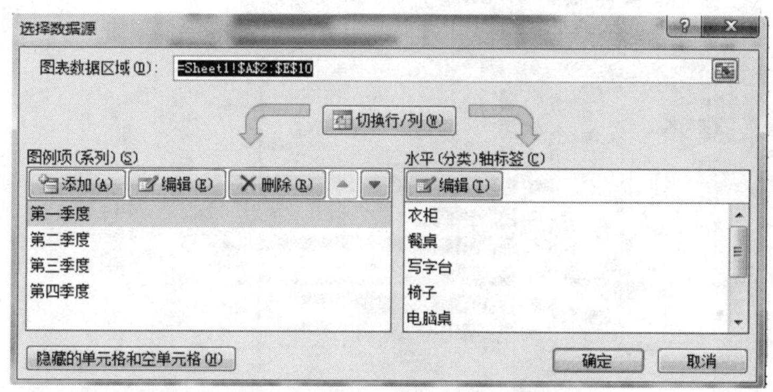

图 5-98　“选择数据源”对话框

3）在“图表数据区域”选择添加了吧台销售情况的数据区域，单击“确定”按钮，吧台的销售情况即在图表中显示出来，如图 5-99 所示。

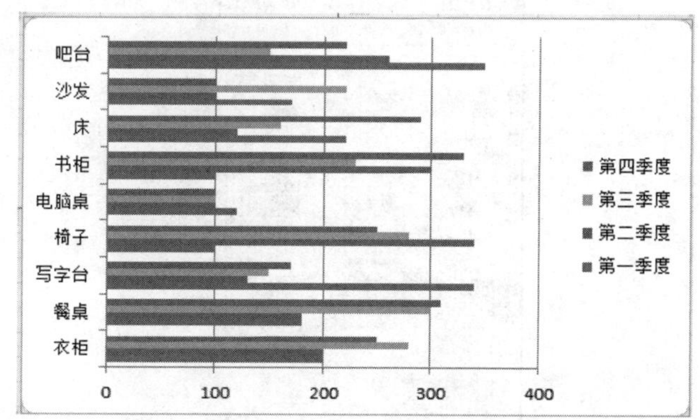

图 5-99　添加了数据的图表

（3）删除数据：如果要删除相应的数据，最简单的方法是在原有工作表上删除该行，然后按添加数据类似方法操作；如果只想修改图表上的系列，原工作表不变，只要选定所需删除的数据系列，按 Delete 键即可把整个数据系列从图表中删除。

5. 图表布局

Excel 2010 提供了多种预定义布局供用户选择，也可以手动更改各个图表元素的布局。

（1）应用预定义图表布局。选中如图 5-99 所示的图表区的任意位置，在“图表工具”的“设计”选项卡中的“图表布局”组中，单击要使用的图表布局（选择“布局 8”），即可应用预定义的图表布局，如图 5-100 所示。当 Excel 2010 窗口缩小时，单击“图表布局”组的“快速布局”按钮，在弹出的下拉列表中将提供图表布局，如图 5-101 所示。

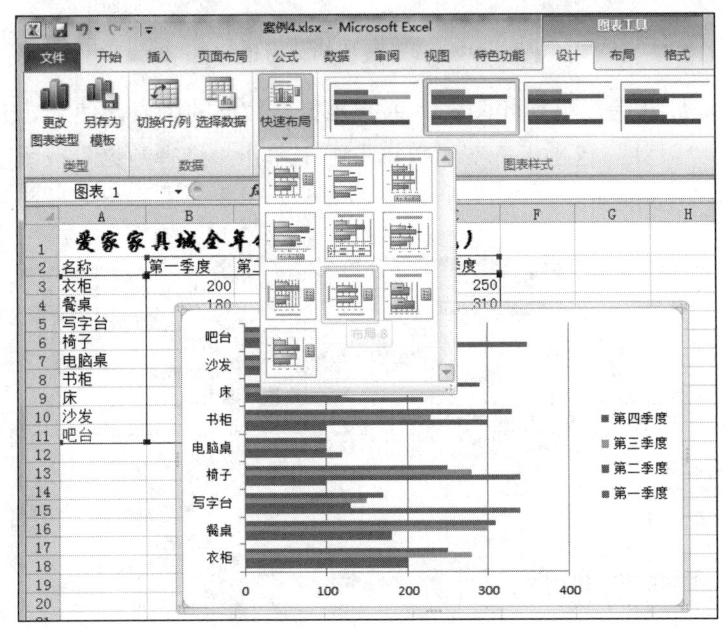

图 5-100　设置图表布局图

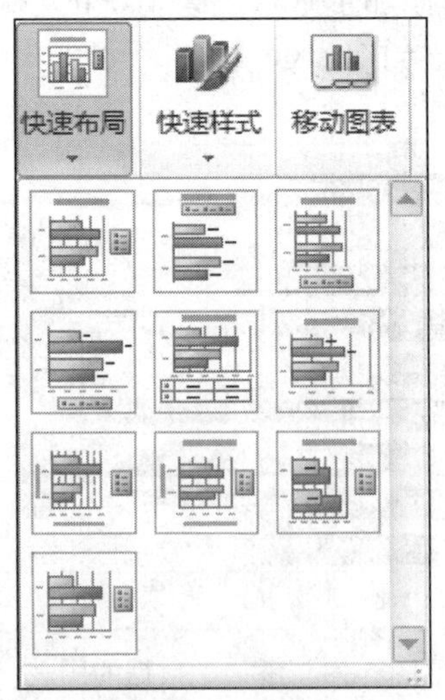

图 5-101　快速布局

（2）手动更改图表元素的布局。在“图表工具/布局”选项卡中可以手动设置图表的标签、坐标轴、背景等参数。

1）选定图表区，使之处于激活的状态。

2）打开“图表工具/布局”选项卡，在“标签”组中单击“图表标题”按钮，从弹出的下拉列表（图 5-102）中选择“图表上方”，即在图表上方弹出“图表标题”文本框。

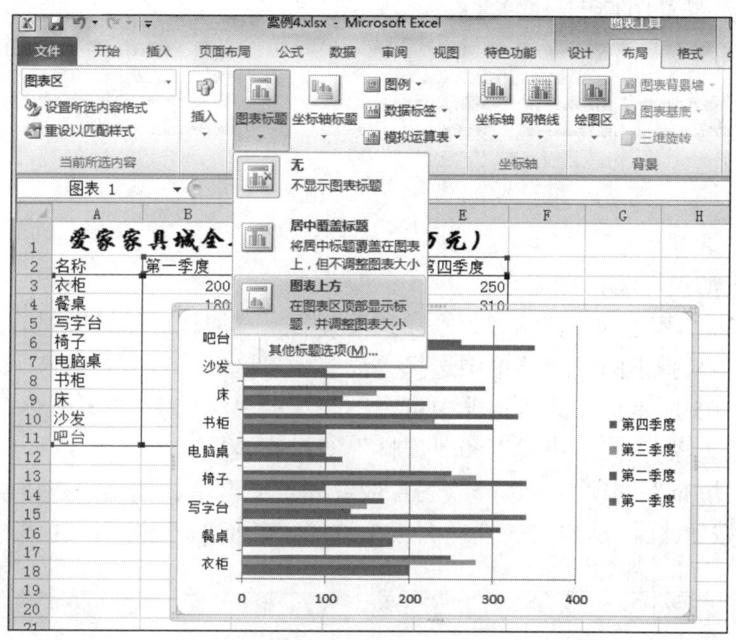

图 5-102　添加图表标题

3）在“图表标题”文本框中输入文本“爱家家具城全年销售情况”，效果如图 5-103 所示。

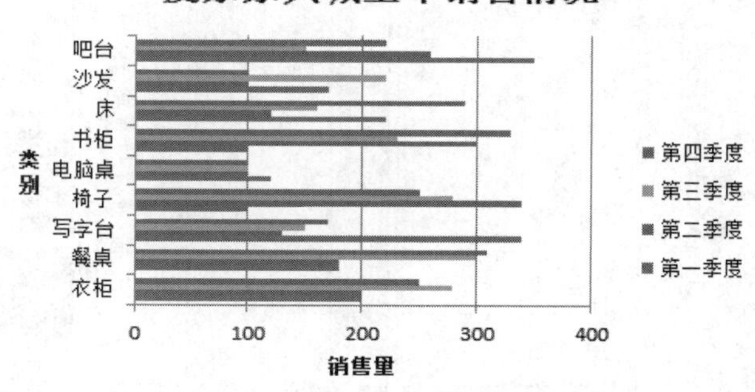

图 5-103　设置图表布局的效果图

4）打开“图表工具/布局”选项卡，在“标签”组单击“坐标轴标题”，在“主要横坐标轴标题”中选择“坐标轴下方标题”，在“主要纵坐标轴标题”中选择“竖排标题”，弹出“横坐标轴标题”和“纵坐标轴标题”文本框，分别输入“销售量”和“类别”，即可在图表中添加横、纵坐标轴标题。

5）打开“图表工具/布局”选项卡，在“标签”组中单击“图例”按钮，从弹出的下拉列表中可以选择图例的位置（默认在右侧显示图例）。

6）在“图表工具/布局”选项卡“标签”组中单击“数据标签”按钮，设置数据标签信息；

在“图表工具/布局”选项卡“坐标轴”组中设置“坐标轴”和“网格线”信息等。

6. 图表样式

设置图表样式与设置图表布局方法相似。先选中要设置的图表区的任意位置，在“图表工具”的“设计”选项卡中的“图表样式”组中，单击要使用的图表样式，即可完成预定义图表样式的设置，如图 5-104 所示。

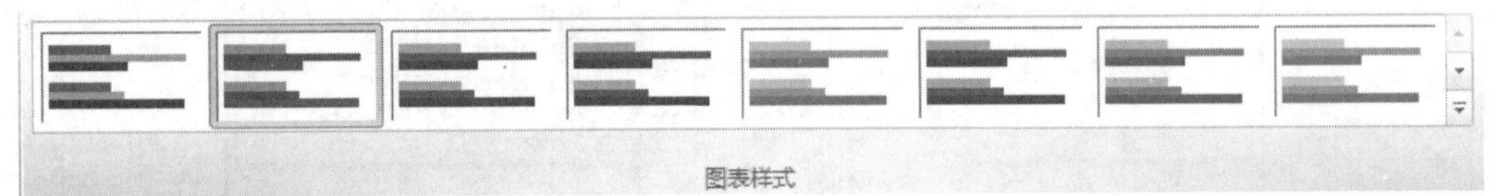

图 5-104 图表样式

7. 更改图表元素格式

相对图表区的“填充”“边框颜色”“样式”“阴影”“属性”等格式进行设置。

右击图表区，从弹出的快捷菜单中选择“设置图表区域格式”，打开“设置图表区格式”对话框，如图 5-105 所示。在此对话框中可对图表区的“填充”“边框颜色”“边框样式”“阴影”“发光和柔化边缘”“三维格式”和“属性”等进行设置。

（1）打开“填充”选项卡，选择“图片或纹理填充”单选按钮，在“纹理”选项区域单击“纹理”下拉按钮，从弹出的纹理面板中选择“新闻纸”样式，如图 5-106 所示。

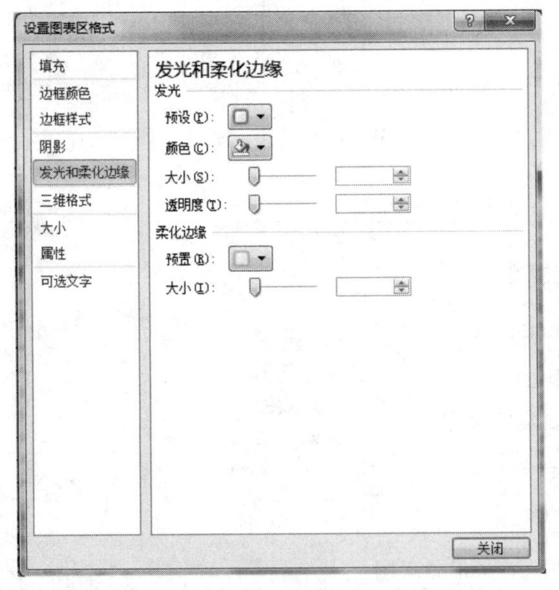

图 5-105 “设置图表区格式”对话框

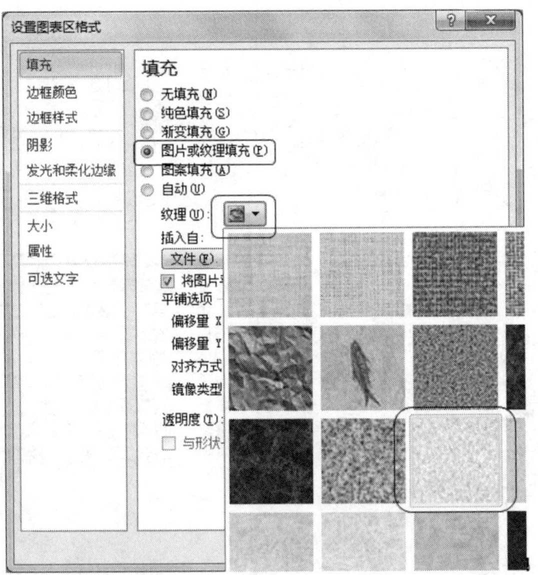

图 5-106 “填充”选项卡

（2）打开“边框颜色”选项卡，选择“实线”单选按钮，在“颜色”选项区域单击“颜色”下拉按钮，从弹出的颜色面板中选择“深蓝，文字 2，淡色 40%”色块，如图 5-107 所示。

（3）打开“边框样式”选项卡，设置“宽度”为 3 磅，“复合类型”为由粗到细，“短划线类型”为实线，“线端类型”和“联接类型”为圆形，并且勾选“圆角”复选框，如图 5-108 所示。

图 5-107　“边框颜色”选项卡

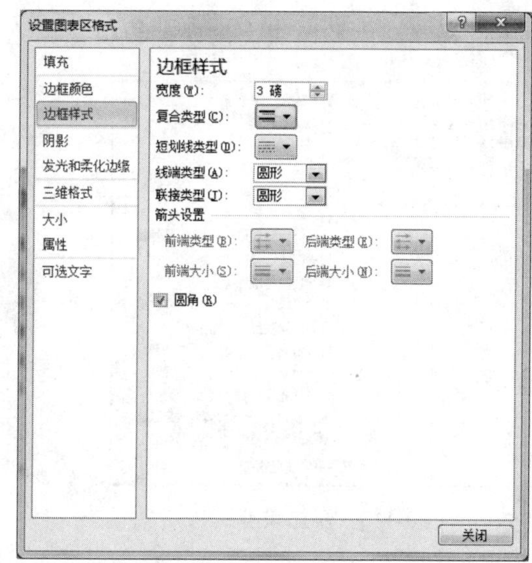

图 5-108　“边框样式”选项卡

（4）打开“发光和柔化边缘”选项卡，在“发光”选项区设置“预设”为“蓝色 8pt 发光 强调文字颜色 1”，在“柔化边缘”选项区设置“预置”为 1 磅，如图 5-109 所示。

图 5-109　“发光和柔化边缘”选项卡

（5）关于“阴影”“三维格式”“大小”“属性”和“可选文字”设置可参照上述方法。

8. *添加误差线*

运用图表进行回归分析时，如果需要描绘数据的潜在误差，可以为图表添加误差线。

（1）选中图表，打开“图表工具/布局”选项卡，在“分析”组中单击“误差线”按钮，从弹出的下拉列表中选择“标准偏差误差线”，如图 5-110 所示，即可添加误差线，得到如图 5-111 所示的效果图。

（2）在图表的绘图区，单击“第二季度”系列中的误差线，选中该误差线，打开“图表工具/格式”选项卡，在“形状样式”组中单击“形状轮廓”按钮，从弹出的“标准色”颜色面板中选择“红色”色块，为误差线填充颜色，如图 5-112 所示。

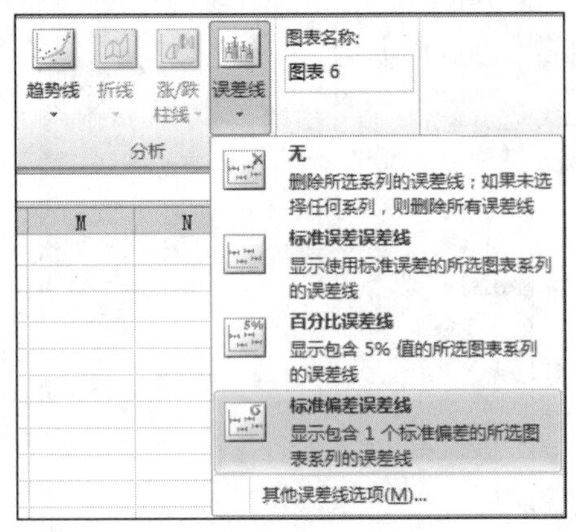

图 5-110 添加误差线

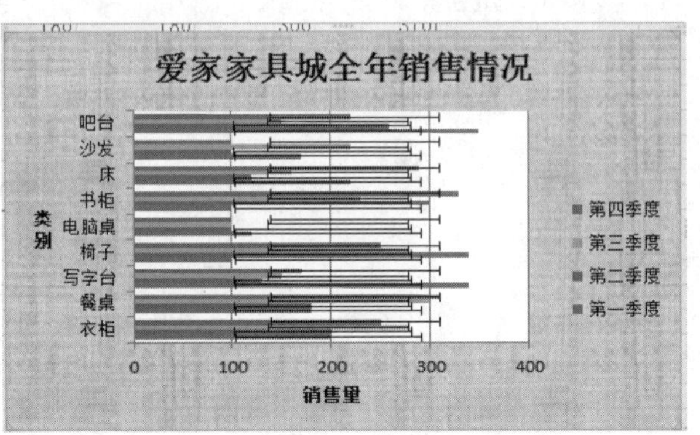

图 5-111 添加误差线的效果图

（3）使用同样方法，设置其他系列中的误差线的填充颜色，最终效果图如图 5-113 所示。

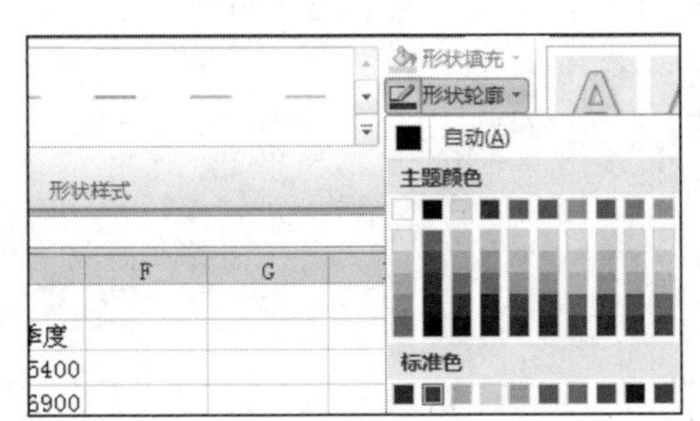

图 5-112 设置误差线的填充色

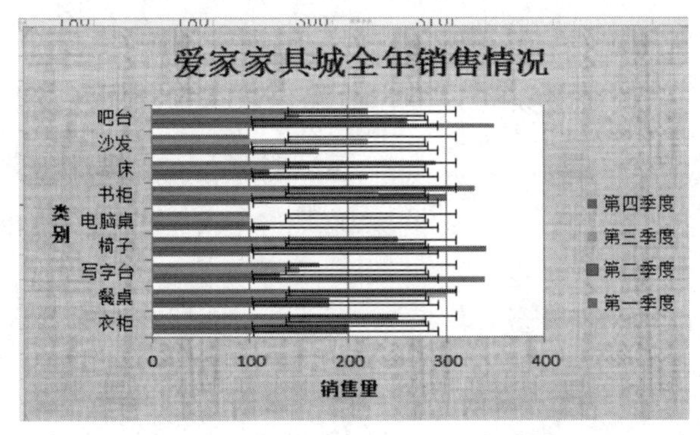

图 5-113 设置误差线的填充色的最终效果图

提示：添加趋势线的方法和添加误差线类似，选中图表，打开“图表工具/布局”选项卡，在“分析”组中单击“趋势线”按钮，从弹出的下拉列表中选择一种趋势线样式即可。

9. 迷你图

（1）创建迷你图。在“爱家家具城全年销售情况表”（图 5-114）创建迷你图，反映每个地区四个季度的销售趋势。操作步骤如下：

	A	B	C	D	E	F
1	爱家家具城全年销售情况表（万元）					
2	名称	第一季度	第二季度	第三季度	第四季度	区域销售额
3	衣柜	200	200	280	250	
4	餐桌	180	180	300	310	
5	写字台	340	130	150	170	
6	椅子	100	340	280	250	
7	电脑桌	120	100	100	100	
8	书柜	100	300	230	330	
9	床	220	120	160	290	
10	沙发	170	100	220	100	
11	吧台	350	260	150	220	

图 5-114 原始表

1）选中 F3 单元格，在其中插入相应的迷你图。

2）在“插入”选项卡的“迷你图”组，单击要创建的迷你图的类型，包括“折线图”“柱形图”或“盈亏图”，在此选择“折线图”，弹出“创建迷你图”对话框，如图 5-115 所示。

3）在“数据范围”选择 B3:E3 单元格区域，在“位置范围”选择F3 单元格，单击“确定”按钮，即可在 F3 单元格中生成折线迷你图；将鼠标光标置于 F3 右下角，光标变为“十”形状（F3 单元格的填充柄），按住鼠标左键向下拖动填充柄，即可生成 F4:F11 单元格区域的迷你图，如图 5-116 所示。

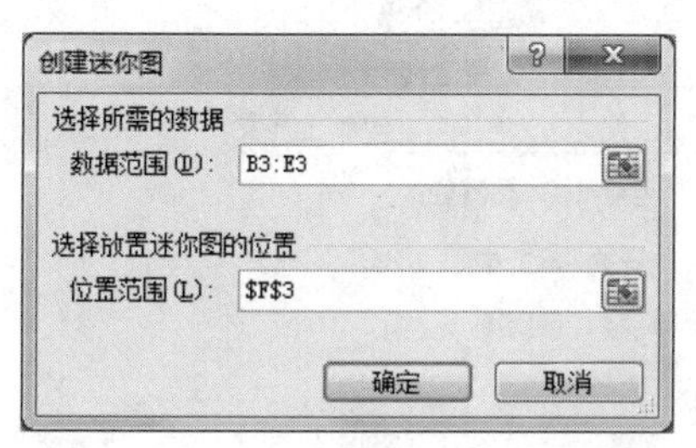

图 5-115　“创建迷你图”对话框

	A	B	C	D	E	F
1	爱家家具城全年销售情况表（万元）					
2	名称	第一季度	第二季度	第三季度	第四季度	区域销售额
3	衣柜	200	200	280	250	
4	餐桌	180	180	300	310	
5	写字台	340	130	150	170	
6	椅子	100	340	280	250	
7	电脑桌	120	100	100	100	
8	书柜	100	300	230	330	
9	床	220	120	160	290	
10	沙发	170	100	220	100	
11	吧台	350	260	150	220	

图 5-116　迷你折线图

（2）编辑迷你图，对迷你折线图进行编辑。

创建迷你图后，功能区增加“迷你图工具/设计”选项卡，该卡上分为多个组，即“迷你图”“类型”“显示”“样式”和“分组”，使用这些命令可以编辑已创建的迷你图。操作步骤如下：

1）选中 F3 单元格的迷你折线图。

2）打开“迷你图工具/设计”选项卡，在“显示”组中选择“高点”和“低点”，则相应的点在图上显示出来；也可在“样式”组中选择迷你图的颜色，如图 5-117 所示；此外还可更改标记的颜色，以及设置坐标轴。

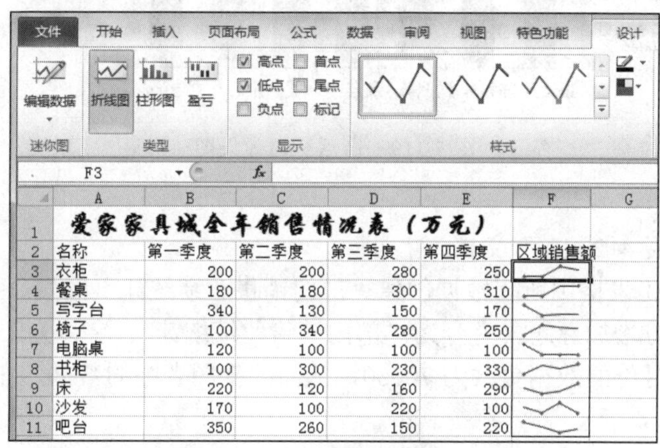

	A	B	C	D	E	F	G
1	爱家家具城全年销售情况表（万元）						
2	名称	第一季度	第二季度	第三季度	第四季度	区域销售额	
3	衣柜	200	200	280	250		
4	餐桌	180	180	300	310		
5	写字台	340	130	150	170		
6	椅子	100	340	280	250		
7	电脑桌	120	100	100	100		
8	书柜	100	300	230	330		
9	床	220	120	160	290		
10	沙发	170	100	220	100		
11	吧台	350	260	150	220		

图 5-117　编辑迷你图

习　题

1．对预算执行情况统计表进行图表输出。效果图如图 5-118 所示。

操作提示：

（1）打开“拓展 4_1.xlsx”文档。

（2）利用 Sheet1 表格中所有数据，创建一个带数据标记的折线图。

（3）在图表上方增加标题，内容为“预算执行情况统计”。字体为黑体，字号为 20 磅。

（4）设置为在底部显示图例，上方显示数据标签。

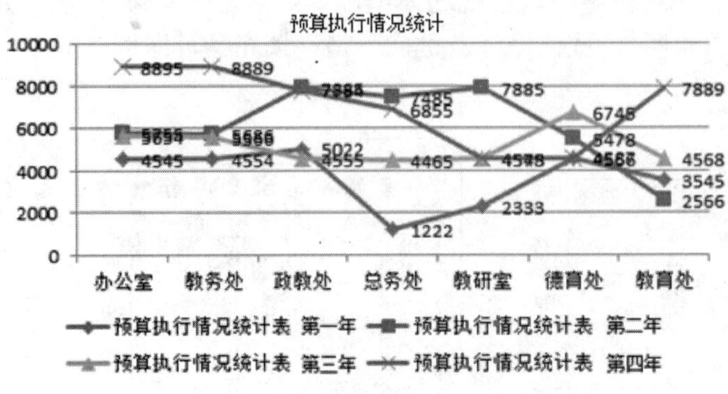

图 5-118　课后练习效果图

2．对部门销售业绩表进行图表输出，效果图如图 5-119 所示。

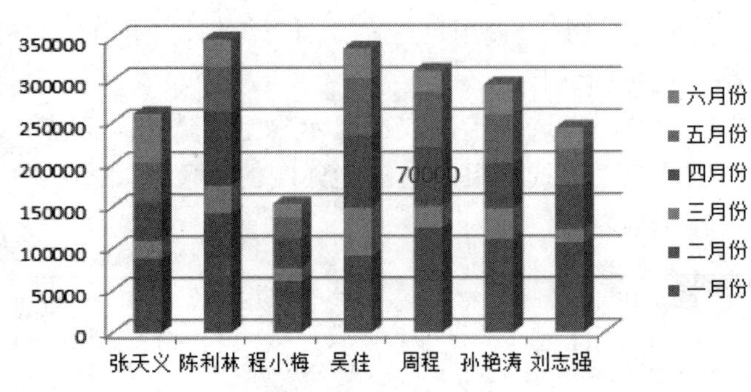

图 5-119　课后练习效果图

操作提示：

（1）打开“拓展 4_2.xlsx”文档。

（2）利用 Sheet1 表格中所有数据创建“部门销售业绩统计”图表。

（3）在图表上方增加标题，内容为“部门销售业绩统计”。字体为宋体，字号为 16 磅。

（4）将周程四月份的数据更改为 70000，从而改变图表中的数据，在图中以红色，12 磅字体在相应位置显示。

项目六　演示文稿制作软件 PowerPoint 2010

1. 能够进行演示文稿的基本操作
2. 能够灵活使用演示文稿视图
3. 能够进行叠加动画设计
4. 能够插入各种对象制作演示文稿
5. 能够灵活使用母版和模板
6. 能够熟练放映、打包演示文稿

任务 1　制作时代楷模风采展演示文稿

任务描述

“时代楷模”是由中宣部集中组织宣传的全国先进典型，时代楷模充分体现“爱国、敬业、诚信、友善”的价值准则，充分体现中华传统美德，是具有先进性、代表性、时代性和典型性的先进人物。为了让同学们更好地向时代楷模学习，学院组织召开一期“学习时代楷模精神专题活动”，需要制作时代楷模相关宣传演示文稿。

任务分析

配合专题活动我们可以制作两个演示文稿，一个用于循环播放的风采展示 PPT（图 6-1），一个用于专题学习的 PPT（图 6-2）。

图 6-1　“时代楷模风采展示相册”界面效果

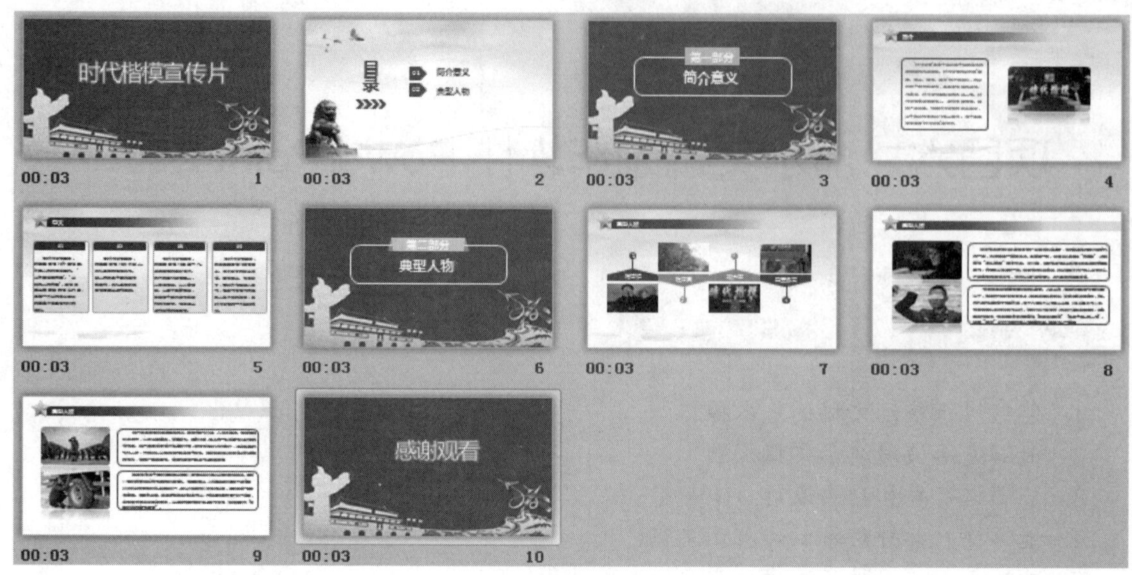

图 6-2 “时代楷模宣传片”界面效果

制作 PPT 前需要先理清思路：

一是准备素材，主要准备演示文稿中所需要的图片、声音、文字等。

二是确定方案，对 PPT 进行整体框架设计。

三是初步制作，将文本、图片等对象输入或插入到相应的幻灯片中。

四是美化处理，对幻灯片中相关对象的要素（字体、大小、样式等）进行美化处理。

五是预演播放，设置播放过程中的一些要素，然后播放，查看效果。

知识准备

一、基本概念

1. 演示文稿

利用 PowerPoint 2010 制作出来的文件称之为演示文稿或者演示文件，其文件扩展名为.pptx。也就是说，演示文稿是由若干个幻灯片组成的，制作一个演示文稿的过程实际上就是依次制作每张幻灯片的过程。

2. 幻灯片

所谓的幻灯片只是用来形象地描绘文稿里的组成形式，我们说的幻灯片一般包括两部分内容：幻灯片标题（用来表明主题）；若干文本条目（用来论述主题）。另外，还可以包括图片、图形、图表、表格等其他对于论述主题有帮助的内容。

演示文稿一般由多张幻灯片组成，通常在第一张幻灯片上单独显示演示文稿的主标题和副标题，在其余幻灯片上分别列出与主标题有关的子标题和文本条目。

3. 制作原则

演示文稿有别于文档，尽量减少文字的使用，尽可能地使用其他更直观的表达方式，如图片、图形和图表等，其主要目的是要给观众演示，所以在进行演示文稿设计时一般应遵循重点突出、简捷明了、形象直观等原则。

4. 模板

模板是演示文稿中的特殊一类，扩展名为.potx。模板包含了配色方案、自定义格式、标题母版以及字体、段落、样式，它们都可用来创建特殊的外观。应用设计模板可快速生成风格统一的演示文稿。

在 PowerPoint 中有自带的模板可以使用，也可以将经常用到的版式相似的演示文稿保存为模板随时使用。单击“文件”→“新建”，就可以在窗口中看到已经制作好的模板，可以直接使用。

二、PowerPoint 2010 的窗口界面

有如下三种方法可以启动 PowerPoint 2010。

方法 1：利用“开始”菜单启动 PowerPoint 2010。

单击“开始”按钮，然后单击“所有程序”→“Microsoft Office”→“Microsoft PowerPoint 2010”菜单，即可启动 PowerPoint 2010。

方法 2：利用桌面快捷方式启动 PowerPoint 2010。

双击桌面上存在的 PowerPoint 2010 应用程序的快捷方式，即可启动 PowerPoint 2010。

方法 3：通过打开已存在的演示文稿启动 PowerPoint 2010。

如果要启动 PowerPoint 2010 的同时打开指定的演示文稿，只需找到演示文稿的文件，双击文件名即可启动。

通过方法一和方法二启动 PowerPoint 2010 后，PowerPoint 2010 会创建一个演示文稿，其中会有一张包含标题占位符和副标题占位符的空白幻灯片，其工作界面如图 6-3 所示。

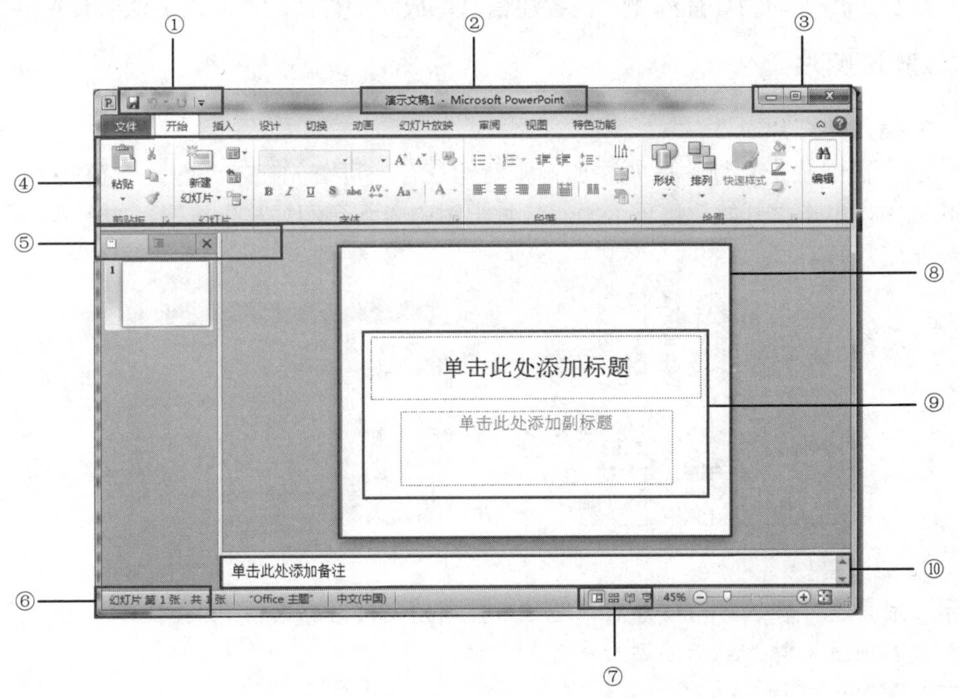

图 6-3 PowerPoint 2010 的工作界面

①快速访问工具栏：快速访问工具栏是包含用户经常使用命令的工具栏，并确保始终可

单击访问。可以显示在功能区上方和下方两个位置。

②标题栏：显示出软件的名称和当前演示文稿的名称。

③窗口控制按钮：可通过这些按钮对窗口进行“最大化”“最小化”“关闭”操作。

④功能区：通过展示每一个选项卡，选择相应的命令，完成文稿的所有编辑操作。

⑤“幻灯片/大纲”窗格：利用“幻灯片”窗格或“大纲”窗格（单击窗格上方的标签可在这两个窗格之间切换）可以快速查看和选择演示文稿中的幻灯片。其中，“幻灯片”窗格显示了幻灯片的缩略图，单击某张幻灯片的缩略图可选中该幻灯片，此时即可在右侧的幻灯片编辑区编辑该幻灯片内容；“大纲”窗格显示了幻灯片的文本大纲。

⑥状态栏：展示幻灯片的总数和当前幻灯片所在页数。

⑦视图切换按钮：单击不同的按钮，可切换到不同的视图模式。PowerPoint 2010 提供了普通视图、幻灯片浏览视图、阅读视图和幻灯片放映视图等几种视图模式。其中，普通视图是 PowerPoint 2010 默认的视图模式，主要用于制作演示文稿；在幻灯片浏览视图中，幻灯片以缩略图的形式显示，从而方便用户浏览所有幻灯片的整体效果；阅读视图是以窗口的形式来查看演示文稿的放映效果；幻灯片放映视图是从选定的幻灯片开始，以全屏形式放映演示文稿中的幻灯片。

⑧幻灯片编辑区：是编辑幻灯片的主要区域，在其中可以为当前幻灯片添加文本、图片、图形、声音等，还可以创建超链接或设置动画。

⑨占位符：幻灯片编辑区有一些带有虚线边框的编辑框，被称为占位符，用于指示可在其中输入标题文本（标题占位符，单击即可输入文本）、正文文本（文本占位符），或者插入图表、表格和图片（内容占位符）等对象。幻灯片版式不同，占位符的类型和位置也不同。

⑩备注栏：用于为幻灯片添加一些备注信息，放映幻灯片时，观众无法看到这些信息。

三、编辑幻灯片

（一）插入幻灯片

在演示文稿中某张幻灯片后面添加一张新幻灯片，可首先在“幻灯片”窗格中单击该幻灯片将其选中，单击“开始”选项卡“幻灯片”组中“新建幻灯片”按钮，如图 6-4 所示，即可新建一张幻灯片。

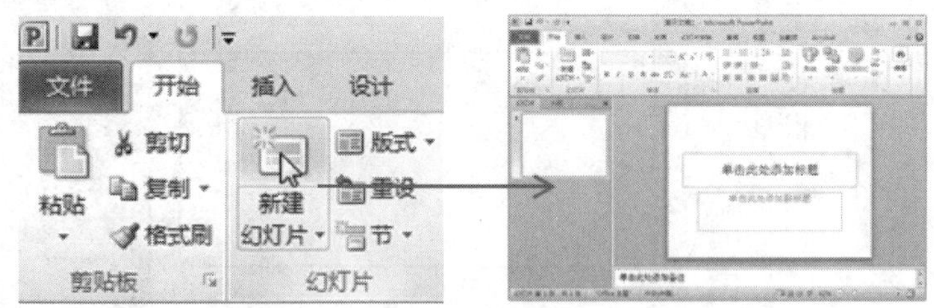

图 6-4 新建幻灯片

提示：*用户也可在选择幻灯片后，通过右键新建幻灯片，或按 Enter 键或 Ctrl+M 组合键，按默认版式在所选幻灯片的后面添加一张幻灯片。*

（二）复制幻灯片

要复制幻灯片，可在“幻灯片”窗格中右击要复制的幻灯片，在弹出的快捷菜单中选择“复制”项，即可在当前幻灯片后复制格式内容一样的幻灯片，效果如图 6-5 所示。

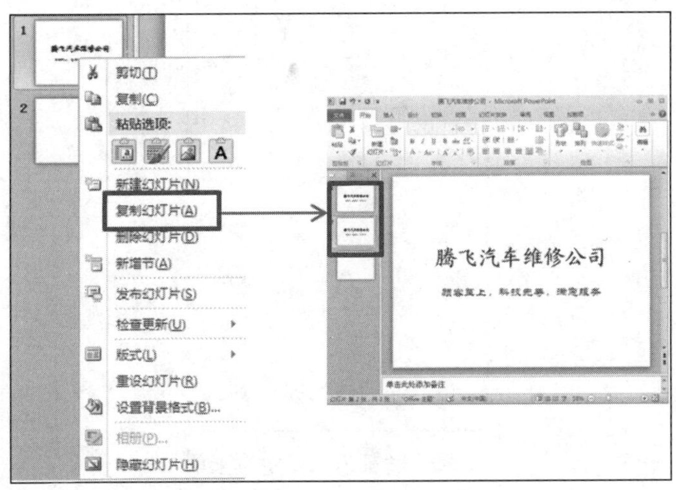

图 6-5　复制幻灯片

（三）删除幻灯片

要删除幻灯片，可首先在“幻灯片”窗格中单击选中要删除的幻灯片，然后按 Delete 键，或右击要删除的幻灯片，在弹出的快捷菜单中选择“删除幻灯片”项，将幻灯片删除。

（四）移动幻灯片

播放演示文稿时，将按照幻灯片的排列顺序进行播放。若要调整幻灯片的排列顺序，可在“幻灯片”窗格中单击选中要调整顺序的幻灯片，然后按住鼠标左键将其拖到需要的位置即可。

提示：在对幻灯片进行插入、移动、复制、删除等操作时，可同时选中多张幻灯片进行操作。要同时选中不连续的多张幻灯片，可按住 Ctrl 键在“幻灯片”窗格中依次单击要选择的幻灯片；要同时选中连续的多张幻灯片，可按住 Shift 键单击开始和结束位置的幻灯片。

四、对象插入

新建幻灯片后，就可以在编辑区插入图片、形状、艺术字、文本框、音频、视频、图表等对象了。插入后的对象是独立的，可以用鼠标移动调整位置。

（一）插入图片

可以将图片、剪贴画、屏幕截图或者相册里的照片插入到幻灯片中。在“插入”选项卡中的“图像”组可以看到有 4 个按钮，如图 6-6 所示，从中选择图像的类型。

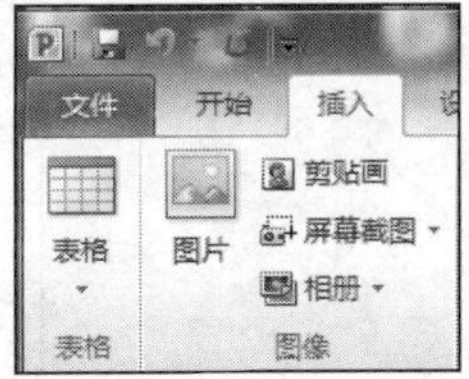

图 6-6　“插入图像”按钮

（二）插入艺术字

要想让字体有更多样式的呈现，可以通过“插入艺术字”来完成。在“插入”选项卡的“文本”组中，单击“艺术字”下拉按钮，可以在幻灯片中插入某种样式的艺术字。如图 6-7 所示。艺术字内置于 PowerPoint 2010 中，不能自定义或添加。

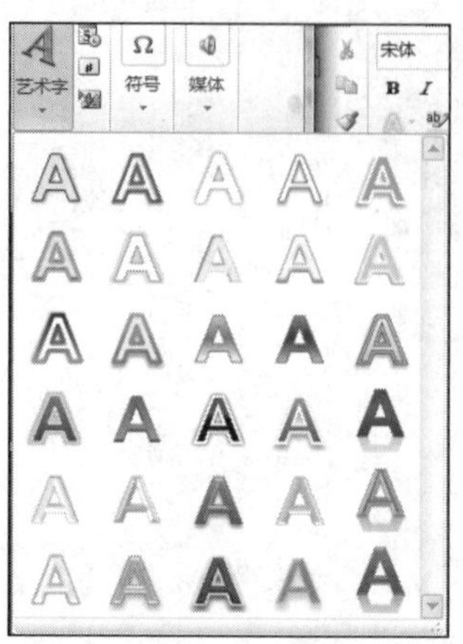

图 6-7 “插入艺术字”菜单

选中艺术字后，可以在“格式”选项卡的“艺术字样式”组中设置艺术字的填充颜色、轮廓颜色和文本效果等，如图 6-8 所示。

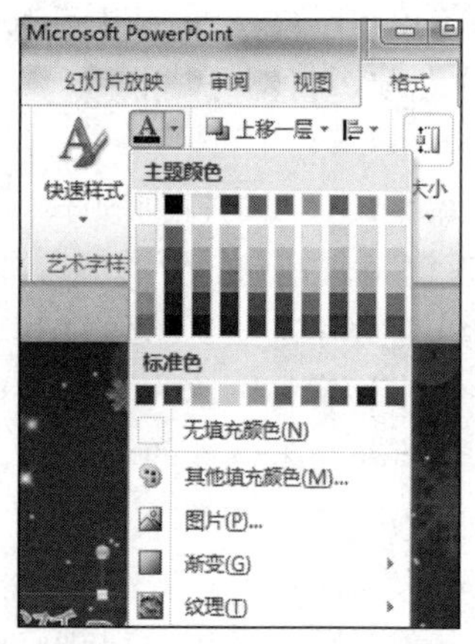

（a）“填充颜色”下拉列表

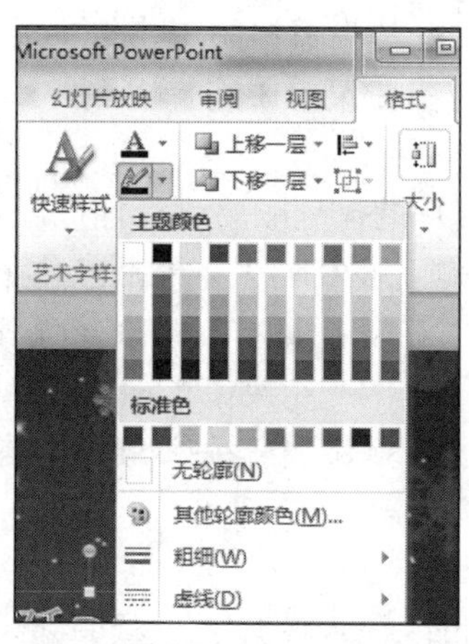

（b）“轮廓颜色”下拉列表

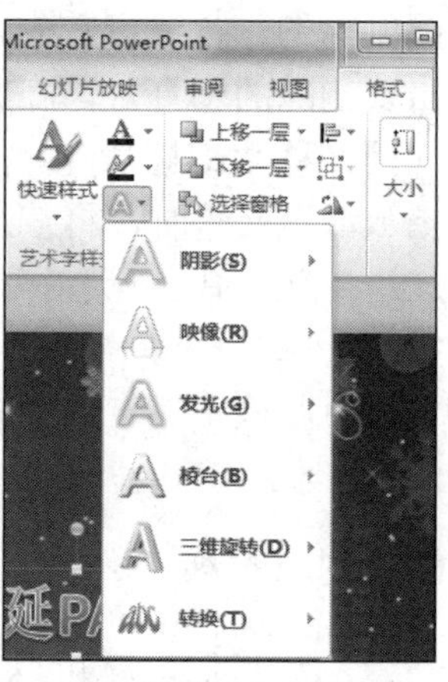

（c）“文本效果”下拉列表

图 6-8 修改艺术字样式

（三）插入媒体文件

可以根据需要在幻灯片中添加音频和视频文件，这些媒体文件可以来源于不同地方，如图 6-9 所示。

（a）“插入视频”下拉列表

（b）“插入音频”下拉列表

图 6-9 插入媒体文件菜单

媒体文件插入后，在幻灯片上会有小图标出现，选择图标，可以通过“播放”选项卡对播放方式、音量等进行控制。

提示：当声音文件的大小小于指定大小时将被嵌入，大于指定大小时将被链接。如果链接某个媒体文件，需要把它和演示文稿存放在同一目录下。

插入媒体文件

（四）插入形状

PPT 提供了丰富的形状库，包括线条形状、箭头形状、标注形状等，可以根据需要选择，并合理搭配。图 6-10 展示的就是“插入形状”下拉列表，插入任一形状后，可以在其中添加文字，如果需要对形状的颜色、线条等进行设置，可以单击该形状，通过右击，在弹出“设置形状格式”对话框中（图 6-11）来完成。

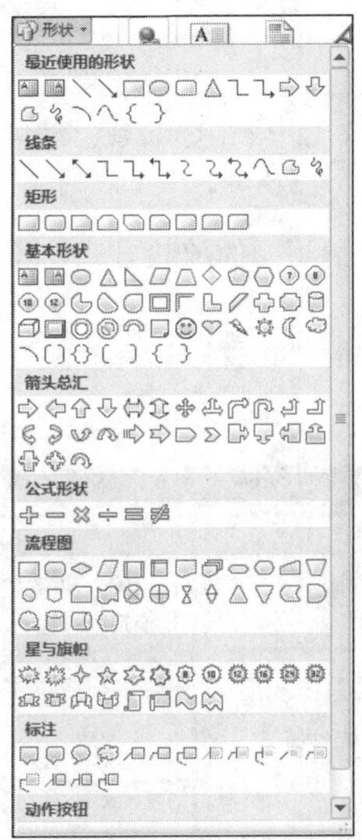

图 6-10　“插入形状”下拉列表

图 6-11　“设置形状格式”对话框

五、放映幻灯片

可以通过“幻灯片放映”选项卡设置幻灯片的放映方式，以及从何处开始放映幻灯片，放映哪些幻灯片等。功能区如图 6-12 所示。

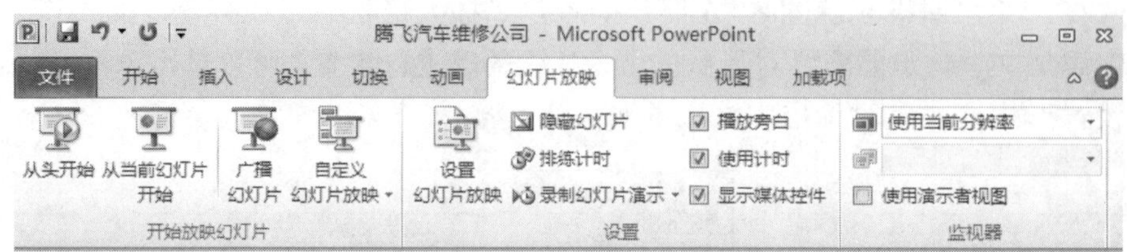

图 6-12 “幻灯片放映”选项卡

（一）设置放映方式

可根据不同的需求设置演示文稿不同的放映方式，还可设置让幻灯片循环播放、制定播放幻灯片等。

单击“幻灯片放映”选项卡中的“设置幻灯片放映”按钮，打开“设置放映方式”对话框，如图 6-13 所示。

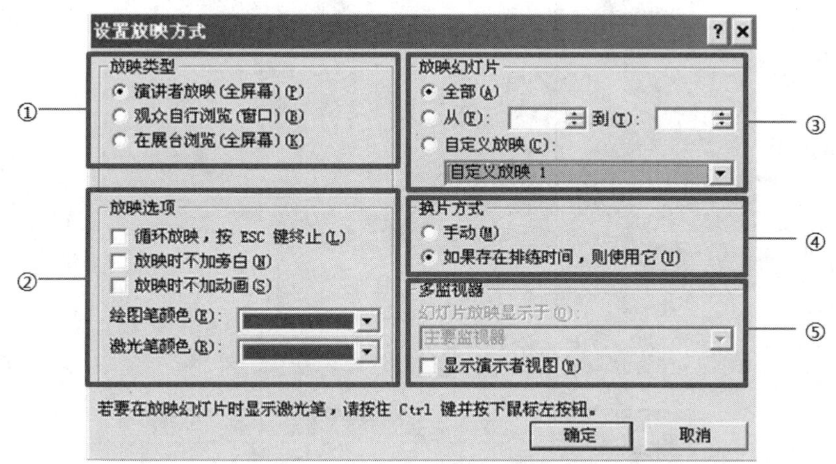

图 6-13 设置放映方式

（1）设置放映类型有三种，可根据不同场合选择。

演讲者放映（全屏幕）：这是最常用的放映类型。放映时幻灯片将全屏显示，演讲者对课件的播放具有完全的控制权。适合于演讲者介绍、讲演等场所。

观众自行浏览（窗口）：若展览会上允许观众交互式控制放映过程，则适合采用这种方式。它允许观众利用窗口命令控制放映进程，观众可以利用窗口右下方的左、右箭头，分别切换到前一张幻灯片和后一张幻灯片，利用两箭头之间的“菜单”命令，将弹出放映控制菜单，利用菜单的“定位至幻灯片”命令，可以方便快捷地切换到制定的幻灯片，按 Esc 键可以终止放映。

在展台浏览（全屏幕）：这种放映方式采用全屏幕放映，适用展示产品的橱窗和展览会上自动播放产品信息的展台。可手动播放，也可采用事先排练好的演示时间自动循环播放，此时，观众只能观看不能控制。

（2）放映选项选择。在“设置放映方式”对话框中的“放映选项”设置区选择是否循环播放幻灯片，是否增加旁白和动画以及设置激光笔和绘图笔的颜色等。

（3）选择放映的幻灯片。在“设置放映方式”对话框中的“放映幻灯片”设置区选择放映演示文稿中的哪些幻灯片。可根据需要选择是放映演示文稿中的全部幻灯片，还是只放映其中的一部分幻灯片，或者只放映自定义放映中的幻灯片。

（4）换片方式选择。在“设置放映方式”对话框中的“换片方式”设置区选择切换幻灯片的方式。如果设置了间隔一定的时间自动切换幻灯片，应选择第 2 种方式。该方式同时也适用于单击切换幻灯片。

（5）多监视器控制。在有多个显示器或者展览窗口的情况下，可设置幻灯片在哪个监视器中放映。

幻灯片放映方式

（二）放映演示文稿

设置放映方式后，可以利用“幻灯片放映”选项卡的“开始放映幻灯片”组的按钮来启动幻灯片放映。可以选择从第一张开始放映还是从某一张开始放映。

方法 1：单击“从头开始”按钮或者按 F5 键，从第 1 张幻灯片开始放映演示文稿。

方法 2：单击“从当前幻灯片开始”按钮，或者按 Shift+F5 组合键，可从当前幻灯片开始放映。

在放映过程中，可根据制作演示文稿时的设置来切换幻灯片或显示幻灯片内容，将鼠标指针移至放映画面左下角位置，会显示一组控制按钮，利用这些按钮可以在幻灯片中进行跳转，添加墨迹、标注等操作。

（1）跳转幻灯片：单击箭头按钮可跳转到上一张或下一张幻灯片。

（2）添加墨迹标注：单击按钮可选择一种笔尖，在放映画面中按住鼠标左键并拖动，可为幻灯片中一些需要强调的内容添加墨迹注释。如图 6-14 所示。

（3）打开控制列表：单击按钮，可打开列表，如图 6-15 所示，进行控制操作。当打开某个文档进行修改时，若希望保留原文档，可选择“文件”→“另存为”菜单，打开“另存为”对话框，将文档以不同的名称或位置保存，这样修改结果将只反映在另存后的文档中，原文档没有任何改动。

图 6-14　墨迹添加按钮

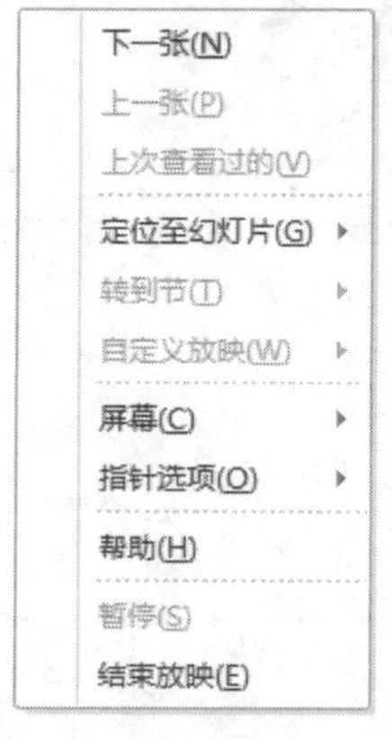

图 6-15　播放控制列表

提示：放映演示文稿时，PowerPoint 还提供了许多控制播放进程的技巧，归纳如下：

（1）按“↓”“→”“Enter”“Space”“PageDown”键均可快速显示下一张幻灯片。

（2）按“↑”“←”“Backspace”“PageUp”键均可快速显示前一张幻灯片。

（3）同时按住鼠标左右键不放，可快速返回第一张幻灯片。

（三）异地播放演示文稿

制作好的演示文稿，通常要在其他计算机上播放，可以通过以下一些办法来进行操作。

1. 直接复制播放

一种是将制作好的演示文稿直接复制到播放演示文稿的计算机中，双击打开，选择观看放映即可。

一种是将演示文稿另存为 PowerPoint 放映格式（扩展名为.ppsx），双击相应文件，直接进入播放状态。

注意：采用此方法的前提是播放演示文稿的计算机上已经安装了 PowerPoint 2010。

2. 打包播放

如果播放演示文稿的计算机上没有安装 PowerPoint 2010，或者没有演示文稿中所链接的文件以及所采用的字体，那么演示文稿将不能正常放映。此时，可利用 PowerPoint 提供的“打包成 CD”功能，将演示文稿及与其关联的文件、字体等打包，这样即使其他计算机中没有安装 PowerPoint 程序也可以正常播放演示文稿。

（1）单击“文件”菜单，在打开的界面中依次单击“保存并发送”→“将演示文稿打包成 CD”→“打包成 CD”项，如图 6-16 所示。

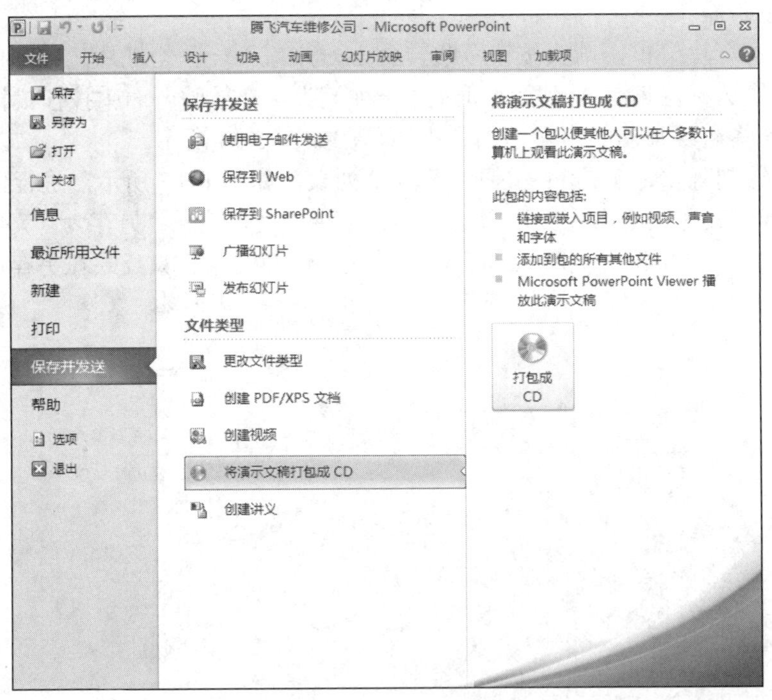

图 6-16 “打包成 CD”项

（2）在打开的“打包成 CD”对话框中选择要添加到包中的文件，如图 6-17（a）所示，同时选择复制到文件夹，填写文件夹的名称和位置，如图 6-17（b）所示，单击“确定”按钮。

注意：利用图 6-17（a）中“选项”按钮，可设置文件打开和修改的密码。

（3）弹出如图 6-18 所示的提示对话框，询问是否打包链接文件，单击“是”按钮。

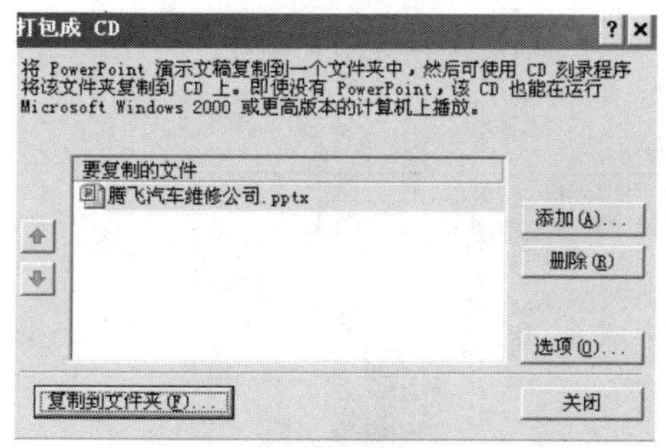

（a）选择文件

（b）选择文件夹

图 6-17　“打包成 CD”与“复制到文件夹”对话框

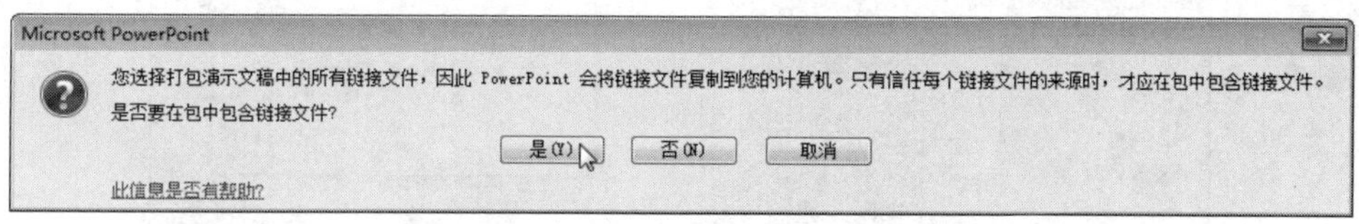

图 6-18　提示对话框

（4）等待一段时间后，即可将演示文稿打包到指定的文件夹中，并自动打开该文件夹，显示其中的内容，如图 6-19 所示。

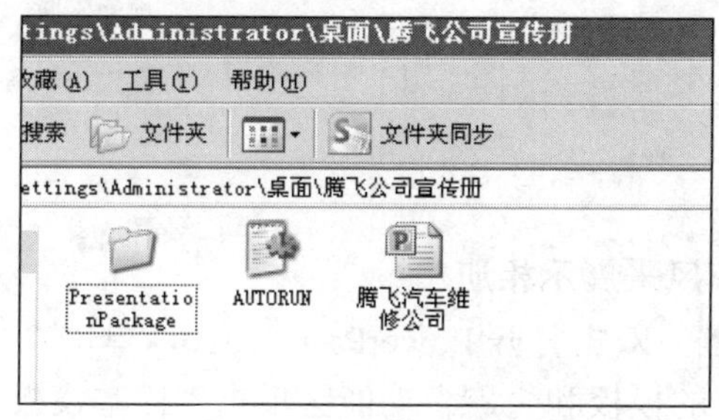

图 6-19　打包后文件夹的内容

（5）要在其他计算机上播放演示文稿，双击打包文件夹中的演示文稿，进行播放即可。

六、打印演示文稿

演示文稿制作完成后，有时候会需要将幻灯片打印出来浏览和保存，在打印之前对演示文稿进行页面设置，可根据自己的需要打印页面或者讲义。

（1）在“设计”选项卡中单击“页面设置”，弹出对话框，如图 6-20 所示。可以对幻灯片的大小、方向等进行设置。

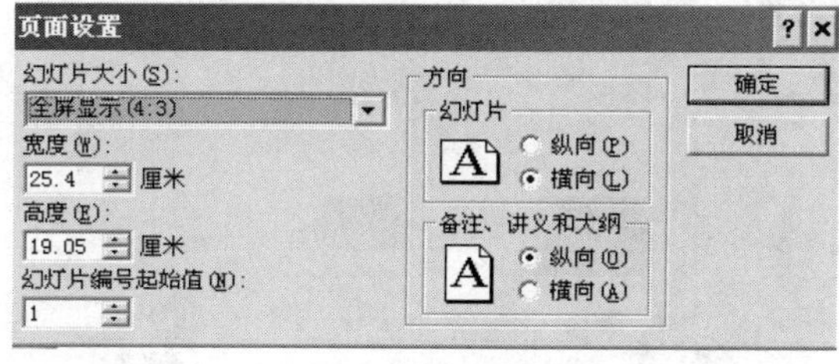

图 6-20　“页面设置”对话框

（2）单击“文件”选项卡中的“打印”选项，打开图 6-21 所示的界面。其中可以设置打印机、打印范围、打印内容、打印份数等参数。

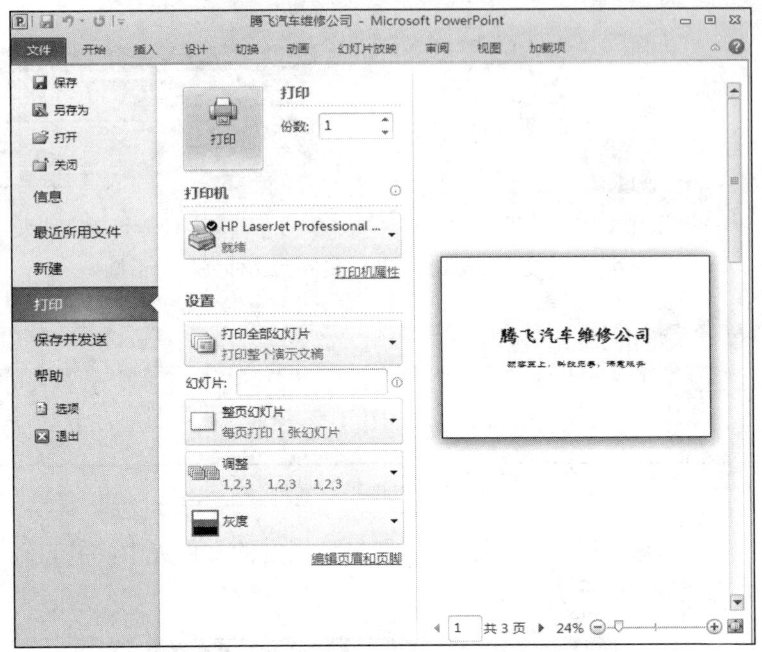

图 6-21　打印设置

任务实现

第一关案例效果

第一关任务：时代楷模风采展示相册

步骤 1：新建 PPT 文档。双击打开 PowerPoint 2010，单击“文件”选项卡中“新建”按钮，在打开的界面的“可用的模板和主题”功能区单击“样本模板”，打开“样本模板”列表，如图 6-22 所示。

图 6-22　“样本模板”列表

步骤 2：选择“样本模板”列表中的“现代型相册”模板，单击“创建”按钮，打开“现代型相册”模板。

步骤 3：在打开的演示文稿中，逐一对幻灯片进行修改。

（1）在左侧中的“幻灯片”窗格中，单击第一张幻灯片缩略图，在编辑区进行封面编辑。单击第一张幻灯片中的图片，按 Delete 键删除此图片，如图 6-23 所示。

图 6-23　删除占位符中的图片

（2）单击占位符中的“插入来自文件的图片”按钮，打开“插入图片”对话框，插入“封面图片”。

（3）删除图片下占位符中的文本“现代型相册”，输入“时代楷模风采展示”，将字体设置为“微软雅黑”，字号为 48，字形加粗。单击右侧占位符，将文字方向改为“竖排”，输入“爱国、敬业、诚信、友善”，设置字体为“微软雅黑”，字号为 32。

（4）按照同样的方法依次对其他幻灯片进行修改。

提示：如果想修改某张幻灯片的版式，选中该幻灯片，单击“开始”选项卡中的“版式”按钮，单击选择一张合适的版式即可。

第一关案例制作步骤

步骤 4：插入背景音乐。

（1）选中第 1 张幻灯片，在“插入”选项卡中单击“音频”→“文件中的音频”，在对话框中选择“背景音乐.mp3”文件，单击“确定”按钮。在编辑区出现一个小喇叭符号。

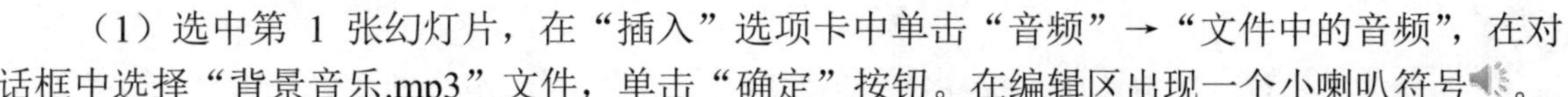

（2）单击，在“音频工具”选项卡（图 6-24）中可以进行格式和播放设置。本案例中将声音设置为“循环播放，直到停止”“跨幻灯片播放”。

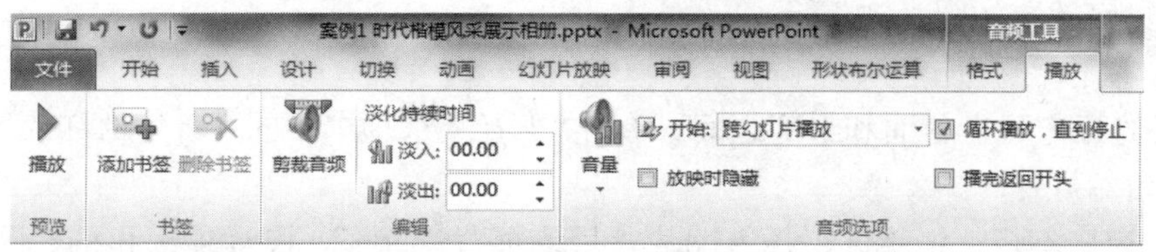

图 6-24　“音频工具”选项卡

步骤 5：保存，文件名为“时代楷模风采展示相册”。

第二关任务：时代楷模宣传片

步骤 1：制作封面和封底。

（1）新建一个 PPT 文档，在“设计”选项卡中单击“页面设置”，将幻灯片大小设为“全屏显示（16:9）”。如图 6-25 所示。

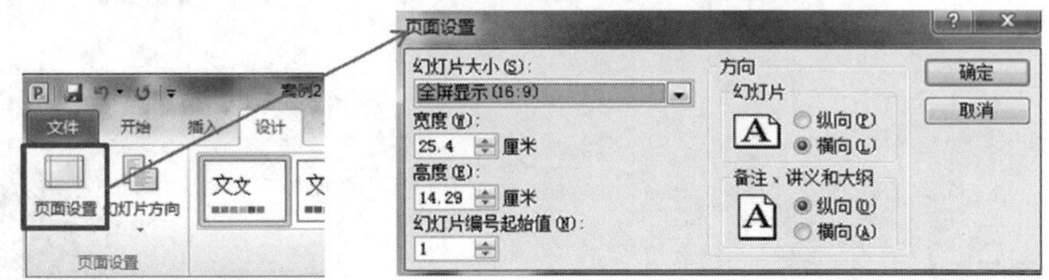

图 6-25 “页面设置”对话框

（2）在“插入”选项卡中单击“图片”，将“背景图片.jpg”插入到幻灯片中，调整合适的大小让图片充满整个编辑区。

（3）插入文本框，输入文字“时代楷模宣传片”。设置字体为“微软雅黑”，字号为 66。选中文字，在“绘图工具/格式”选项卡中将选中的文字设置成艺术字样式“金色发光”，如图 6-26 所示。将标题拖拽至页面中上方。

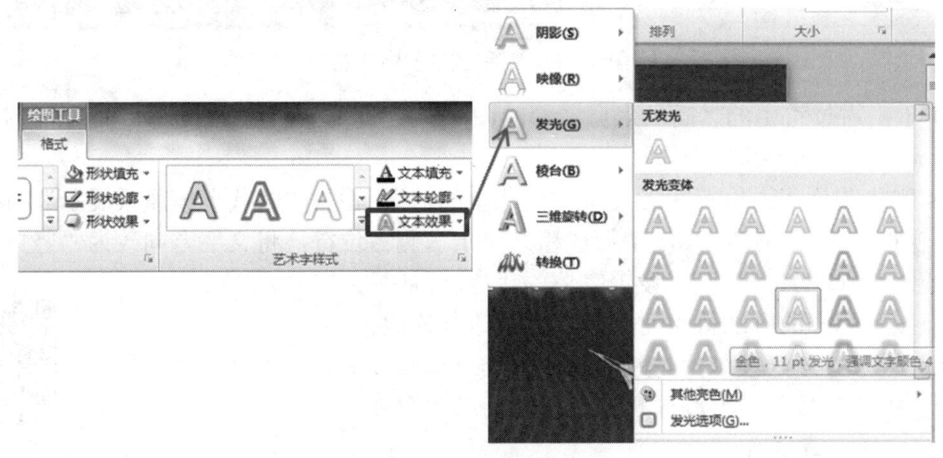

图 6-26 设置文字效果

（4）在“幻灯片”窗格中，选择第一张幻灯片，按 Ctrl+C 组合键或者使用右键菜单中的“复制”命令，在幻灯片后单击，光标闪烁，按 Ctrl+V 组合键或者使用右键菜单中的“粘贴”命令。将文字内容改为“感谢观看”。

封面和封底效果如图 6-27 所示。

步骤 2：制作目录页。

（1）将光标定位在封面和封底之间，单击“开始”选项卡中的“新建幻灯片”→“空白”，新建一个空白幻灯片。

（2）在空白幻灯片编辑区，插入图片“目录页背景.jpg”，图片顶部和编辑区顶部对齐，再依次插入“狮子”“飞翔的小鸟”，拖拽对象调整至合适的位置。

图 6-27　封面、封底效果

（3）插入竖排文本框，输入文字“目录”，调整字体为“微软雅黑”，字号为 48，颜色为红色。

封面封底制作步骤

（4）在目录下方，单击“插入”选项卡中的“形状”下拉按钮，在打开的下拉列表中选择“箭头汇总”→“燕尾形”，在编辑区拖拽出形状，并调整宽 0.86 厘米，高 1.06 厘米，设置填充颜色为红色，无线条颜色。

（5）选中形状，按住 Ctrl 键，拖拽鼠标复制出三个同样的形状。

（6）选中 4 个形状，单击“开始”选项卡“绘图”组中的“排列”→“对齐”，先顶端对齐，再分散对齐，快速将形状对齐。

（7）将 4 个形状同时拖拽至目录下面。

（8）单击“插入”→“形状”→“箭头汇总”→“五边形”，在编辑区拖拽出形状，并调整宽 1.83 厘米，高 1.42 厘米，设置填充颜色为红色，无线条颜色。

（9）选中形状，按住 Ctrl 键，拖拽鼠标在下面复制出一个同样的形状。

（10）插入文本框，输入文字“简介意义”，调整字体为“微软雅黑”，字号为 24，颜色为红色。

目录页效果见图 6-28。

图 6-28　目录页效果

目录页制作步骤

步骤 3：制作过渡页。

（1）将封面页复制到目录页后面，选择标题文字删除，保留图片。

（2）单击“插入”→“形状”→“矩形”→“圆角矩形”，在编辑区拖拽出形状，并调整宽 16.09 厘米，高 3.92 厘米，无填充颜色，轮廓颜色为白色，粗细为 2.25 磅。

（3）插入文本框，调整宽 5.6 厘米，高 1.89 厘米，填充颜色为金色，无轮廓颜色。输入文字“第一部分”，字体为“微软雅黑”，字号为 32，颜色为白色。将文本框拖拽至圆角矩形上边线的正中间区域。

（4）插入文本框，输入文字“简介意义”，字体为“微软雅黑”，字号为 41，颜色为白色。

（5）复制这张幻灯片，粘贴在后面，修改文字内容“第二部分”“典型人物”。

过渡页效果如图 6-29 所示。

图 6-29　过渡页效果

过渡页制作步骤

步骤 4：制作“简介”页面。

（1）在“第一部分”过渡页后，新建一张空白幻灯片。

（2）在空白幻灯片编辑区，插入图片“目录页背景.jpg”，图片顶部和编辑区顶部对齐。

（3）插入图片“五角星”，大小为 2.26*2.26 厘米，拖拽到左上角。

（4）插入矩形框，调整宽 23.07 厘米，高 1.05 厘米，无轮廓颜色，填充颜色为“红色，渐变，线性向右”：选择矩形框，右击，在快捷菜单中选择“设置形状格式”，选择“渐变填充”，类型为“线性”，方向为“向右”，渐变光圈设置两个，左边的和右边的都为红色，透明度 100%。如图 6-30 所示。

图 6-30　渐变颜色填充

（5）将矩形框拖拽到五角星后面，叠加一小部分，选择五角星，右击，选择“置于顶层”。

（6）在编辑区绘制出一个宽 8.85 厘米，高 7.35 厘米的圆角矩形，无填充颜色，线框颜色为红色。

（7）插入文本框，将文字内容粘贴进去，设置字体为“微软雅黑”，字号为 12，黑色，将文本框摆放在圆角矩形的正中间。

（8）插入图片“时代楷模演播厅.jpg”，调整大小为宽 8.45 厘米，高 4.75 厘米，在“图片”工具的“格式”选项卡“图片样式”组中，设置图片样式为“映像圆角矩形”。

“简介”页面效果如图 6-31 所示。

简介页制作步骤

图 6-31　“简介”页面效果

步骤 5：制作“意义”页面。

（1）复制“简介”页面，粘贴到后面。将除顶端标题外的内容删除掉，将顶端标题行文字内容改为“意义”。

（2）单击“插入”→“形状”→“矩形”→“圆角矩形”，在编辑区拖拽出形状，并调整宽 5.57 厘米，高 7.31 厘米，填充颜色为“白色到灰色线性向下渐变”，无轮廓。如图 6-32 所示。

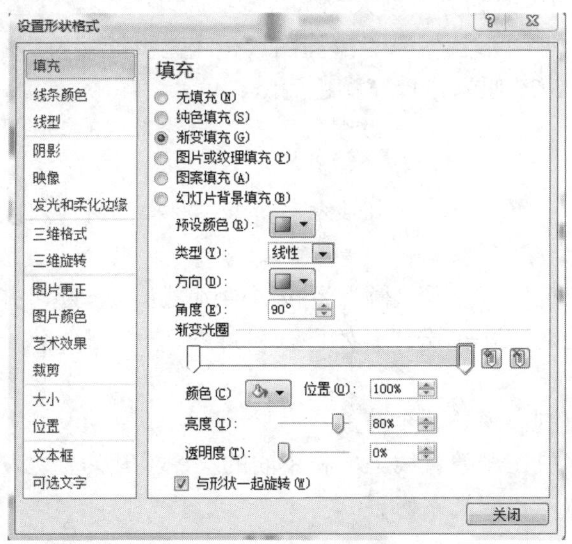

图 6-32　渐变填充参数

（3）插入一个宽 5.28 厘米，高 0.8 厘米的圆角矩形，填充颜色红色，无轮廓，右击，选择“编辑文字”，输入“01”，文字颜色为白色，对齐方式为居中。将圆角矩形框拖拽到大矩形框的顶部位置。

（4）插入文本框，输入相应内容，调整字体为“微软雅黑”，红色，字号 14。

（5）将三个对象合理地摆放在一起。

（6）按住 Ctrl 键同时选择文本框、两个圆角矩形，右击，选择“组合”。

（7）选中组合后的对象，同时按住 Ctrl 键和 Shift 键，往右拖拽出三个对象。定位好第一个和最后一个对象的位置，全选四个对象，利用“开始”选项卡“绘图”组中“排列”→“对齐”→“分散对齐”，快速将对象平均分散在页面编辑区。

（8）将后三个对象的文字内容依次进行修改。

“意义”页面效果如图 6-33 所示。

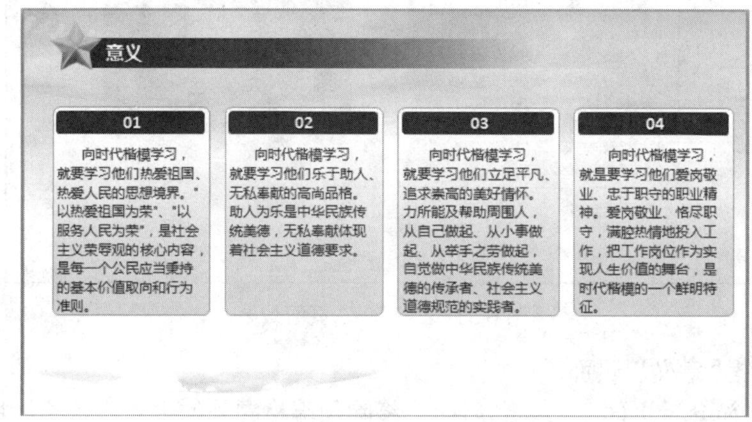

意义页制作步骤

图 6-33 “意义”页面效果

步骤 6：制作“典型人物”第一张页面。

（1）复制“简介”页面，粘贴到“第二部分”过渡页后面。将除顶端标题外的内容删除掉，将顶端标题行文字内容改为“典型人物”。

（2）单击“插入”→“形状”→“流程图”→“离页连接符”，在编辑区拖拽出形状，并调整宽 1.26 厘米，高 5.25 厘米，填充颜色为深红色。

（3）单击“插入”→“形状”→“线条”→“直线”，在编辑区绘制出一条线段，填充颜色为深红色。

（4）单击“插入”→“形状”→“基本形状”→“椭圆”，按住 Shift 键在编辑区绘制出一个正圆形，填充颜色为深红色。

（5）将“离页连接符”“直线”“圆形”按照样例摆放在一起，并组合成一个对象。

（6）选择组合后的对象，单击“开始”→“排列”→“旋转”→“垂直翻转”，改变图形方向。

（7）按住 Ctrl 键复制出另外两个对象。

（8）将 4 个对象摆放在一条直线上，将中间的颜色填充为金色。

（9）利用文本框输入相应文字内容。

（10）对应添加图片。

“典型人物”第一张页面效果如图 6-34 所示。

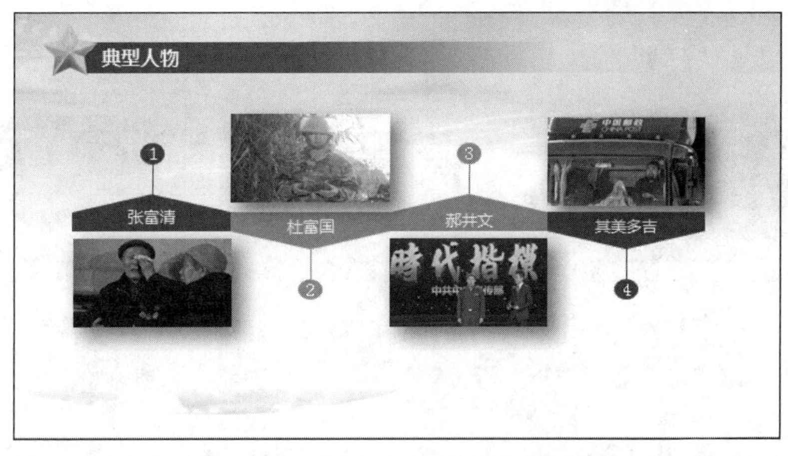

图 6-34　“典型人物”第一张页面效果

典型人物页制作步骤

步骤 7：制作“典型人物”第二张、第三张页面。

（1）复制“典型人物”第一张页面，粘贴到后面。将除顶端标题外的内容删除掉。

（2）在左侧插入图片，宽 7.05 厘米，高 3.95 厘米，图片样式为“映像圆角矩形”。

（3）右侧插入圆角矩形框，无填充颜色，轮廓颜色为深红色。

（4）在矩形框内插入文本框，输入相应内容。调整好字体和大小。

（5）用同样的方法完成后面页面的制作。

完成后效果如图 6-35 所示。

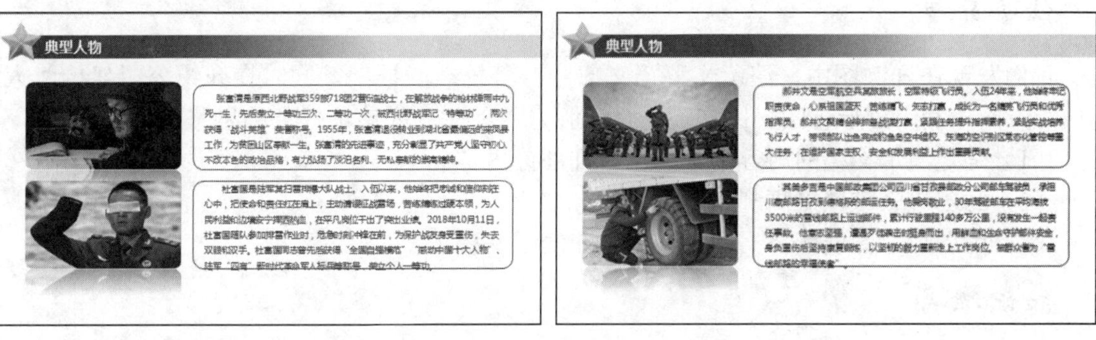

图 6-35　典型人物页效果

任务 2　制作腾飞汽车生活馆简介演示文稿

任务描述

腾飞汽车生活馆主要从事汽车维修、汽车美容、汽车保险等业务，随着汽车的增多，公司也在不断壮大，最近公司又招聘了一批新员工。李明是公司的人事部经理，在新员工的第一次培训课上，他利用 PowerPoint 2010 制作了一份公司简介（如图 6-36 所示），向新员工展示了公司简介、公司架构、经营范围以及所获荣誉等，演示文稿生动形象、条理清晰，新员工看完后都为自己能加入到这样的公司感到骄傲和自豪。

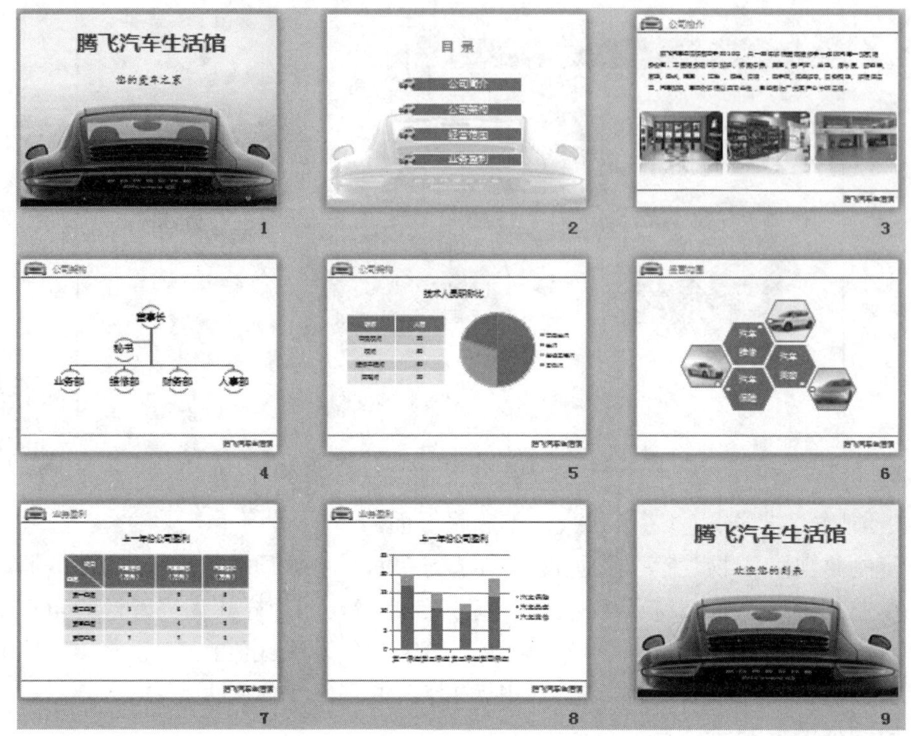

图 6-36 腾飞汽车生活馆简介样例图

任务分析

我们发现在样例图中，演示文稿正文部分有着统一的框架，同时在介绍公司架构、人员构成等方面，利用图形、图表比文字更有说服力。因此完成该项任务的思路如下：

（1）确定演示文稿的内容框架，包含几部分内容。

（2）利用母版可以提高制作效率。

（3）用图形、图表代替文字描述呈现在演示文稿上。

知识准备

一、PPT 母版

母板是一类特殊幻灯片，幻灯片母版保存了幻灯片的格式方案，如幻灯片的背景、配色方案，每张幻灯片上都有的图案、文本格式等等。幻灯片母版的外观改变将会影响到演示文稿中的每张幻灯片，并且以后再插入的幻灯片在格式上都与母版相同。因此，可以通过设计母版来改变所有幻灯片的外观。

（一）母版种类

母版分为幻灯片母版、备注母版和讲义母版三种。如图 6-37 所示。

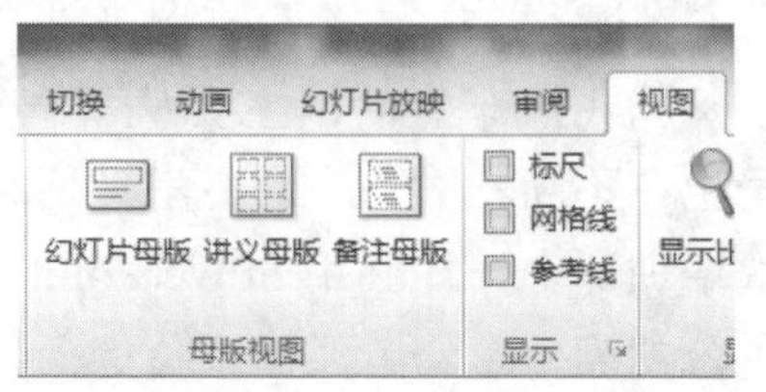

图 6-37 “母版视图”组

1. 幻灯片母版

幻灯片母版是幻灯片层次结构中的顶级幻灯片，它存储着有关演示文稿的主题和幻灯片版式的所有信息，决定着幻灯片的外观。它是已经设置好背景、配色方案、字体、格式的一个模板，在使用时只要插入新幻灯片，就可以把模板上的所有内容继承到新添加的幻灯片上。

2. 讲义母版

讲义母版是为制作讲义而准备的，通常需要打印输出。它允许设置一页讲义中包含几张幻灯片，设置页眉、页脚、页码等基本信息。在讲义母版中插入新的对象或者更改版式时，新的页面效果不会影响到其他母版视图中。

3. 备注母版

备注母版主要用来设置幻灯片的备注格式，一般需要打印输出，多和打印页面有关。

（二）管理母版

1. 进入与退出母版

单击“视图”选项卡“母版视图”组中的“幻灯片母版”按钮，则可进入“幻灯片母版”选项卡，如图 6-38 所示。如需退出，单击“关闭母版视图”按钮即可。

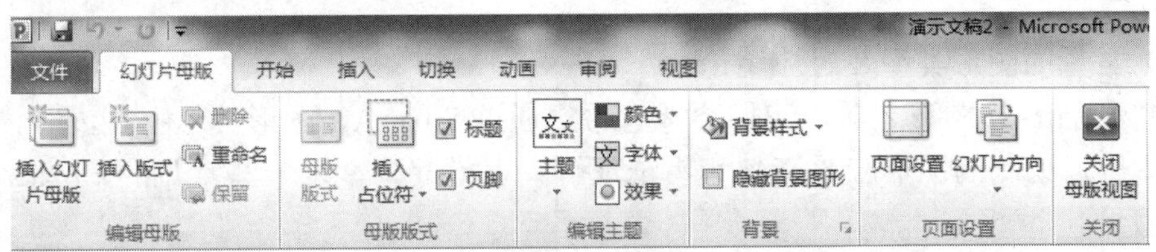

图 6-38　“幻灯片母版”选项卡

2. 设计母版版式

在幻灯片母版视图中，可以按照需要逐张设置母版版式，如改变占位符、文本、图片等在幻灯片中的大小和位置，编辑背景图片、页眉页脚设置等。

单击左侧任务窗格（图 6-39）中的母版，在右边的编辑区进行设置，编辑方法和制作幻灯片是一样的。

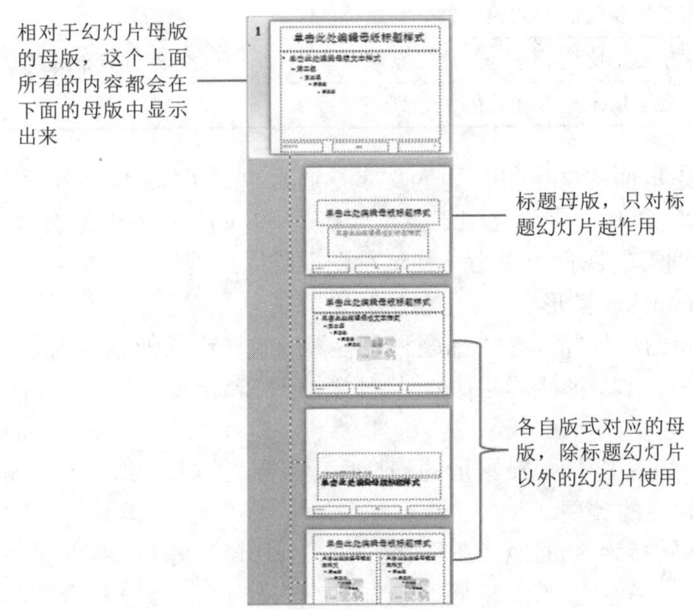

图 6-39　幻灯片母版

默认情况下，在“幻灯片母版”视图左侧任务窗格中的第一个母版（比其他母版稍大）称为“幻灯片母版”，在其中设置的内容和格式将影响当前演示文稿中的所有幻灯片；其下方的多个母版为幻灯片版式母版，在某个版式母版中进行的设置将影响使用了该幻灯片版式的幻灯片（将鼠标指针移至母版上方，将显示母版名称，以及其应用于演示文稿的哪些幻灯片）。用户可根据需要选择相应的母版进行设置。

注意：母版上的文本只用于样式，实际的文本（如标题和列表）应在普通视图的幻灯片上键入，而页眉和页脚应在“页眉和页脚”对话框中键入。

二、SmartArt 图形

SmartArt 图形是一种智能化的矢量图形，它是已经组合好的文本框、形状和线条。利用 SmartArt 图形可以快速在幻灯片中插入功能性强的图形，表达用户的思想。PowerPoint 提供的 SmartArt 图形类型有列表、流程、循环、层次结构、关系、矩阵、棱锥图、图片等 200 多个关系。

（一）常见的图形类型及对应用途

在创建 SmartArt 图形之前，我们要考虑希望通过 SmartArt 图形传达哪些内容，是否要求特定的外观等，绘制的图形应该清楚和易于理解。表 6-1 列举了一些常见的 SmartArt 图形类型的对应用途。

表 6-1 常见的 SmartArt 图形类型及对应用途

图形类型	图形用途
列表	显示无序信息，主要用于强调信息的重要性
流程	表示任务流程的顺序或步骤
层次结构	用于显示组织中的分层信息或上下级关系，最广泛地应用于组织结构图
关系	用于表示两个或多个项目之间的关系，或者多个信息集合之间的关系
矩阵	用于以象限的方式显示部分与整体的关系
棱锥图	用于显示比例关系、互连关系或层次关系，最大的部分置于底部，向上渐窄
图片	主要应用于包含图片的信息列表

此外，还要考虑里面的文字量，因为文字量通常决定了所用布局以及布局中所需的形状个数。通常，在形状个数和文字量仅限于表示要点时，SmartArt 图形最有效。如果文字量较大，则会分散 SmartArt 图形的视觉吸引力，使这种图形难以直观地传达需要的信息。

（二）插入 SmartArt 图形

方法 1：插入新幻灯片并选择“标题和内容”版式（或其他具有内容区占位符的版式），单击内容区“插入 SmartArt 图形”图标，打开“插入 SmartArt 图形”对话框，选择所需的类型，如图 6-40 所示。

方法 2：选择要插入 SmartArt 图形的幻灯片，单击“插入”选项卡“插图”组“SmartArt 图形”按钮，选择相应的类型。

方法 3：将文本转换为 SmartArt 图形。在幻灯片中输入文本，并调整好文本的级别，选中文本并在文本上右击，在弹出的快捷菜单中选择“转换为 SmartArt”命令，从打开的图形列表中选择合适的 SmartArt 图形，如图 6-41 所示。

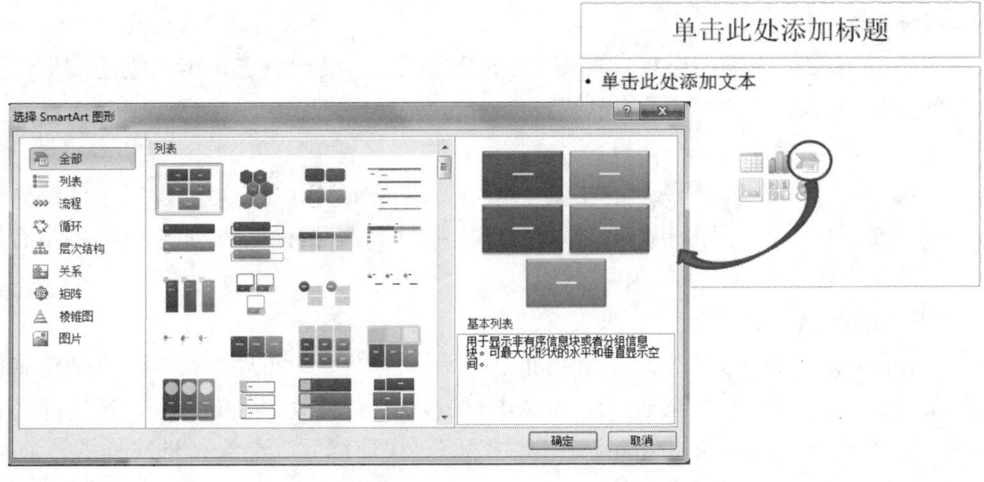

图 6-40　通过内容占位符插入 SmartArt 图形

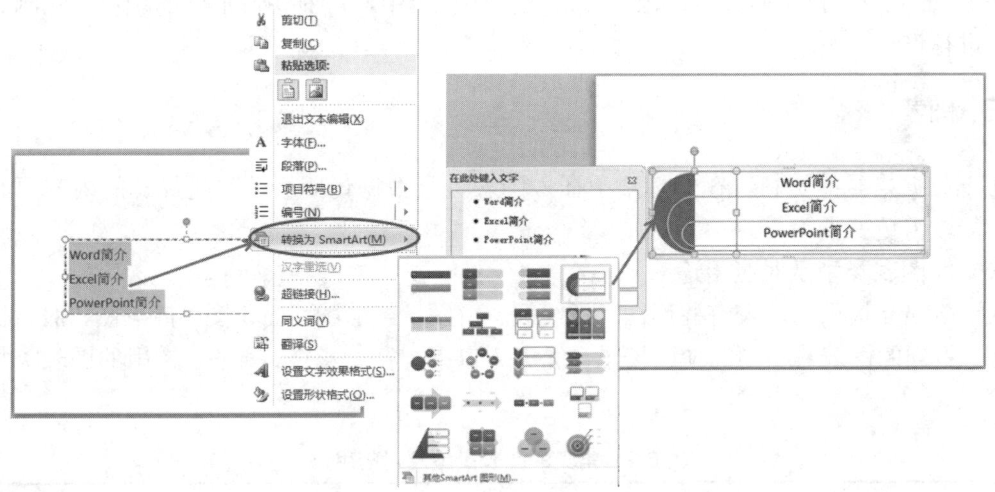

图 6-41　将文本转换为 SmartArt 图形

（三）编辑 SmartArt 图形

插入 SmartArt 图形并选中后，将会出现“SmartArt 工具/设计”（图 6-42）和“SmartArt 工具/格式”（图 6-43）两个选项卡，利用这两个选项卡中的工具可以对 SmartArt 图形进行编辑和修饰。

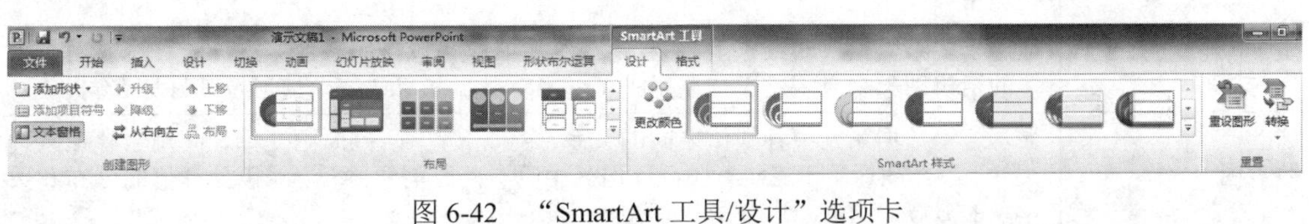

图 6-42　“SmartArt 工具/设计”选项卡

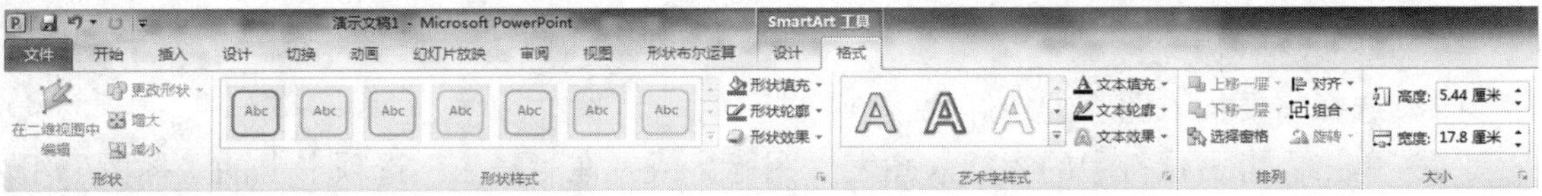

图 6-43　“SmartArt 工具/格式”选项卡

1. 添加形状

选中 SmartArt 图形的某一形状，单击“SmartArt 工具/设计”选项卡“创建图形”组“添加形状”命令，即可添加一个相同的形状。

2. 编辑文本和图片

选中 SmartArt 图形，单击图形的左侧小三角，出现文本窗格，可添加文本或编辑文本。通过 Tab 键可改变文本的级别。也可以直接在形状中对文本进行编辑。如果选择了带有图片的图形，则可以在形状中插入图片。

3. 使用 SmartArt 图形样式

单击“SmartArt 工具/设计”选项卡“布局”命令组“重新布局”命令，重新选择图形；单击“SmartArt 工具/设计”选项卡“SmartArt 样式”组“更改颜色”命令，选定颜色；单击“SmartArt 工具/设计”选项卡“SmartArt 样式”组“快速样式”命令，选择样式。

4. 重新设计 SmartArt 图形样式

在“SmartArt 工具/格式”选项卡“形状样式”组中，可对图形形状的颜色、轮廓、效果等重新进行设计。

三、图表

对于数据格式的资料，在幻灯片中插入图表进行数据说明会使得幻灯片的内容更具有说服力，能取得更好的效果。

（一）图表类型及对应用途

PowerPoint 提供的图表有柱形图、折线图、饼图、条形图、面积图、散点图、股价图、圆环图等。不同的图表有不同的使用场景，优劣势也不一样。表 6-2 列举了常用的图表类型和对应用途。

表 6-2 常见的图表类型及对应用途

图表类型	对应用途
柱形图	用于显示一段时间内的数据变化或显示各项之间的比较情况
条形图	显示各个项目之间的比较情况
折线图	适合二维的大数据集，还适合多个二维数据集的比较。容易反映出数据变化的趋势
饼图/环图	显示各项的大小与各项总和的比例。适用简单的占比比例图，在不要求数据精细的情况适用
雷达图	适用于多维数据（四维以上），且每个维度必须可以排序，数据点一般 6 个左右，太多的话辨别起来有困难。主要用来了解各项数据指标的变动情形及其好坏趋向
散点图	显示若干数据系列中各数值之间的关系，类似 XY 轴，判断两变量之间是否存在某种关联。散点图适用于三维数据集，但其中只有两维需要比较。对于处理值的分布和数据点的分簇，用散点图效果很理想

（二）图表插入方法

（1）选择需要插入图表的幻灯片。

（2）单击内容占位符中的“插入图表”图标，或者在“插入”选项卡上的“插图”组中单击“图表”按钮，打开“插入图表”对话框。

（3）在该对话框中，选择合适的图表类型，单击“确定”按钮，将会启动 Excel，如图 6-44 所示。

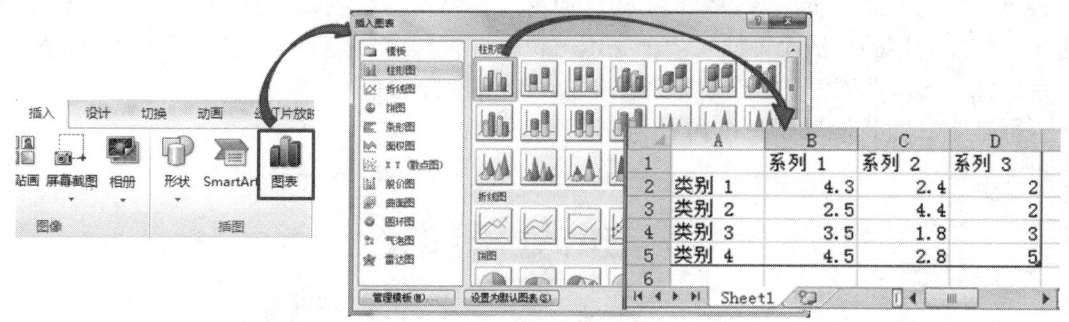

图 6-44　插入图表时启动 Excel 程序

（4）在 Excel 工作表中输入、编辑生成图表数据源。

（5）数据编辑完成后，关闭 Excel，相应图表即可插入到幻灯片中。

（6）单击“图表工具”下“设计”“版式”“格式”三个选项卡，可以对图表进行添加或更改内容、更改布局、格式设置等操作。

任务实现

第一关任务：制作母版

步骤 1：制作封面和封底版式。

（1）新建一个 PPT 文档，单击“视图”选项卡中的“幻灯片母版”按钮，进入幻灯片母版编辑区。

（2）在左侧窗格单击标题幻灯片版式，右击，将版式名重命名为“封面封底”。如图 6-45 所示。

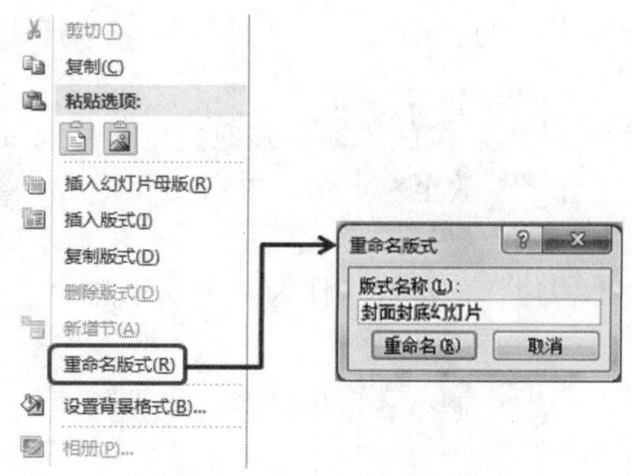

图 6-45　重命名版式

（3）在编辑区选中所有的占位符并删除。

（4）右击，在快捷菜单中选择“设置背景格式”，选择“图片或纹理填充”，选择来自文件的图片“封面背景汽车.jpg”，单击“关闭”。

提示：如果设置了背景，单击“全部应用”按钮，所有的幻灯片都会被设置背景，如果直接单击“关闭”，则只对当前幻灯片起作用。

（5）单击“幻灯片母版”选项卡中的“插入占位符”→“文本”，在编辑区绘制出占位符，设置字体为“微软雅黑”，字号为 60，加粗，颜色为“红色、深色 50%”，段落对齐方式为居中。按照同样的方法，再插入一个文本占位符，设置字体为“楷体”，字号为 32，颜色为“红色、深色 50%”，段落对齐方式为居中。两个占位符居中摆放。

封面的封底版式效果如图 6-46 所示。

封面封底版式制作步骤

图 6-46　封面和封底版式效果

步骤 2：制作目录页版式。

（1）在左侧窗格中选中“封面封底”版式，右击选择“插入版式”，将版式命名为“目录”。

（2）在编辑区将占位符删除。

（3）插入图片“封面背景汽车.jpg”，将图片调整为覆盖整个编辑区，在“图片工具/格式”选项卡“调整”组中单击“颜色”下拉按钮，调整颜色为“冲蚀”。

步骤 3：制作正文页版式。

（1）将光标定位在“目录”版式，右击，选择“插入版式”，新建正文页版式。

（2）单击“插入”选项卡中的“形状”→“直线”，在编辑区上方绘制出一条直线，设置线条粗细为 3 磅，颜色为蓝色。

（3）同时按住 Shift 和 Ctrl 键，按住鼠标左键拖拽直线移至编辑区下方。

（4）插入图片“小汽车.jpg”，放至左上角。单击图片，在“图片工具/格式”选项卡中单击“删除背景”，将图片的背景颜色删掉。

（5）在图片后插入文本占位符，设置字体为“微软雅黑”，字号为 24，颜色为蓝色，段落对齐方式为居中。

（6）在右下角，插入文本框，输入文字“腾飞汽车生活馆”，设置字体为“微软雅黑”，字号为 20，颜色为蓝色。

正文页版式效果如图 6-47 所示。

第二关任务：制作封面封底

（1）在“幻灯片母版”选项卡中单击“关闭母版视图”按钮（图 6-48），回到主文档编辑区。

（2）在编辑区上右击，在快捷菜单中选择“版式”→“封面封底版式”，将当前幻灯片应用版式，如图 6-49 所示。

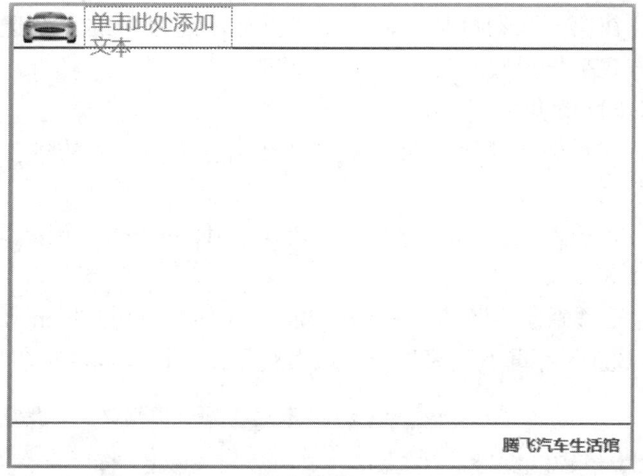

正文页版式制作步骤

图 6-47　正文页版式效果

图 6-48　关闭母版视图

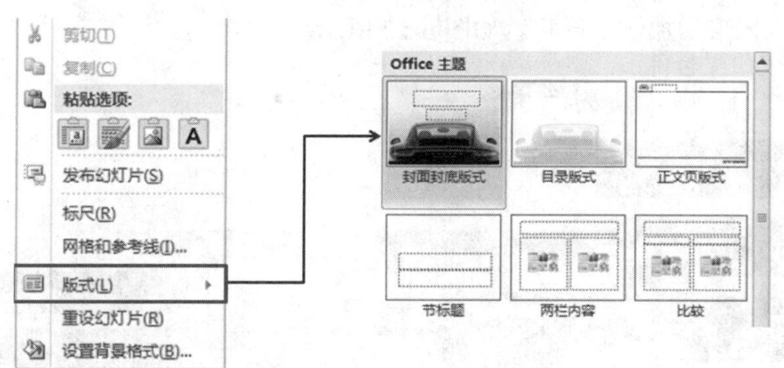

图 6-49　应用版式

第二关任务制作步骤

（3）为幻灯片添加相应文字，如图 6-50 所示。

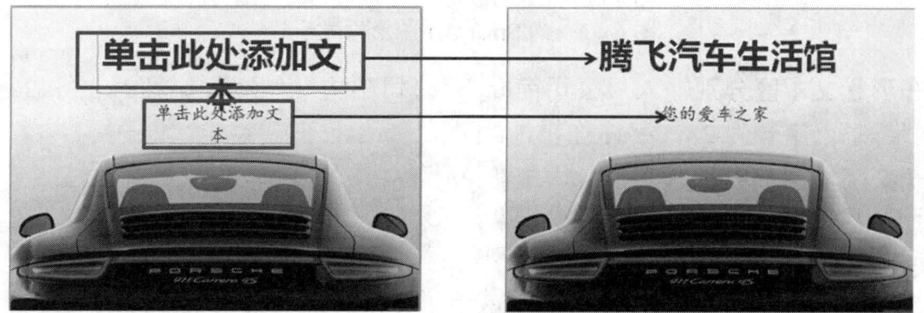

图 6-50　添加文字

（4）将光标定位在第一张幻灯片后，单击“开始”选项中的“新建幻灯片”→“封面封底版式”，用同样的方式制作封底幻灯片。

第三关任务：制作目录页

（1）将光标定位在封面幻灯片后面，单击“开始”选项卡中的“新建幻灯片”→“目录版式”，新建一张目录页。

（2）在编辑区上方插入文本框，输入“目录”，字体为“微软雅黑”，字号为36，颜色为蓝色。

（3）将光标定位在“目录”下方，单击“插入”选项卡中的“SmartArt”按钮，在对话框中选择“图片”→“垂直图片重点列表”，在编辑区插入一个SmartArt图形。如图6-51所示。

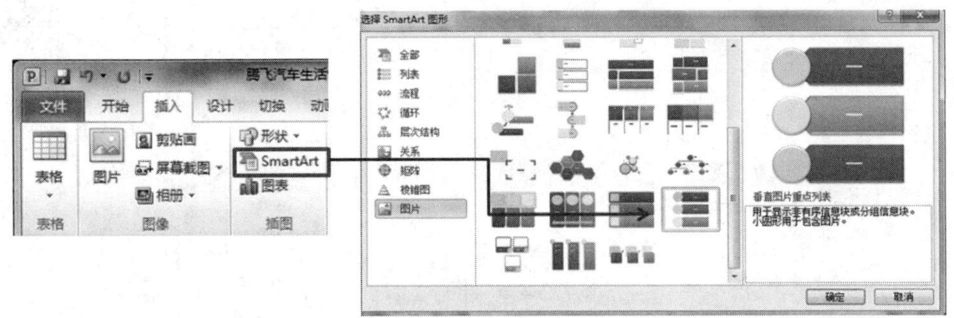

图6-51　插入SmartArt图形

（4）在编辑区选择图形，单击“SmartArt工具/设计”选项卡中的“添加形状”→“在后面添加形状”，为图形增加一个形状。如图6-52所示。

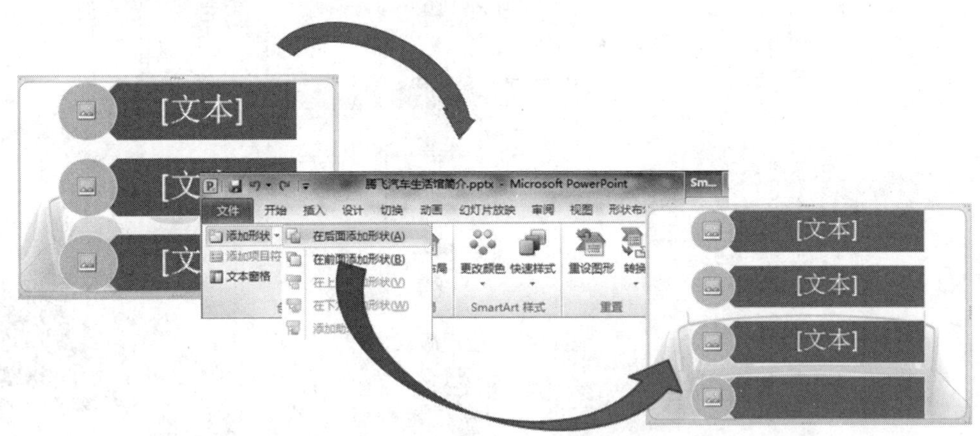

图6-52　为SmartArt图形增添形状

（5）在形状文本区分别输入“公司简介”“公司架构”“经营范围”“业务盈利”，设置字体为“微软雅黑”，字号为28，字体加粗，颜色为白色。

（6）在文字前圆形内插入“目录用小车.jpg”，将圆形轮廓设为无。

目录页完成效果如图6-53所示。

第四关任务：制作公司简介页

（1）将光标定位在目录幻灯片后面，单击“开始”选项卡中的“新建幻灯片”→“正文页版式”，在左上角文本编辑区输入“公司简介”，新建“公司简介”页。

目 录

目录页制作步骤

图 6-53　目录页完成效果

（2）插入文本框，输入文字，字体为“微软雅黑”，字号为 18 号，颜色为黑色。

（3）插入三张汽车生活馆的照片，统一调整大小为宽 8 厘米，高 5 厘米，设置图片样式为“映像圆角矩形”。

（4）定位最左边图片和最右边图片，将三张图片选中，打开“开始”选项卡“绘图”组中的“排列”→“对齐”下拉列表，选择先顶端对齐，再分散对齐。

公司简介页制作步骤

（5）调整布局。

第五关任务：制作公司架构

（1）第一页：公司架构。

1）将光标定位在“公司简介”幻灯片后面，单击“开始”选项卡中的“新建幻灯片”→“正文页版式”，在左上角文本编辑区输入“公司架构”。

2）在中间空白编辑区，单击“插入”选项卡中的“SmartArt”按钮，在弹出的对话框中选择“层次结构”→“半圆组织结构图”，在编辑区插入一个 SmartArt 图形。

3）在编辑区选择图形最下一层的某一半圆形，单击“SmartArt 工具/设计”选项卡中的“添加形状”→“在后面添加形状”，为第三层图形增加一个形状。如图 6-54 所示。

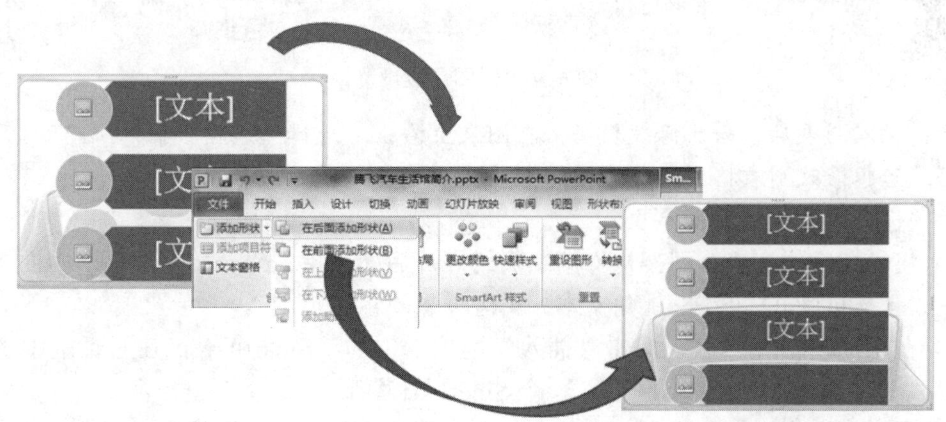

图 6-54　增加形状

4）单击图形“文本”区域，输入相应文字，本页完成后效果如图 6-55 所示。

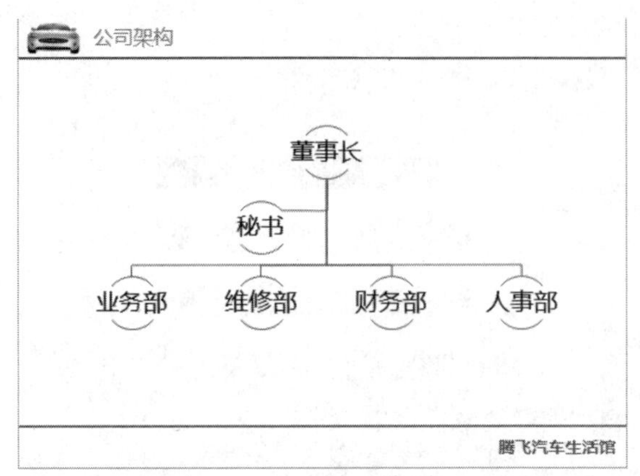

图 6-55 公司架构第一页完成效果图

（2）第二页：技术人员组成。

1）复制公司架构，将结构图删除。

2）插入一个 2 列 5 行的表格，输入职称、人数等内容。在“表格工具/设计”选项卡中应用表格样式为“中度样式 2”，将表格调整成合适大小。

3）用饼图展示职称比。单击“插入”选项卡中的“图表”按钮，选择“饼图”。在弹出的 Excel 表中将第一列标题依次改为“高级技师”“技师”“维修工程师”“营销师”等，第二列对应的数字分别为“20”“30”“30”“20”，将 Excel 表关闭，如图 6-56 所示。

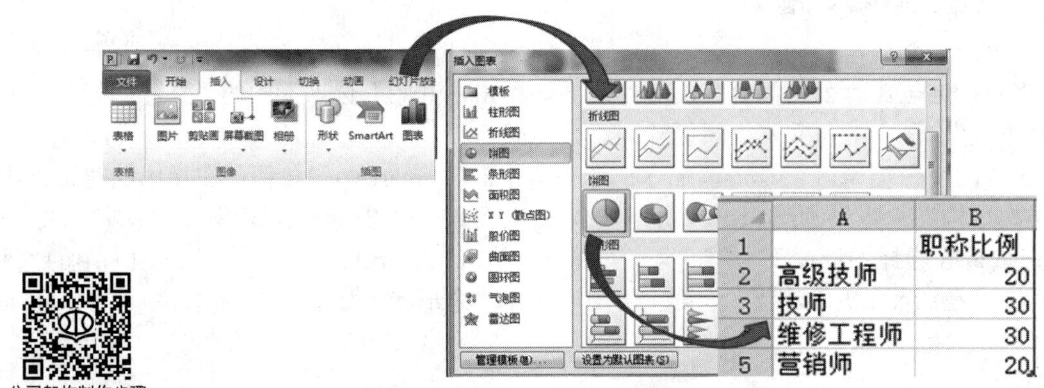

公司架构制作步骤

图 6-56 饼图参数设置

提示：插入图表后，若想修改数据，在图表上右击，选择“编辑数据”，即可打开数据表修改数据；若想修改图表格式，选中图形，右击，选择“设置形状格式”。

第六关任务：制作经营范围页

（1）将光标定位在“公司架构”第二页幻灯片后面，单击“开始”选项卡中的“新建幻灯片”→“正文页版式”，在左上角文本编辑区输入“经营范围”。

（2）在中间空白编辑区，单击“插入”选项卡中的“SmartArt”，在对话框中选择“关系”→“六边形群集”，在编辑区插入一个 SmartArt 图形。

（3）在中间文本区输入文字，调整字体。分别单击外围三个图形插入图片。

第七关任务：制作业务盈利页

（1）将光标定位在“公司架构”第二页幻灯片后面，单击“开始”选项卡中的“新建幻灯片”→“正文页版式”，在左上角文本编辑区输入“业务盈利”。

（2）插入表格，制作“上一年份公司盈利”。插入一个 4 列 5 行的表格，输入季度、项目等内容。在“表格工具/设计”选项卡中应用表格样式为“中度样式 2”，将表格调整成合适大小。选中第一个单元格，单击“绘制表格”，绘制斜线表头，然后输入相应文字。

业务盈利页制作步骤

（3）用堆积圆柱图表示公司盈利。新建一张业务盈利页面，单击“插入”→“图表”→“柱形图”→“堆积圆柱图”。在弹出的 Excel 表中将第一列“类别”分别改为“第×季度”，第一行“系列”分别改为“汽车维修”“汽车美容”“汽车保险”，对照表格输入数字。如图 6-57 所示。

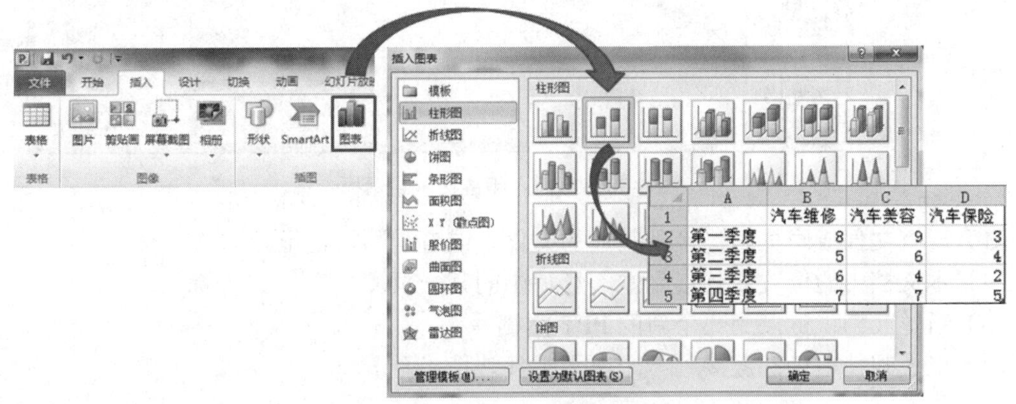

图 6-57　堆积圆柱图参数设置

任务 3　制作产品推介演示文稿

任务描述

小明在一家手机公司宣传部上班，公司新上市了一款手机，需要召开一次新品发布会，邀请各大媒体和用户代表参加。现在需要为发布会制作产品推介演示文稿，更好地展现产品的特性。

任务分析

本工作任务要求设计出能与发布会相匹配的演示文稿，演示文稿要求主题突出、吸引眼球、功能展示齐备，必须具备以下几个要点：

（1）演示文稿要有封面、目录和过渡页，可以用母版制作提高效率。

（2）演示文稿的整体颜色需配合手机突出科技感。

（3）要给演示文稿的对象添加动画，有动感。

效果演示

知识准备

一、幻灯片的链接跳转

在演示文稿的放映过程中，希望可以在幻灯片与幻灯片之间、幻灯片与其他文件或程序之间以及幻灯片与网络之间自由地转换，这可以通过超链接来实现。

单击“插入”选项卡中的“超链接”按钮或者选择需要链接的对象，右击，在弹出的快捷菜单中选择“超链接”，弹出如图 6-58 所示的对话框。

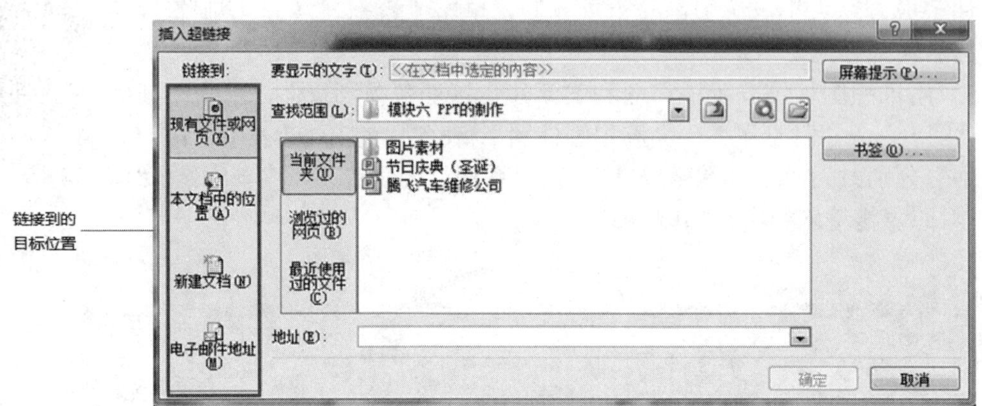

图 6-58 “插入超链接”对话框

（1）现有文件或网页：链接到其他的文件，或者是网页地址。

（2）本文档中的位置：链接到本幻灯片中的某一页。

（3）新建文档：链接到一个新的 PPT 文档。

（4）电子邮件地址：链接到一个电子邮件地址。

二、为对象添加动画效果

我们经常可以看到在幻灯片中文字、图片等有飞入、擦除、百叶窗等展示效果，这些都是在 PowerPoint 2010 中设置的动画效果，可以通过预设动画和自定义动画来设置这些效果。

（一）动画效果的类型

PowerPoint 提供了 4 种不同类型的动画效果：进入、强调、退出、动作路径，每种类型有不同的图标颜色和用途。

（1）进入（绿色）：设置对象从外部进入或出现在幻灯片播放画面的方式。

（2）强调（黄色）：设置在播放画面中需要进行突出显示的对象，起强调作用。

（3）退出（红色）：设置对象离开播放画面时的方式。

各类动画效果演示

（4）动作路径（灰色）：设置在播放画面中的对象路径移动的方式。

对某一文本或对象，可以单独使用任何一种动画，也可以将多种效果组合在一起。例如，可以对一行文本应用“飞入”进入效果及“放大/缩小”强调效果，使它在从左侧飞入的同时逐渐放大。

（二）为文本或对象应用动画

（1）选择需要添加动画的文本或对象，在“动画”选项卡的“动画”组中，单击动画样式列表右下角的“其他”按钮，打开可选动画列表，如图 6-59 所示。

（2）从列表中单击选择所需的动画效果。如果没有在列表中找到合适的动画效果，可单击下方的“更多进入效果”“更多强调效果”“更多退出效果”或“其他动作路径”命令，在随后打开的对话框中可查看更多效果。

（3）在“动画”选项卡上的“预览”组中单击“预览”按钮，可测试动画效果。

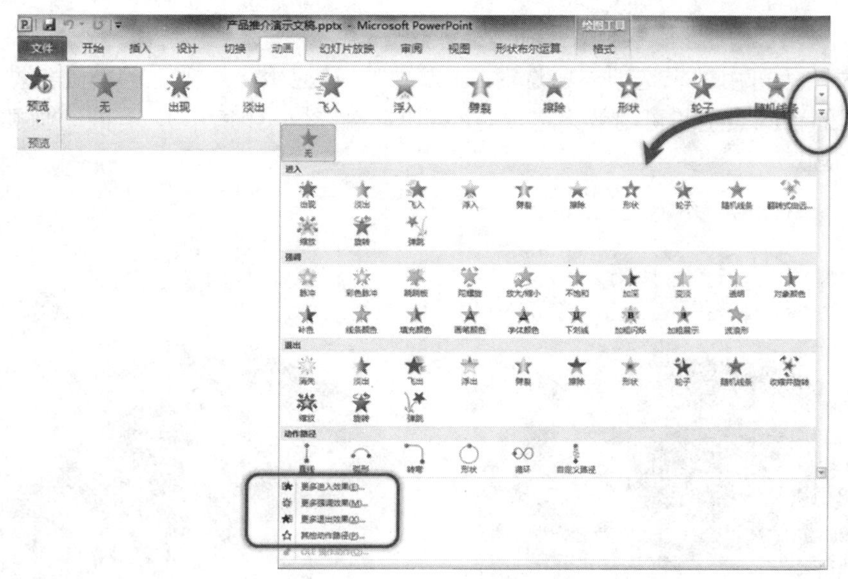

图 6-59　选择动画效果

提示：在将动画应用于对象或文本后，会在幻灯片中已制作成动画的对象标上不可打印的编号标记，该标记显示在文本或对象旁边，用于表示动画播放顺序，单击编号标记可选择相应动画。

（三）对单个对象应用多个动画效果

可以为同一对象应用多个动画效果，操作方法是：

（1）选择要添加多个动画效果的文本或对象。

（2）通过“动画”选项卡上的“动画”组中的动画列表应用第一个动画。

（3）在“动画”选项卡上的“高级动画”组中单击“添加动画”按钮，如图 6-60 所示。

图 6-60　添加动画

（4）从打开的下拉列表中选择要添加的动画效果。

（四）利用动画刷复制动画设置

利用动画刷可以轻松、快速地将一个或多个动画从一个对象复制到另一个对象。操作方法是：

（1）在幻灯片中选中已应用了动画的文本或对象。

（2）在“动画”选项卡上的“高级动画”组中单击“动画刷”按钮。

（3）单击另一文本或对象，原动画设置即可复制到该对象。双击“动画刷”按钮，则可将同一动画设置复制到多个对象上。

三、设置动画效果

为对象应用动画后，可以进一步设置动画效果、动画开始播放的时间、播放速度、播放顺序等。

（一）设置动画效果选项

（1）在幻灯片中选择已应用了动画的对象。

（2）在“动画”选项卡上的“动画”组中单击“效果选项”按钮。

（3）从下拉列表中选择某一效果命令。

下拉列表中的可用效果选项与所选对象的类型以及应用于对象上的动画类型有关，不同的对象、不同的动画类型其可用效果选项是不同的（如图 6-61 所示），有的动画类型不能进一步设置效果选项。

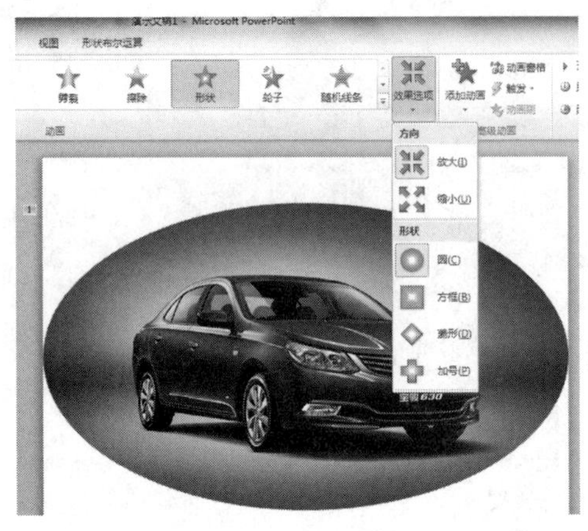

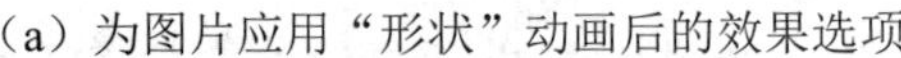
（a）为图片应用“形状”动画后的效果选项

（b）为图片应用“轮子”动画后的效果选项

图 6-61　为不同的动画效果设置效果选项

（4）单击“动画”组右下角的“对话框启动器”按钮，将会根据所选效果弹出相应的效果设置对话框。不同的动画效果可能打开不同的对话框，如图 6-62 所示。在该对话框中，可进一步对效果选项进行设置，并可指定动画出现时所伴随的声音效果。

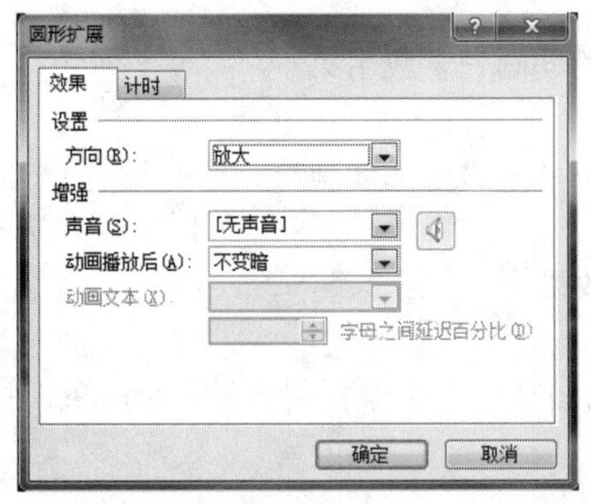

（a）“形状”动画的效果选项对话框

（b）“轮子”动画的效果选项对话框

图 6-62　为不同的动画效果设置效果选项

（二）为动画设置计时

在幻灯片中选择了某一应用了动画的对象或对象的一部分之后，可以通过“动画”选项卡上的相应按钮为该动画指定开始时间、持续时间或者延迟计时。

（1）为动画设置时间：在“计时”组中的“开始”下拉列表中选择开始时间。

（2）设置动画将要运行的持续时间：在“计时”组中的“持续时间”框中输入持续的秒数。

（3）设置动画开始前的延时：在“计时”组中的“延迟”框中输入延迟的动画秒数。

（4）单击“动画”组右下角的“对话框启动器”按钮，在打开的对话框中单击“计时”选项卡，可进一步设置动画计时方式。

（三）动画窗格中的编辑操作

当在一张幻灯片中设置了多个动画效果后，可在“动画窗格”中查看当前幻灯片上所有动画的列表。选择设置了多个对象动画的幻灯片，在“动画”选项卡的“高级动画”组中单击“动画窗格”按钮，在幻灯片窗格的右侧出现“动画窗格”。“动画窗格”显示有关动画效果的重要信息，如效果的类型、多个动画效果之间的相对顺序、受影响对象的名称以及效果的持续时间。在“动画窗格”中可以对动画效果进行详细设置，包括调整动画的播放顺序、设置详细的效果选项和动画计时等，如图 6-63 所示。

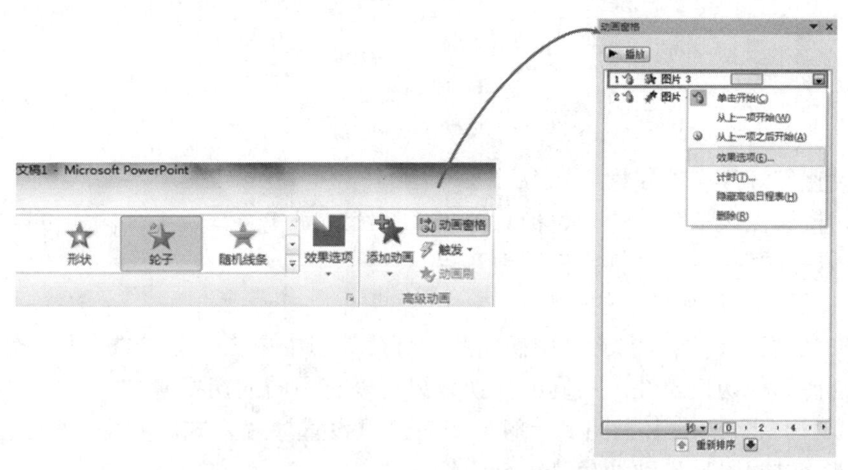

图 6-63　动画窗格

（1）任务窗格中的编号表示动画效果的播放顺序。选中“动画窗格”中的某对象名称，利用窗格下方的“重新排序”中的上移或下移图标按钮，或直接拖动窗格中的对象名称，可以改变幻灯片对象的动画播放顺序。

（2）在“动画窗格”中，使用鼠标拖动时间条的边框可以改变对象动画放映的时间长度，通过拖动时间条改变其位置可以改变动画开始时的延迟时间。

（3）选中“动画窗格”中的某对象名称，单击其右侧的黑色三角箭头按钮，打开编辑菜单。通过该菜单中的命令可对动画效果、计时等多项设置进行编辑。

四、设置幻灯片切换效果

幻灯片的切换效果是指演示文稿放映时进入和播放幻灯片画面时的整体视觉效果。PowerPoint 提供多种切换样式，设置恰当的切换效果可以使幻灯片的过渡衔接更为自然，提高演示的吸引力。可以控制切换效果的速度，添加声音，还可以自定义切换效果的属性。

（一）向幻灯片添加切换方式

（1）选择要添加切换效果的一张或多张幻灯片。如果选择节名，则可同时为该节的所有幻灯片添加切换效果。

（2）在“切换”选项卡上的“切换到此幻灯片”组中，单击“切换方式”按钮，打开切换方式列表，从中选择一个切换效果，如图 6-64 所示。

（3）如果希望全部幻灯片均采用该切换方式，可单击“计时”组中的“全部应用”按钮。

（4）在“切换”选项卡上的“预览”组中单击“预览”按钮，可预览当前幻灯片的切换效果。

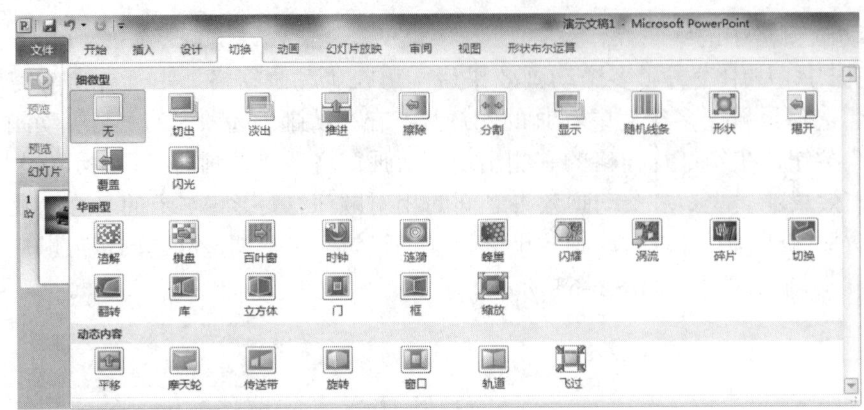

图 6-64　选择幻灯片切换效果

（二）设置幻灯片切换属性

幻灯片切换属性包括效果选项、换片方式、持续时间和声音效果，例如可设置“自左侧”效果，“单击鼠标时”换片、“打字机”声音等。

（1）选择已添加切换效果的幻灯片。

（2）在“切换”选项卡上的“切换到此幻灯片”组中单击“效果选项”按钮，在打开的下拉列表中选择一种切换属性。不同的切换效果可以有不同的切换属性。

（3）在“切换”选项卡上的“计时”组右侧可设置换片方式。其中，“设置自动换片时间”表示经过该时间段后自动切换到下一张幻灯片。

（4）在“切换”选项卡上的“计时”组左侧可设置切换时伴随的声音。单击“声音”框右侧的黑色三角箭头，在弹出的下拉列表中选择一种切换声音；在“持续时间”框中可设置当前幻灯片切换效果的持续时间。

任务实现

第一关任务：制作母版

步骤 1：制作目录页版式。

（1）新建一个 PPT 文档，单击“视图”选项卡中的“幻灯片母版”，进入幻灯片母版编辑区。

（2）在左侧窗格单击标题幻灯片版式，右击，重命名版式名为“目录页版式”。

（3）将背景颜色设置为黑色，在编辑区插入背景星光图片，调整好位置。

步骤 2：制作过渡页版式。

（1）在左侧窗格复制“目录页版式”，重命名版式名为“过渡页版式”。

（2）插入手机图片，调整好大小和位置。

（3）在图片后插入文本占位符，设置字体为“微软雅黑”，字号为 32，颜色为白色，段落对齐方式为居中。

步骤 3：制作正文页版式。

（1）新建一张空白版式，命名为“正文页版式”。

（2）在左上角插入手机图片，调整好大小和位置。

（3）在图片后插入文本占位符，设置字体为“微软雅黑”，字号为 24，颜色为白色，段落对齐方式为居中。

（4）插入直线线段，设置粗细和颜色。

第一关任务操作步骤

步骤 4：制作封面幻灯片。

（1）关闭母版视图，回到主页面区，在最上方插入一张空白幻灯片。

（2）插入背景图片，覆盖整个编辑区。

（3）插入和背景图片大小一样的矩形，设置填充颜色为黑色，透明度 50%，置于背景图片的上层。

（4）单击“形状”→“基本形状”→“半闭框”，拖动鼠标在编辑区绘制出一个大小合适的形状，设置填充颜色为“深黄”，轮廓颜色为“黄色”。

（5）按住 Ctrl 键，拖拽复制出另外 3 个半闭框。

封面页制作操作步骤

（6）在页面中央插入一个高 6.19 厘米，宽 16.55 厘米的矩形框，将填充颜色设为无，做打底框。

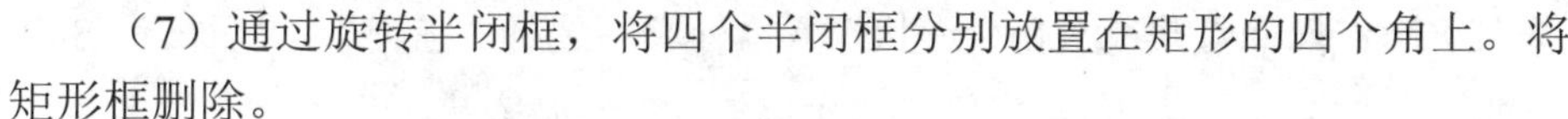

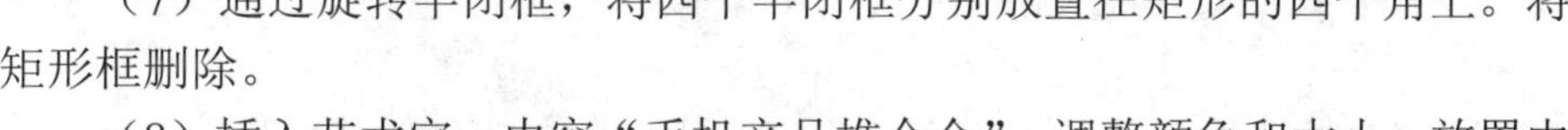

（7）通过旋转半闭框，将四个半闭框分别放置在矩形的四个角上。将矩形框删除。

其他页面制作步骤

（8）插入艺术字，内容“手机产品推介会”，调整颜色和大小，放置中心位置。插入发光图片，置于文字下方。

步骤 5：完成其他幻灯片的制作。

对照样例完成除广告展示页面外的其他页面的制作（暂不需要设置动画）。所有页面完成后静态效果如图 6-65 所示。

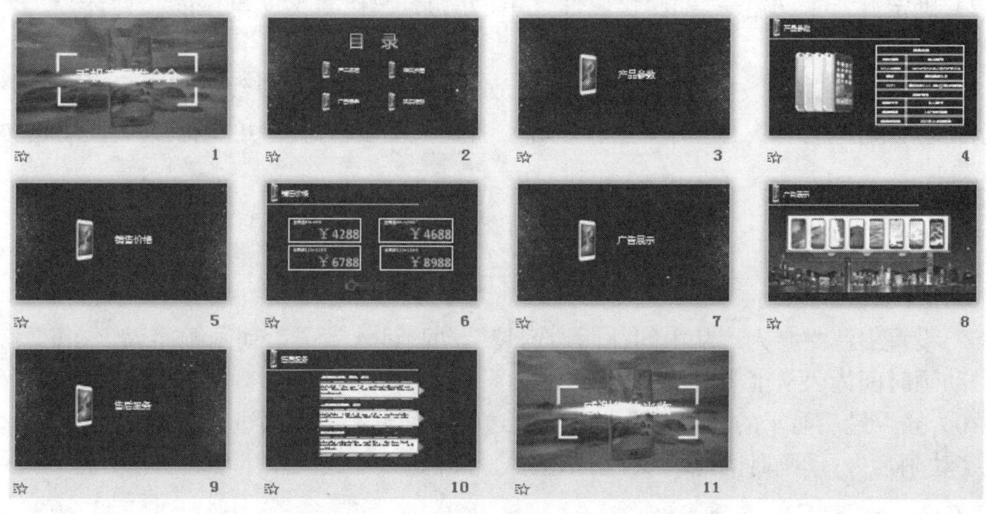

图 6-65　所有页面完成后静态效果

步骤 6：设置幻灯片切换方式。

（1）选中第一张幻灯片，单击“切换”选项卡中的“推进”按钮，在“换片方式”功能区取消选中“单击鼠标时”复选框。

幻灯片切换方式设置

（2）选择“全部应用”，将所有幻灯片都应用此效果。

步骤 5：设置目录页动画效果。

（1）选择“目录”文字，设置“擦除”进入效果，方向为“自顶部”。

（2）选择组合的“产品参数”对象，设置“淡出”进入效果，双击“动画刷”，依次单击其他三个标题组合。

（3）在“动画窗格”中，依次设置组合动画的开始时间为“上一动画之后”。

步骤 7：制作过渡页和正文页的版式动画效果。

（1）进入幻灯片母版编辑页面。

过渡页和正文页的版式动画制作步骤

（2）单击过渡页版式，设置图片为“上浮”进入效果，文本占位符为“从左侧擦除”进入效果，文本占位符动画设置为“上一动画之后”。

（3）单击正文页版式，设置直线线段为“从左侧擦除”进入效果，图片为“淡出”进入效果，动画时间为“上一动画之后”，文本占位符为“从左侧擦除”进入效果，动画时间为“上一动画之后”。

步骤 7 制作步骤

步骤 8：设置“产品参数”“销售价格”“售后服务”页动画效果。

步骤 9：设置“广告展示”页动画效果。

（1）在“广告展示”页编辑区插入图片（素材“户外广告牌”）。

（2）制作探照灯形状（在“形状”下拉列表中选择“椭圆”，然后按住 Shift 键画圆）。

（3）将探照灯填充颜色改为白色，轮廓颜色改为黑细线，填充效果为“内阴影”。

（4）插入横排文本框，输入广告语“它的出现让你的生活更美好”，文字颜色为黑色。

（5）拖拽复制出一个文本框，将文字颜色设为白色。

（6）同时选择两个文本框，利用“开始”选项卡“排列”下拉列表中的“对齐”，将两个对象完全对齐。

（7）确定好背景（第一层）、探照灯（第二层）、黑色文字（第三层）、白色文字（第四层）的层级位置正确。

（8）将探照灯拖拽到文字左边，设置“缩放”动画进入效果，直线向左的动作路径，“缩放”退出效果，动画时间为“从上一时间之后开始”。此时“动画窗格”中的动画列表如图 6-66 所示。

广告展示页制作步骤

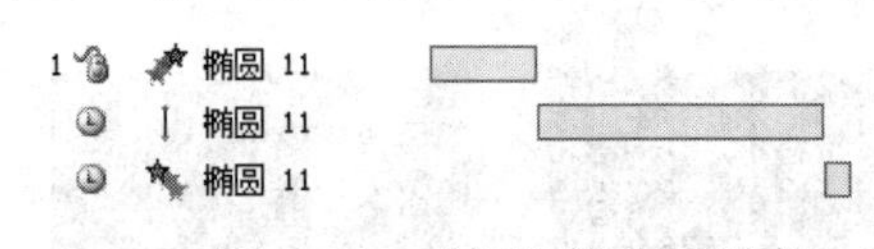

图 6-66 “灯”的动画列表

（9）设置白色文字为“从中间往两边劈裂”动画进入效果，动画顺序为“在椭圆消失动画后”，动画时间为“从上一时间之后开始”。

（10）插入最后显示的图片，设置“从两边往中间劈裂”动画进入效果，动画顺序为“在白色文字动画后”，动画时间为“从上一时间之后开始”。

知识拓展

一、录制语音旁白和鼠标轨迹

在将演示文稿转换为视频或传递给他人共享前，可以将演示过程进行录制并加入解说旁白，具体操作步骤如下。

（1）打开演示文稿，在“幻灯片放映”选项卡上的“设置”组中，单击“录制幻灯片演示”按钮。

（2）从打开的下拉列表中选择录制方式，打开“录制幻灯片演示”对话框，在该对话框中设定想要录制的内容，如图 6-67 所示。

（3）单击“开始录制”按钮，进入幻灯片放映视图。

（4）边播放边朗读旁白内容；右击幻灯片并从快捷菜单的“指针选项”中设置标注笔的类型和墨迹颜色等，然后可以在幻灯片中拖动鼠标对重点内容进行勾画标注。

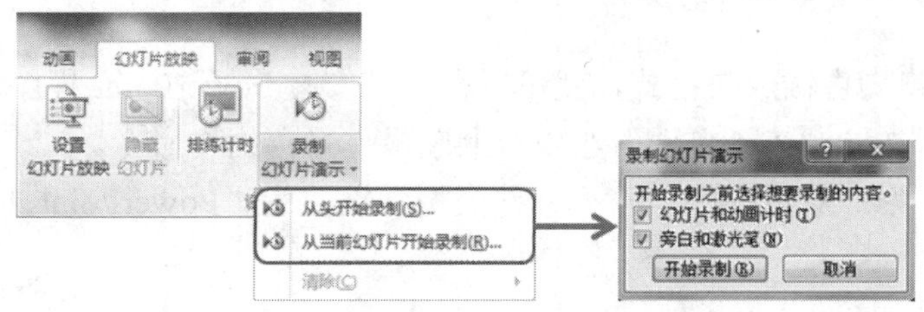

图 6-67　录制幻灯片演示过程及旁白

提示：若要录制和播放旁白，必须为计算机配备声卡、麦克风和扬声器设备。

二、发布为视频文件

在 PowerPoint 中，可以将演示文稿转换为 Windows Media 视频文件（.wmv），这样就能保证演示文稿中的动画、旁白和多媒体内容在给他人共享时能够顺畅播放。

（1）在“文件”选项卡上单击“保存并发送”命令。

（2）在“文件类型”列表中单击“创建视频”命令，如图 6-68 所示。

图 6-68　将演示文稿发布为视频文件

（3）在“计算机和 HD 显示”下拉列表中设置视频的质量和大小选项。

1）若要创建质量很高的视频（文件会比较大），可单击“计算机和 HD 显示”。

2）若要创建具有中等文件大小和中等质量的视频，可单击“Internet 和 DVD”。

3）若要创建文件最小的视频（质量低），可单击“便携式设备”。

（4）确定是否使用已录制的计时和旁白。如果不使用，则可设置每张幻灯片的放映时间，默认设置为 5 秒。

（5）在右侧单击“创建视频”按钮，打开“另存为”对话框。

（6）输入文件名，确定保存位置后，单击“保存”按钮，开始创建视频。

三、转换为直接放映格式

将演示文稿转换为直接放映格式，就可以在没有安装 PowerPoint 程序的计算机上放映。

（1）打开演示文稿，在“文件”选项卡上选择“另存为”命令。

（2）在“另存为”对话框中，将“文件类型”设置为“PowerPoint 放映（*.ppsx）”，如图 6-69 所示。

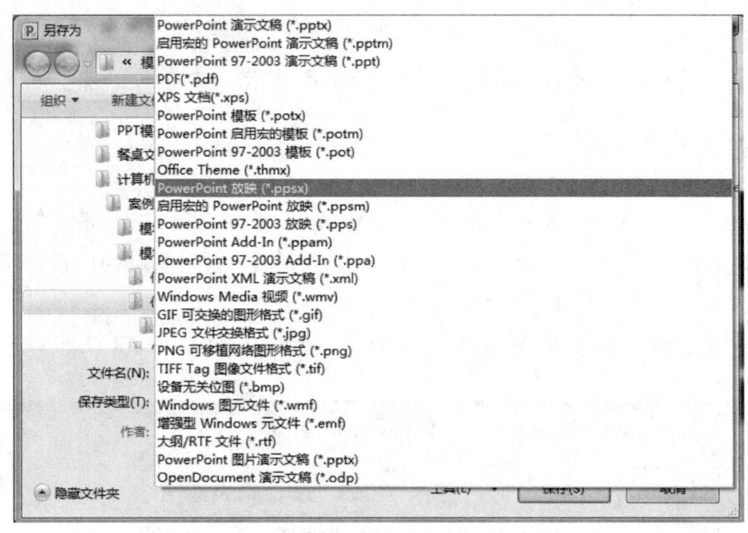

图 6-69　将演示文稿另存为直接放映格式

（3）选择存放路径，输入文件名后单击“保存”按钮。

双击放映格式（*.ppsx）文件即可放映该演示文稿。

习　题

题目：我眼中的学校

1．项目描述

以你的角度从吃、住、学等方面看学校，向同类院校、家长、企业和未来的新同学展示学校的风貌。

2．项目任务

要求在自己所在学校中寻找素材，制作一个重点突出、形式活泼、图文并茂、动静结合、画面美观的介绍学校的演示文稿。

3．设计要求

（1）设计不少于 10 张幻灯片，要求图文并茂、版面合理。

（2）在母版中放置学校校徽、校名及制作时间，并将上述主要内容设计为菜单，放置在模板中，使用户在每一个画面中都可以进行跳转操作。

（3）使用图片、图表、组织结构图等表现幻灯片。

（4）为对象设置合理的动画和幻灯片切换方式。

（5）其中第 2 张目录幻灯片显示主题和 3～4 个标题，并能和各标题幻灯片进行链接。

（6）通过第 2 张幻灯片上文字或图片链接到相应的幻灯片，在相应的幻灯片上设置返回按钮，能返回到第 2 张幻灯片。

（7）在幻灯片中至少有 1 段背景音乐、1 段视频资料和 1 段旁白。

（8）最后 1 张幻灯片中用艺术字的形式表达对学校的看法。

项目七　图表制作软件 Visio 2010

1. 了解 Visio 的工作界面
2. 了解 Visio 中各种形状的基本作用
3. 掌握流程图的制作方法

任务　制作汽车销售流程图

任务描述

王红是某汽车 4S 店的销售部经理，店内新进了几名职员，王红要对他们进行销售业务培训，培训的第一个内容就是熟悉汽车销售流程。这个流程用语言描述很不直观，王红想到了用 Visio 把销售流程用流程图体现出来，一目了然。新进员工一看流程图就明白了汽车销售的基本步骤。销售流程图如图 7-1 所示。

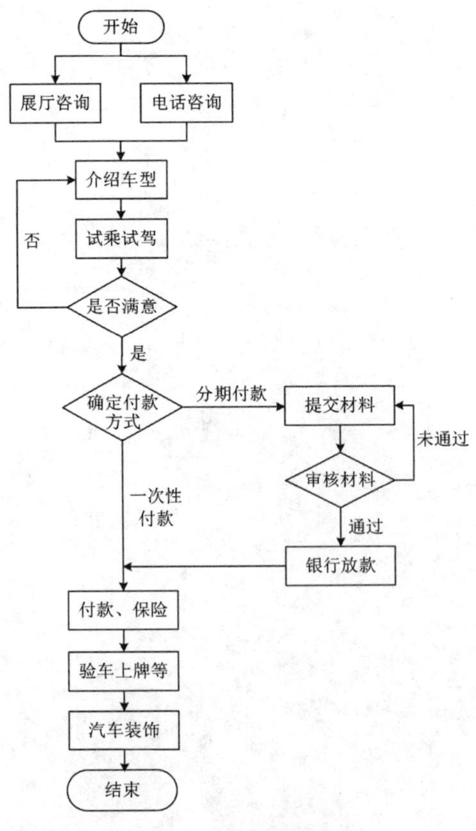

图 7-1　汽车销售流程图

任务分析

要绘制出汽车销售的流程图，首先得清楚汽车销售的流程，大致分为用户咨询、销售介绍、用户体验、付款提车几个步骤，而在这个过程中可能出现用户体验后不满意又要重新开始介绍新车等问题，会出现一些步骤要重复出现，这就要求在绘制流程图的时候将流程图的三个基本结构搭配使用。

（1）了解流程。

（2）勾勒销售流程草图。

（3）熟悉流程图中循环结构和顺序结构的画法。

知识准备

一、Visio 工作界面

Visio 和其他 Office 软件一样，最大的特点就是可视化。双击 Microsoft Visio 图标，可打开 Visio 窗口，如图 7-2 所示。

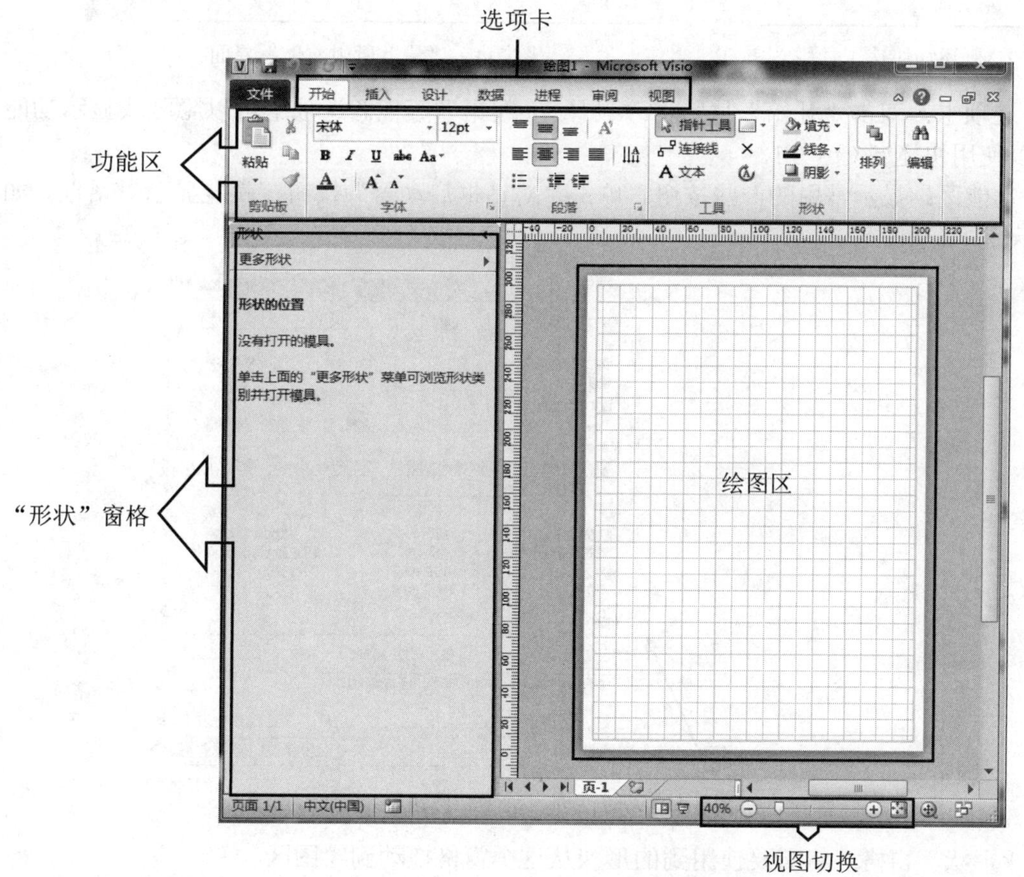

图 7-2　Visio 工作界面

（1）快速访问工具栏：默认有“保存”“撤消”“重复”三个按钮，如果经常用到某个按钮，可右击该按钮，然后单击“添加到快速访问工具栏”，方便以后快速找到并使用该按钮。如图 7-3 所示。

（2）“文件”菜单：“文件”菜单一般针对于文件的操作，如打开、保存、打印等等。在“文件”菜单中单击“最近所用文件”，可以看到最近打开的文件，单击右边的图钉图标，该文档将置顶固定，方便下次快速打开。如图 7-4 所示。

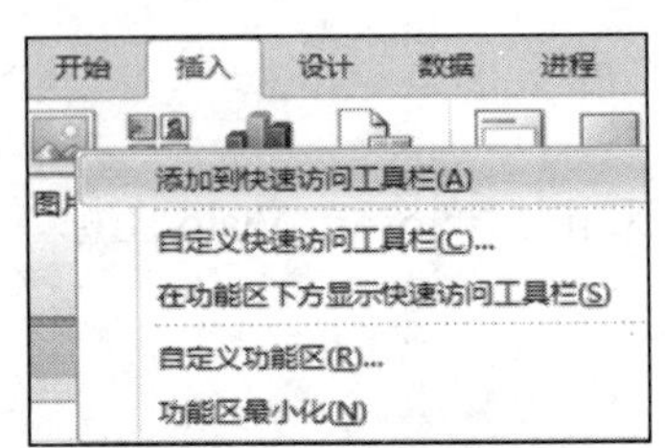

图 7-3 添加快速工具栏

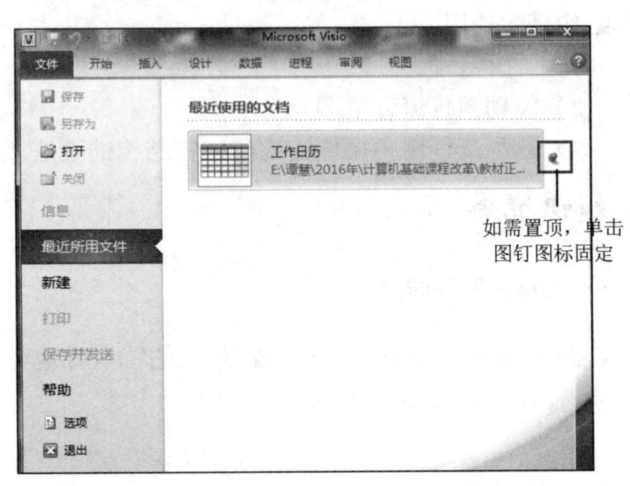

图 7-4 “最近所用文件”界面

（3）选项卡：双击“开始”“插入”“设计”“数据”等任意选项卡可以隐藏或显示功能区，也可以使用快捷键 Ctrl+F1。

（4）功能区：显示常用的一些按钮。单击“对话框启动器”按钮，就能显示对话框。如图 7-5 所示。

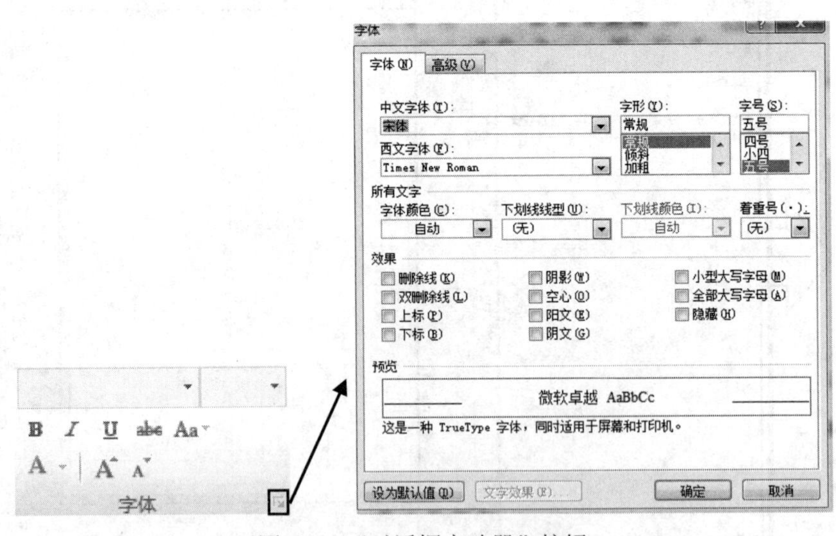

图 7-5 “对话框启动器”按钮

（5）“形状”窗格：将需要使用到的形状从这个窗格拖动到绘图区。

（6）绘图区：就是工作区，绘图和编辑都在这个区域。

（7）状态栏：查看图形信息，右边进行视图切换，也可改变屏幕大小。

二、流程图

1. 流程图的定义

流程图是对某一问题的定义、分析或求解的图形表示，图中用各种符号来表示操作、数据、流向以及装置等，用图示方法来描述某一项活动的详细过程，一张流程图显示了一系列步骤。

2. 流程图的好处

（1）工作中，流程图可以简洁、直观明了地描述整个活动中所有过程的物流、信息流，让人很容易阅读和理解整个业务流程。

（2）制作流程图的过程中可以全面了解业务处理的过程。

（3）用流程图可分析出业务流程的合理性及完整性。

（4）对流程不熟悉的人，也能轻而易举地读懂流程图。

3. 流程标准符号语言

要绘制标准的流程图，就要读懂流程的符号语言，常用的流程符号见表 7-1。

表 7-1　符号样式及代表语言

符号样式	符号名称	代表语言
开始/结束	起始、终止框	表示流程的开始或结束
流程	流程框	表示流程各环节具体的活动/任务。框内用关键文字描述活动
判定	判定框	表示会有两种情况输出。框中标明判定条件，用两条箭线表示两种不同的输出情况，文字写在箭线上
数据	输入、输出框	框中标明输入、输出的内容，其中可注明数据名、来源或者其他的文字说明
文档	文档框	表示有文件产生，在流程图中将关键文件列示出来。文本框不单独作为一个流程活动，只配合流程步骤同时出现，框内只填写文档名称
动态连接线	动态连接线	表示流程各活动之间的连接与流转关系，展示各项活动的逻辑关系

三、流程图制作基本规范

1. 保持字体、字号格式一致

在制作流程图时，所有符号中文字、标题必须使用统一的字体、字号、底色以及格式。

2. 起始框使用要求

如图 7-6 所示，起始框内填“开始”或者“结束”，而不是填“流程开始”或者“流程结束”，这不是具体的流程活动。

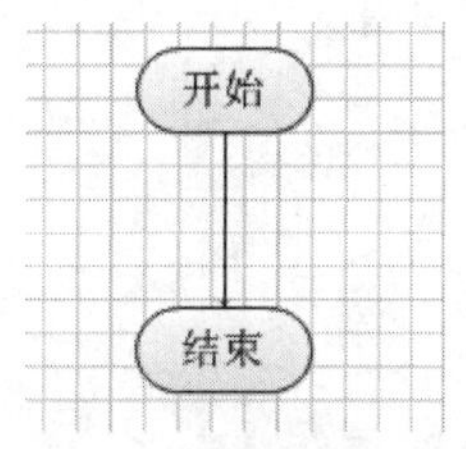

图 7-6　起始框使用示范

3. 判定框使用规范

流程图中统一使用“Y/是”代表“通过”，用“N/否”代表“不通过”。双击连接线，可输入文字。如图 7-7 所示。

4. 连接线使用规范

流程图中连接线不能出现交叉的现象，如图 7-8 所示。

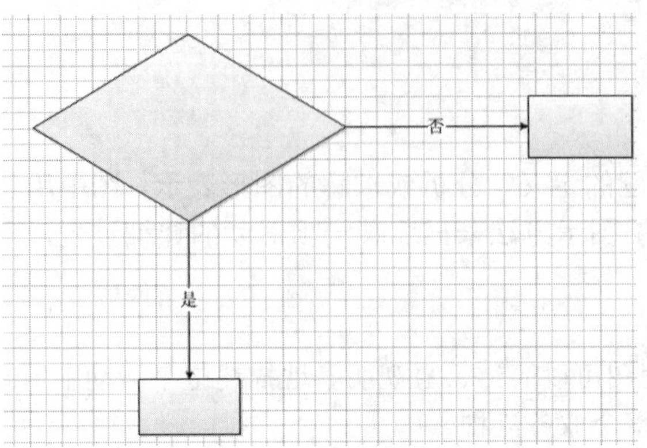

图 7-7 判定框使用示范

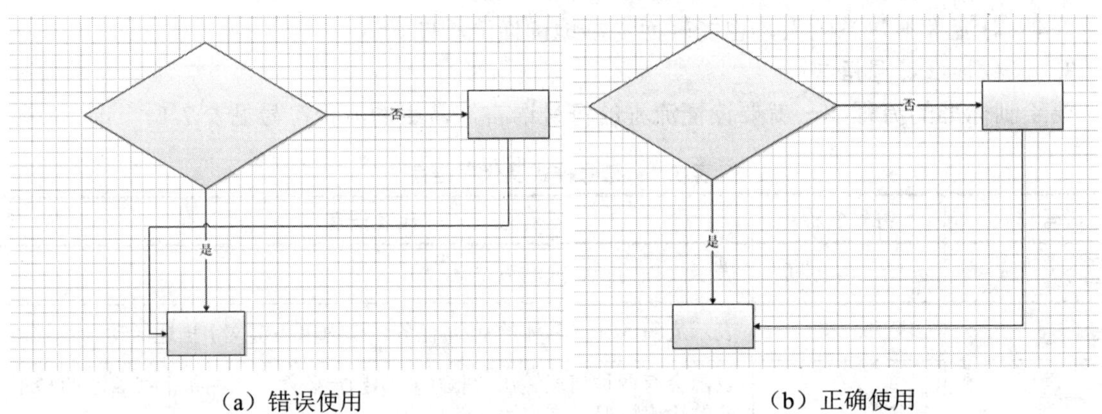

（a）错误使用　　（b）正确使用

图 7-8 连接线使用示范

四、流程图基本结构

流程图有三种基本结构，所有工作都是这三种结构的综合使用。

（1）顺序结构，如图 7-9 所示。处理程序按流程线进行。

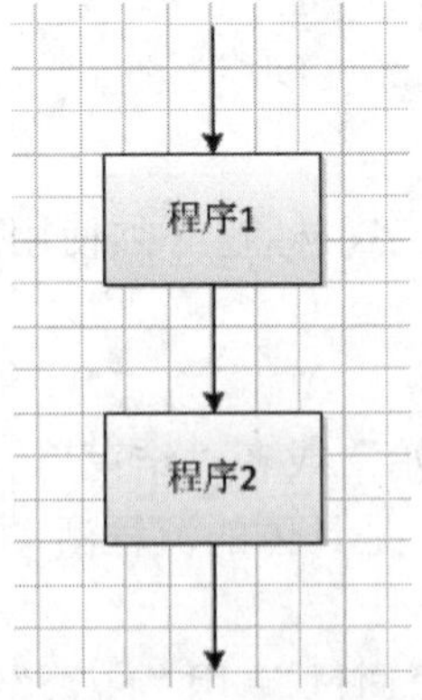

图 7-9 顺序结构流程图

（2）选择结构，如图 7-10 所示。流程依据某些条件，分别进行不同的处理。

（3）循环结构，如图 7-11 所示。流程重复执行处理程序直到满足某一条件为止。

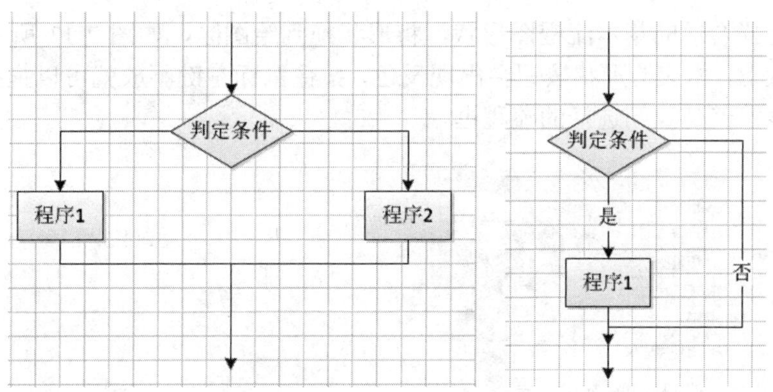

图 7-10　选择结构流程图

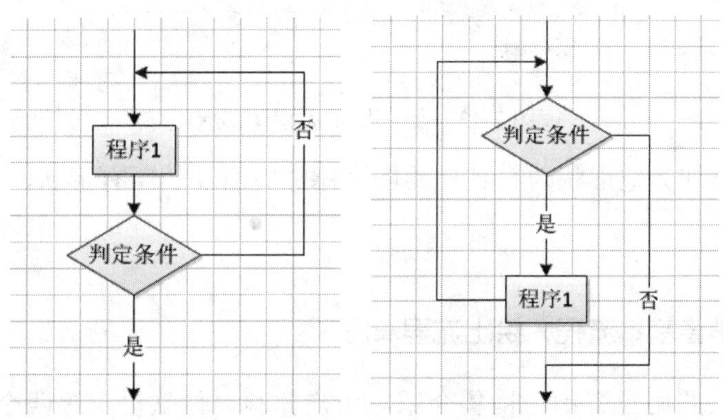

图 7-11　循环结构流程图

五、绘制流程图的基本步骤

第一步：先与流程相关的人员进行交流，熟悉该工作的完整流程，从整个系统角度思考流程，确认流程范围。

第二步：在纸上绘制流程草图，把流程框架构思出来，流程图需要高度概括，不能体现太多的细节。

第三步：在 Visio 2010 中选择正确的流程图模板。单击“文件”→“新建”→“基本流程图”→“创建”，如图 7-12 所示。

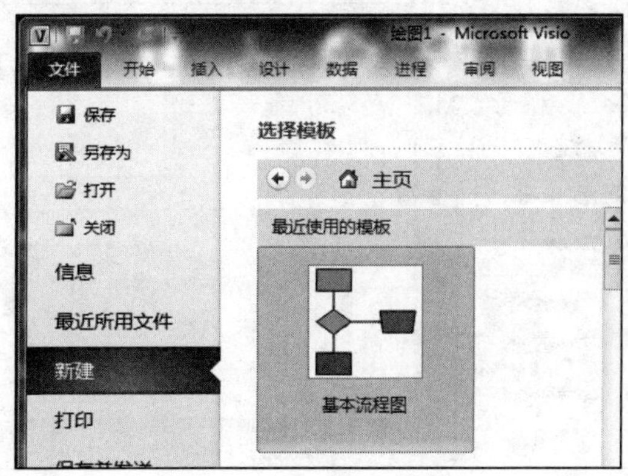

图 7-12　选择模板

第四步：选择合适的基本流程图形状，将形状拖到绘图区，如图 7-13 所示，鼠标移到需要的流程图形状上，相应的形状按钮会出现反色，按住鼠标左键不放就可以拖拽到绘图区，绘图区出现的虚线框就是我们选择的流程框。

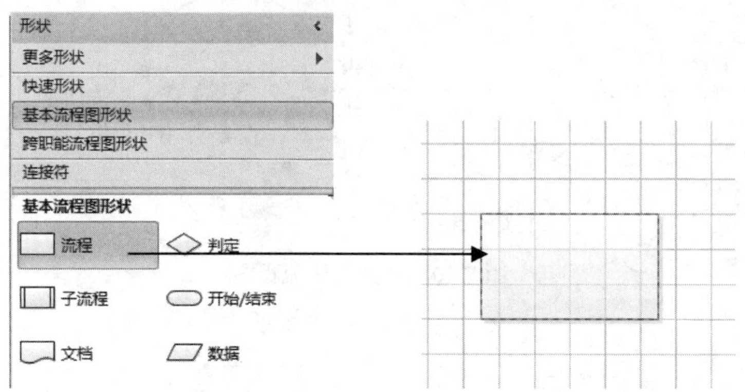

图 7-13　如何使用流程图形状

第五步：继续添加其他形状，直到在绘图区添加完所需的所有形状，进行格式调整。

任务实现

一、了解汽车销售基本流程，绘出流程草图

汽车销售主要按照用户咨询、销售介绍、用户体验、付款提车等四个大模块来完成，其中用户体验和付款提车会因为种种原因出现需要反复执行的现象。

二、建立绘图文件

打开 Visio 2010，单击“文件”→“新建”→“基本流程图”。出现绘图界面，如图 7-14 所示。

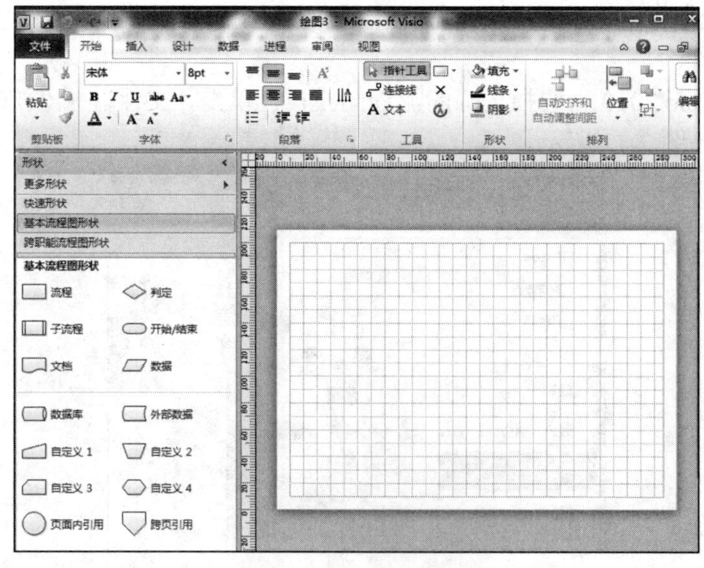

图 7-14　绘图界面

三、绘制用户咨询模块

用户咨询分为到展厅咨询和电话咨询两种，绘制的时候要体现出来。

步骤 1：单击“形状”模块，选择“起始框”，拖动鼠标至绘图区，建立“开始”流程。

步骤 2：选择“基本流程图形状”→“流程”，按住鼠标拖动至绘图区，在矩形框内输入文字“展厅咨询”。

步骤 3：选择“展厅咨询”，按住 Ctrl 键拖动鼠标，在旁边复制出一个流程框，修改文字内容为“电话咨询”。

步骤 4：在功能区，单击“工具”组中的“连接线”按钮，鼠标移动到绘图区，按住左键，拖拽出一根连接线。

步骤 5：将连接线的上方连接点拖动至起始框的下方连接处，连接线会自动吸附连接点，连接处会出现红色框，表明连接成功。如图 7-15 所示。

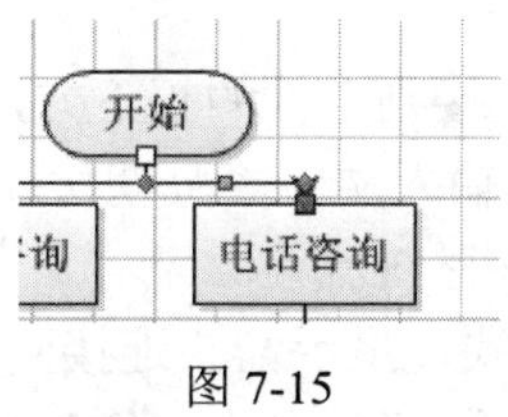

图 7-15

步骤 6：依据步骤 5 设置连接线。

完成后效果如图 7-16 所示。

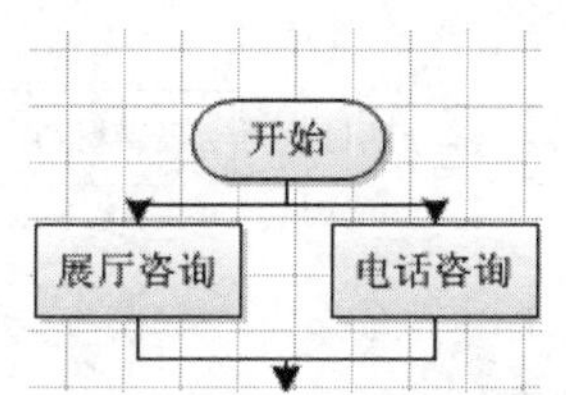

图 7-16　用户咨询模块效果图

用户咨询模块操作步骤

四、绘制销售介绍、用户体验模块

步骤 1：选择“基本流程图形状”→“流程”，在绘图区绘制“流程框”，并输入文字“介绍车型”，设置字体格式。

步骤 2：复制“介绍车型”流程框，粘贴至下方，修改文字为“试乘试驾”。

步骤 3：用连接线将上述两个流程框连接起来。

用户试乘试驾后，有一个选择问题，满意就可以往下走，不满意就要返回重新介绍车型，这里要用判定框来实现。

步骤 4：选择“基本流程图形状”→“判定”，在绘图区绘制“判定框”，并输入判定内容“是否满意”。

步骤 5：绘制两条连接线，一条连接判定框的正下方，双击箭线，输入文字“是”，另一条连接判定框左边，箭头连接到“介绍车型”流程框，双击箭线，输入文字“否”。

效果如图 7-17 所示。

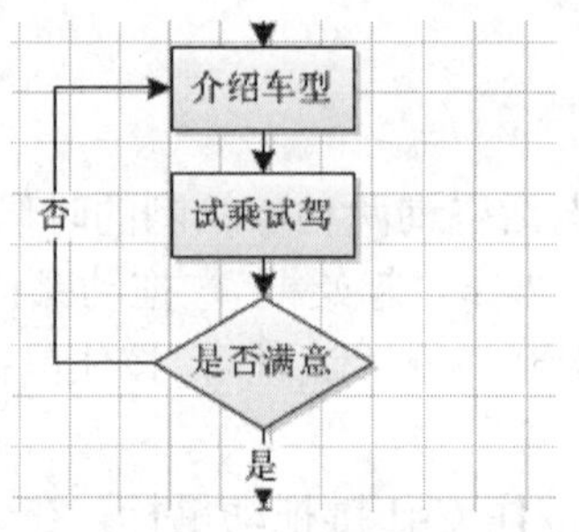

图 7-17 用户体验模块效果图

五、绘制付款提车模块

付款方式有两种可供用户选择，也要用判定框来实现。

步骤 1：选择“基本流程图形状”→“判定”，在绘图区绘制“判定框”，并输入判定内容“确定付款方式”。

步骤 2：绘制两条连接线，一条连接判定框的正下方，双击箭线，输入文字“一次性付款”，另一条连接判定框右边，双击箭线，输入文字“分期付款”。

步骤 3：按照步骤 1、2 绘制审核材料流程。

步骤 4：无论选择哪一种付款方式，最后箭头连接到“付款、保险”流程框。

步骤 5：按顺序绘制“付款、保险”“验车上牌等”“汽车装饰”流程框。

步骤 6：绘制结束框。

付款提车模块效果如图 7-18 所示。

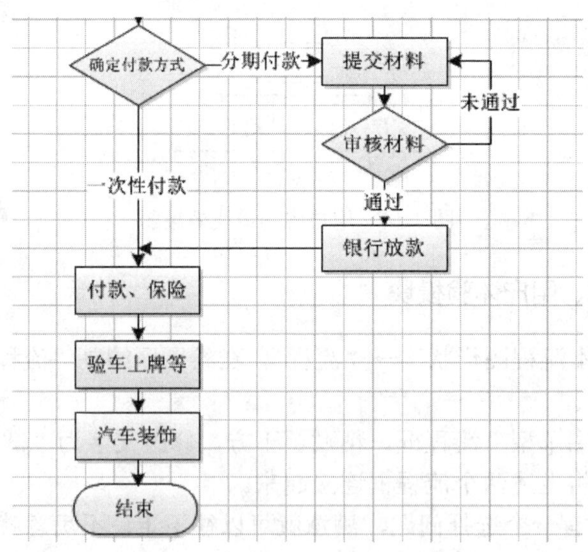

图 7-18 付款提车模块效果图

知识拓展

一、更改格式

在 Visio 2010 中，可以对流程图形状和连接线的样式、颜色等进行修改。选择形状或者连接线，右击，在弹出的快捷菜单中选择“格式”，可以看到如图 7-19 所示的选项，下面分别进行介绍。

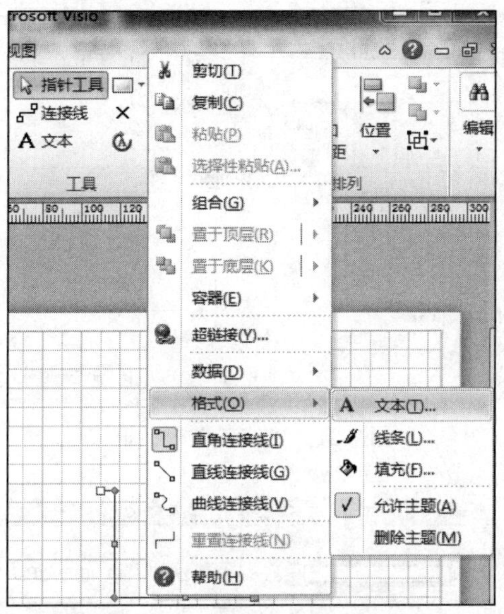

图 7-19　调整线条格式菜单

1. 文本

可以对文字的字体、字符、段落、项目符号等进行格式调整，对话框如图 7-20 所示，根据需要打开选项卡即可。

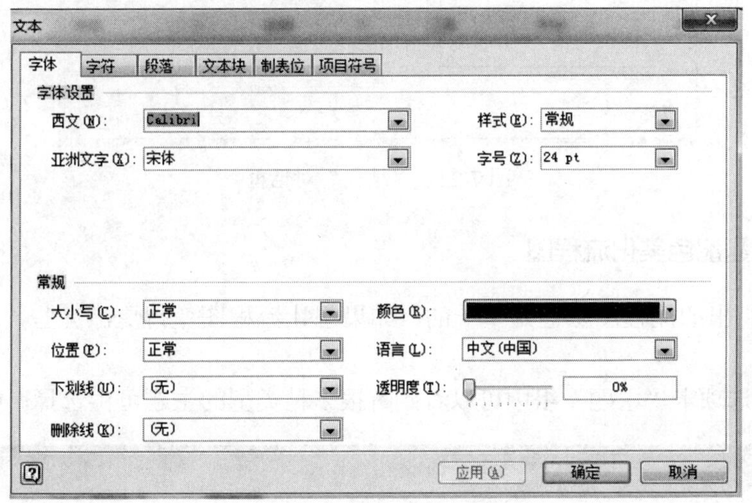

图 7-20　“文本”对话框

2. 线条

选择“线条”，可修改线条的类型、粗细、颜色以及设置线条的箭头形状等，也可修改形状的外框线条，对话框如图 7-21 所示。

3. 填充

可以对形状背景颜色进行填充，对话框如图 7-22 所示。

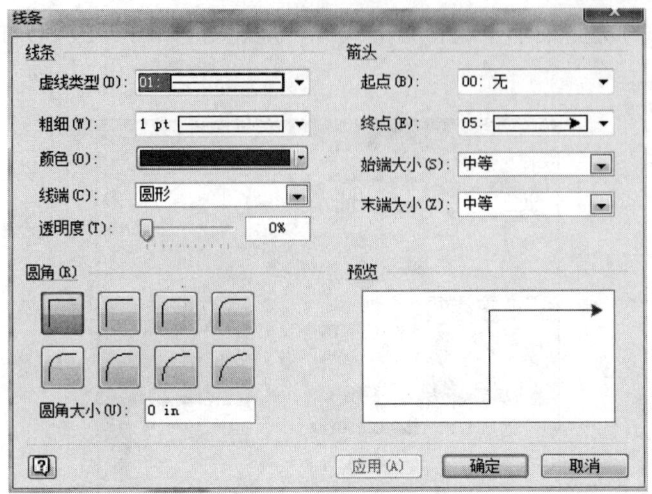

图 7-21 “线条”对话框

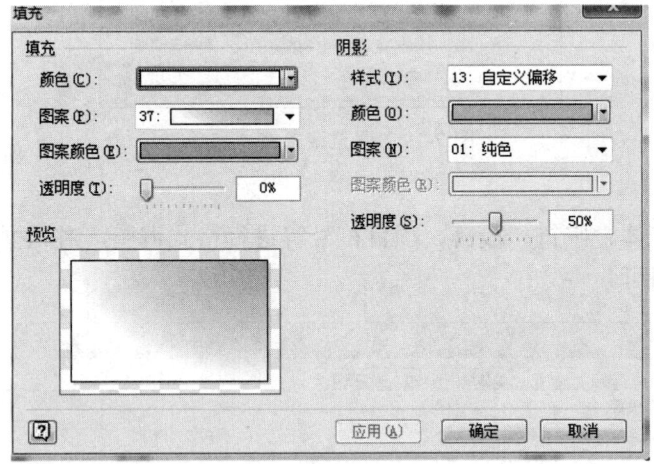

图 7-22 “填充”对话框

二、使用主题配色美化流程图

用 Visio 绘制出的流程图颜色是单一的，如果想让流程图变得更漂亮些，可以通过主题配色来实现。

在“设计”选项卡“主题”组中可以看到有很多种类型的主题可供选择，如图 7-23 所示。

图 7-23 “设计”选项卡

如果需要经常使用某一种主题，可以通过单击“主题”组中的“颜色”→“新建主题颜色”，自己设定好，以后方便调用。如图 7-24 所示。

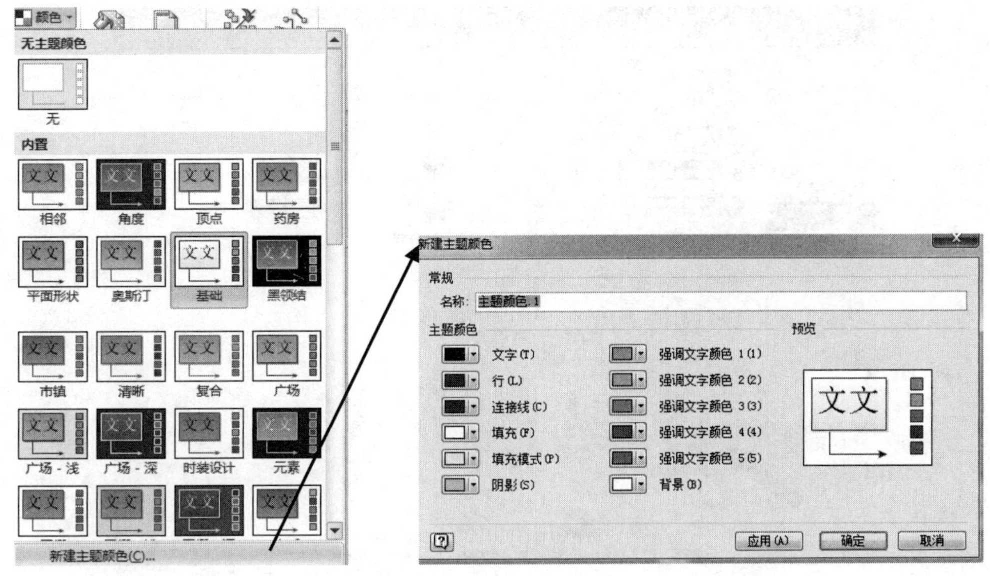

图 7-24　自定义主题颜色

三、使用自带模板制作案例

作为一个用于绘图的软件，Visio 自带了很多模板，特别是涉及房屋平面图、工程图等图的制作，合理使用模板制作，可以让工作事半功倍。

单击“文件”→“新建”，在“选择模板”界面可以看到一些典型的模板类型，如图 7-25 所示。

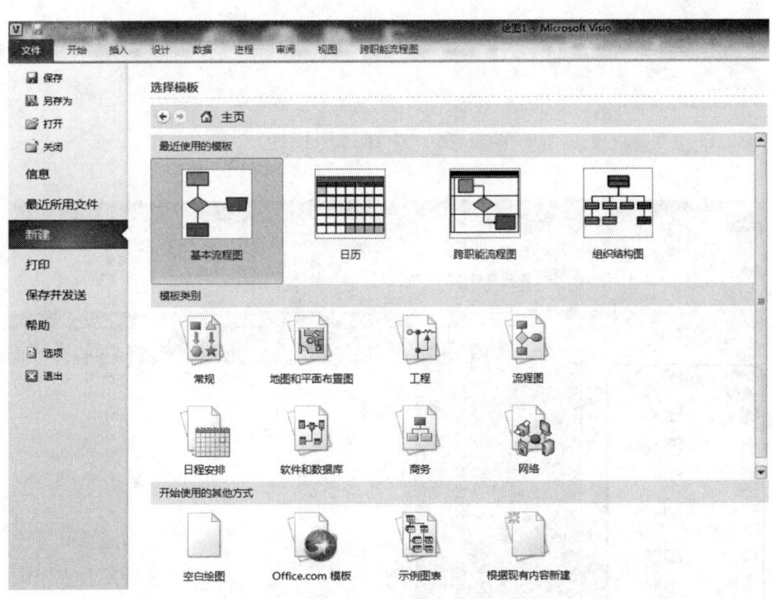

图 7-25　选择模板

例如，想制作一个日历，可以选择“日程安排”→“日历”。如图 7-26 所示。

单击“日历”模板进入绘图界面。在界面左侧可以看到制作日历的基本形状，如图 7-27 所示。

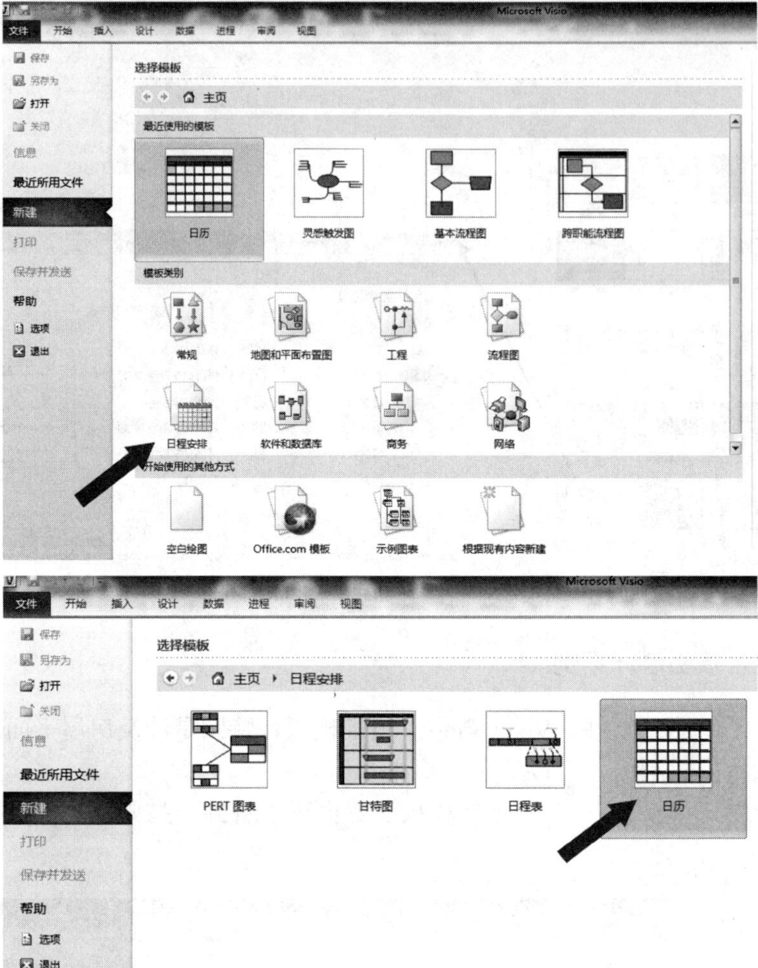

图 7-26 选择日历模板

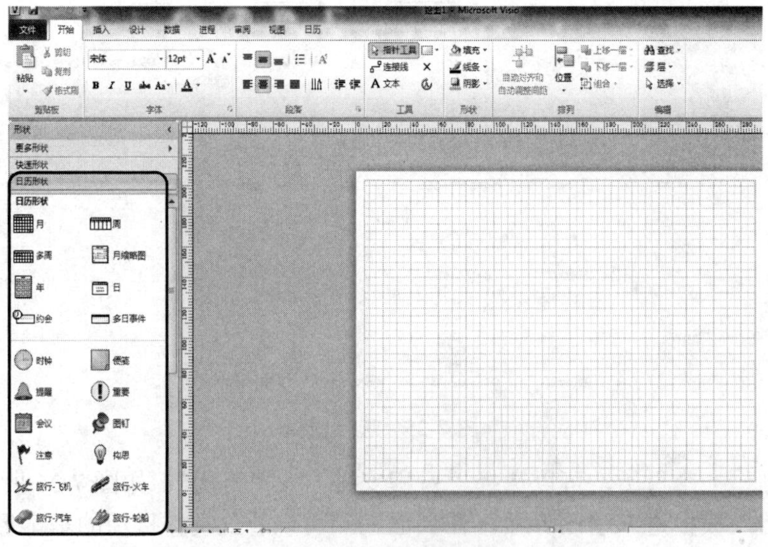

图 7-27 日历绘图界面

我们可以按月制作日历，也可以按周，或是按年，在图 7-28 中选择。

例如选择“月”，拖到绘图区，会弹出“配置”对话框，如图 7-29 所示。

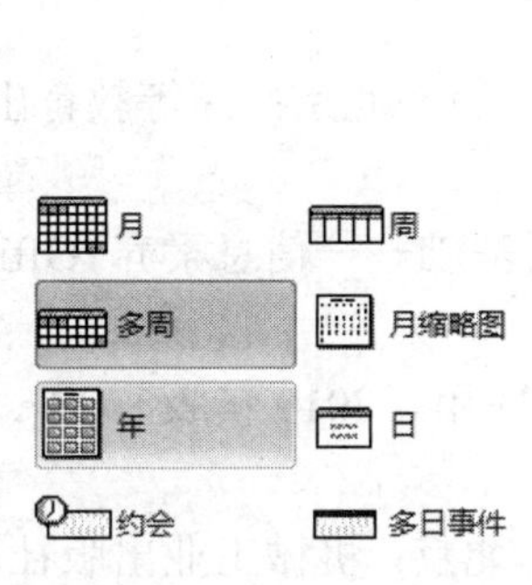

图 7-28　选择日历形式

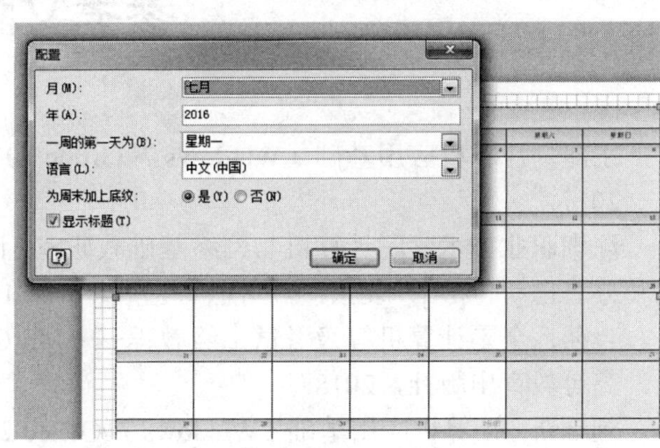

图 7-29　“配置”对话框

在日历框格内双击可填写工作日志，也可以将左侧的日历形状拖到日历框格内，使制作的日历起到日常提醒功能。如图 7-30 所示。

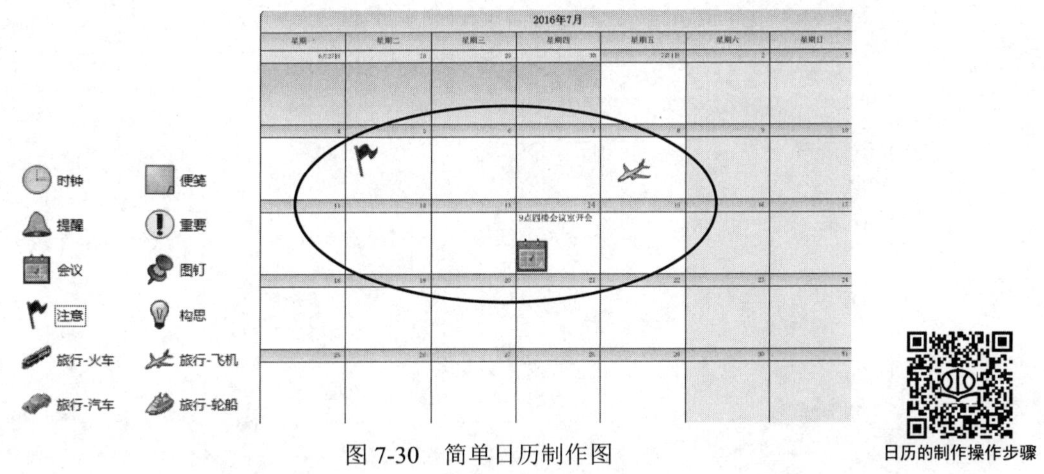

图 7-30　简单日历制作图

日历的制作操作步骤

习　题

你是一名即将毕业的学生，现在正在完成毕业设计。老师要求开始毕业设计之前，先将毕业设计的整体思路用流程图表示出来，请绘制毕业设计操作流程图。

流程描述：我们在毕业设计之前要先选择好毕业设计的题目，与指导老师讨论，如果没有通过就继续选择题目，通过了便可确定论文选题，进行论文内容的规划，完成初稿，交给老师审阅，审阅未通过，重新完成初稿，直到审阅通过，完成正式论文，最后打印上交。

参考文献

[1] 王津．计算机应用基础（Windows 7+Office 2010）[M]．4 版．北京：高等教育出版社，2017．

[2] 深圳职业技术学院计算机与网络基础教研室．计算机应用基础——信息素养+Office 2013 办公自动化[M]．北京：高等教育出版社，2016．

[3] 吉燕．全国计算机等级考试二级教程——MS Office 高级应用（2019 年版）[M]．北京：高等教育出版社，2018．

[4] 刘瑞新．计算机应用基础（Windows 7+Office 2010）[M]．北京：机械工业出版社，2016．